AF545498

Mark Häberlein

Aufbruch ins globale Zeitalter

Mark Häberlein

Aufbruch ins globale Zeitalter

Die Handelswelt der Fugger und Welser

Abbildungen im Buch: S. 24, 29, 50, 95, 105, 112, 114, 172/173, 187: public domain; S. 26, 41, 66, 133, 162, 169: akg-images; S. 33: Michael Schönitzer, Die großen Deutschen im Bilde (1936); S. 38: Stadtbibliothek Nürnberg; S. 60/61, 118/119, 143: Peter Palm, Berlin; S. 81: Leonhard Fuchs, New Kreüterbuch (1543); S. 84/85: akg-images/Album/Prisma; S. 90/91, 138/139, 166/167: akg-images/historic-maps; 180/181: akg-images/BRITISH LIBRARY/SCIENCE PHOTO LIBRARY

Die Deutsche Nationalbibliothek verzeichnet diese Publikation in der Deutschen Nationalbibliographie; detaillierte bibliographische Daten sind im Internet über http://www.dnb.de abrufbar.

Der Konrad Theiss Verlag ist ein Imprint der WBG.

Die Herausgabe des Werkes wurde durch die Vereinsmitglieder der WBG ermöglicht.
Lektorat: Claudia Weingartner, Icking
Gestaltung und Satz: DOPPELPUNKT, Stuttgart
Umschlaggestaltung: Stefan Schmid Design, Stuttgart
Umschlagmotiv: Weltkarte des Diogo Ribeiro (sog. Welserkarte), 1530 (Ausschnitt), Studienbibliothek Dillingen
Gedruckt auf säurefreiem und alterungsbeständigem Papier
Printed in Germany

Besuchen Sie uns im Internet: **www.wbg-wissenverbindet.de**

ISBN 978-3-8062-3342-1

Elektronisch sind folgende Ausgaben erhältlich:
eBook (PDF): 978-3-8062-3423-7
eBook (epub): 978-3-8062-3424-4

Inhalt

Einleitung 9

Der Schatz der „Bom Jesus" – Zu diesem Buch – Globalisierung im 16. Jahrhundert? – Eine kurze Geschichte zweier Handelshäuser

1 **Am Anfang war die Baumwolle** 37

Der Barchentboom des späten Mittelalters – Der Textilhandel der Welser-Gesellschaft – Kleidung in der ständischen Gesellschaft – Weißenhorner Barchent und überseeische Märkte

2 **Silber- und Kupferhandel in Europa und in Übersee** 56

Jakob Fugger der Reiche – Die Fugger und der portugiesische Asienhandel – Der Silber- und Kupferhandel der Welser – Nach dem Boom: Konsolidierung und Regionalisierung

3 **Die Welser und der interkontinentale Gewürzhandel** 79

Kostbare Gewürze – Zentren des Gewürzhandels: Lissabon und Antwerpen – Die Suche nach dem westlichen Seeweg zu den Molukken – Gewürze und Gemeinwohl: Die Debatten der 1520er-Jahre – Die Welser, Antwerpen und das Comeback Venedigs – Die Pfefferkontrakte der portugiesischen Krone von 1585 bis 1592

4 **Das Geschäft mit Zucker, Sklaven und dem Gold der Neuen Welt** 107

Die Anfänge der atlantischen Zuckerökonomie – Venezuela: Die Ziele der Welser und die Realität vor Ort – Sklavenhandel und Sklaverei – Konquista: Die Zurückhaltung der Fugger

5 **Staatskredite, Quecksilber und der Bergbauboom in Amerika** 132

Die Fugger als Bankiers der spanischen Krone – Die Rolle der spanischen Silberflotten – Die Strukturen der Maestrazgopacht – Das Bergwerk von Almadén und der Silberbergbau in Neu-Spanien

6 **Globale Güter in den Netzwerken Augsburger Handelshäuser** 152

Die materielle Kultur der Renaissance – Perlen und Edelsteine – Medizinische Exotica – Exotische Pflanzen, Tiere und Menschen – Kunstkammerobjekte

7 **Nachrichten aus fernen Welten** 164

Die „Welserkarte" des Diogo Ribeiro – Die überseeische Welt in Kaufmannshandbüchern um 1500 – Konrad Peutinger und die geographischen Entdeckungen – Silberflotten und Seeräuber: Die überseeische Welt in den „Fuggerzeitungen"

8 **Globale Akteure im Umfeld der Fugger und Welser** 184

Der Vermittler: Valentim Fernandes aus Mähren – Der Organisator: Ulrich Ehinger – Indienfahrer und Amerikahändler: Lazarus Nürnberger – Ein Augsburger in Goa: Ferdinand Cron

Epilog 197

Erfolg und Scheitern am Beginn des globalen Zeitalters

Anhang 202

Anmerkungen 202

Quellen- und Literaturverzeichnis 226

Personen- und Ortsregister 251

Einleitung

Der Schatz der „Bom Jesus“

Als Geologen und Archäologen im Frühjahr 2008 an der Küste Namibias das Wrack eines portugiesischen Schiffes aus dem 16. Jahrhundert entdeckten, war dies in mehrfacher Hinsicht eine Sensation. Zum einen hatten sie das älteste bislang bekannte Schiffswrack südlich der Sahara gefunden. Das Schiff, die „Bom Jesus“, befand sich auf dem Weg von Portugal nach Indien, als es in einen Sturm geriet und beim Versuch, in einer geschützten Bucht zu ankern, auf einen Felsen auflief. Zum anderen hatte die „Bom Jesus“ neben zahlreichen Gold- und Silbermünzen tonnenweise Waren aus mitteleuropäischer Produktion an Bord: Halbkugeln aus Kupfer, auf denen noch ein Dreizack, die Handelsmarke des Augsburger Handelshauses Fugger, erkennbar ist, Kupfer- und Eisenwaren sowie Blei und Quecksilber. Der Wrackfund im Südwesten Afrikas wirft somit ein Schlaglicht auf die Bedeutung Augsburger und Nürnberger Handelsgesellschaften als Lieferanten von Metallen und Metallwaren, die das wichtigste Gut im portugiesischen Indienhandel darstellten. Der Archäologe Dieter Noli sowie der Ethnologe und Soziologe Wolfgang Knabe publizierten 2012 ein Buch, das die letzte Fahrt der „Bom Jesus“ und ihre Ladung beschreibt und den Fund in die Geschichte des Überseehandels einordnet.[1]

Diese Einordnung ist allerdings ausgesprochen problematisch. Knabe sind im historischen Teil des Buches nicht nur zahlreiche inhaltliche Fehler unterlaufen, er übertreibt auch die weltwirtschaftliche Bedeutung der süddeutschen Handelshäuser – allen voran die der Fugger und Welser – gewaltig.[2] So schreibt er ausführlich über die „Welserflotten“, die angeblich in den 20er- und 30er-Jahren des 16. Jahrhunderts zwischen Spanien und Amerika verkehrt seien, und behauptet: „Zeitweise tragen ein Drittel aller Schiffe, die in die Neue Welt unterwegs sind, die Flagge der Welser-Reederei. Durch diesen Transatlantik-Warenverkehr streicht die Welser'sche Reederei in Spanien bis 1535 einen Gewinn von vier Millionen Gulden ein."[3] Abgesehen davon, dass es sich bei dieser Zahl um reine Phantasie handelt, hat der spanische Historiker Enrique Otte bereits vor Jahrzehnten nachgewiesen, dass eine solche Flotte nie existiert hat: Für den Verkehr zwischen der andalusischen Handelsstadt Sevilla, ihrer Niederlassung auf Santo Domingo und ihrer Kolonie Venezuela charterten die Welser Passagier- und Frachtraum auf spanischen Schiffen.[4] Bei näherem Hinsehen erweist sich die „Welserflotte" als Erfindung deutscher Historiker der Wilhelminischen Ära, die die Flottenbegeisterung ihrer eigenen Epoche in das 16. Jahrhundert zurückprojizierten und die Welser zu Pionieren des deutschen Kolonialismus hochstilisierten.[5]

Ähnlich übertrieben sind Knabes Vorstellungen eines Kupfer-, Silber- und Quecksilbermonopols der Fugger, das dem Augsburger Handelshaus vermeintlich „im interkontinentalen Seehandel die absolut marktbeherrschende Stellung" beschert habe.[6] Die Fugger spielten zweifellos eine herausragende Rolle im Handel mit diesen Metallen, doch besaßen sie zu keinem Zeitpunkt ein echtes Monopol für eines dieser Güter. Schließlich führt auch die Auffassung, dass die Fugger eine Reihe von Niederlassungen – sogenannte Faktoreien – in Übersee gegründet hätten, in die Irre. Eine Faktorei am Rio de la Plata beispielsweise wäre im 16. Jahrhundert schon aufgrund der riesigen Entfernungen und der sporadischen Kontakte europäischer Seefahrer mit der Küste des heutigen Argentinien gar nicht zu unterhalten gewesen.[7] Sieht man sich die Generalrechnungen der Fugger zwischen 1527 und 1563 an, die einen Überblick über ihr Niederlassungsnetz geben, so findet man in ihnen keine einzige Faktorei in Übersee! Damit ist zugleich das erste Problem benannt, mit dem sich dieses Buch auseinanderzusetzen hat: Die Fugger und Welser spielten tatsächlich eine bedeutende Rolle im interkontinentalen Handel – doch überzogene Behauptungen über angebliche Monopole, Flotten und weltweite Netzwerke von

Stützpunkten ergeben ein Zerrbild, das der Realität der frühen Neuzeit in keiner Weise entspricht. Ein Anliegen dieses Buches ist es daher, die weltwirtschaftliche Rolle der Augsburger Handelshäuser angemessen darzustellen und zu kontextualisieren.

Eine ganz andere Art von Schätzen als diejenigen von der Küste Namibias tauchte in verschiedenen süddeutschen Bibliotheken und Archiven, insbesondere in der Studienbibliothek Dillingen auf. Bei Restaurierungsarbeiten an Bucheinbänden wurden Fragmente von Handelsbüchern der Augsburger Welser-Gesellschaft entdeckt, die nach deren Bankrott im Jahre 1614 an Buchbinder verkauft, von diesen makuliert und zur Verstärkung von Bucheinbänden recycelt worden waren. In jahrelanger Kleinarbeit konnten diese Bruchstücke fast 40 verschiedenen Rechnungsbüchern der Welser-Gesellschaft aus dem Zeitraum von 1498 bis 1550 zugeordnet und ediert werden.[8]

Neben vielen alltäglichen Geschäften dokumentieren diese Fragmente auch Beziehungen nach Übersee: So erhielt das Augsburger Handelshaus wenige Jahre nach der portugiesischen Eroberung Malakkas (1511) Güter von einem Schiff, das aus dem südostasiatischen Handelsemporium zurückkehrte. In den 1530er-Jahren nahmen Vertreter der Welser in Sevilla und Antwerpen Zuckerladungen aus der Karibik in Empfang. Doch auch hier ist Vorsicht geboten: Wie relevant und wie nachhaltig waren diese überseeischen Kontakte?

Jenseits solcher spektakulärer Quellenbelege liegt der Wert der Welser'schen Rechnungsbuchfragmente darin, dass sie die Materialbasis für die Rekonstruktion der Geschichte dieses Handelshauses wesentlich verbessern. Denn obwohl die Namen Fugger und Welser häufig in einem Atemzug als führende oberdeutsche Kaufmannsfamilien des 16. Jahrhunderts genannt werden, war die Geschichte der Fugger bislang ungleich besser dokumentiert. Einer Fülle an Studien zur Fuggergeschichte steht eine überschaubare Zahl an Arbeiten zur Historie der Welser gegenüber. Das vorliegende Buch bemüht sich vor diesem Hintergrund um ein ausgewogenes Bild und möchte die spezifische Rolle beider Handelshäuser im Fern- und Überseehandel der beginnenden Neuzeit herausarbeiten. Diesem Versuch sind vor allem in quantitativer Hinsicht Grenzen gesetzt: Wirtschaftshistoriker arbeiten bevorzugt mit „harten" Daten, die sich in Tabellen und Grafiken aufbereiten lassen. Anders als für die Fugger sind für die Welser jedoch keine Generalrechnungen überliefert, die einen Überblick über das Vermögen und die Verbindlichkeiten der Firma zu einem bestimmten Zeitpunkt ermöglichen. Die Annäherung an die Handelswelt der Welser muss daher vorwiegend in qualitativer Form, d. h. über die Dokumentation einzelner Geschäfte und Geschäftsfelder, erfolgen.

Zu diesem Buch

Die Funde im Wrack der „Bom Jesus" und die Einträge in den Rechnungsbuchfragmenten der Welser machen deutlich, dass die großen Augsburger Handelshäuser im 16. Jahrhundert Kontakte nach Amerika und Asien hatten. Doch wenn man sich eingehender mit der Literatur zum Thema befasst, stellt man schnell fest, dass ihre direkten Beziehungen nach Übersee eher sporadischer Natur waren. Beide Handelshäuser beteiligten sich 1505 an einer portugiesischen Indienfahrt – doch bereits im folgenden Jahr erklärte der portugiesische König den asiatischen Gewürzhandel zum Kronmonopol und schloss damit die süddeutschen Kaufleute von weiteren derartigen Unternehmen aus. Die Welser schlossen 1528 mit der spanischen Krone einen Vertrag über die Kolonisierung Venezuelas – doch dieses Projekt degenerierte binnen weniger Jahre zu einem reinen Feldzugs- und Eroberungsunternehmen, das aufgrund der von den Welser-Vertretern begangenen Grausamkeiten und des Handels mit indigenen und afrikanischen Sklaven alles andere als ruhmreich war. Jahrzehnte später partizipierten Fugger und Welser erneut am Gewürzeinkauf in Asien – doch auch dieses Unternehmen währte nur wenige Jahre. Der Umfang der überseeischen Aktivitäten der Augsburger Handelshäuser sollte also nicht überschätzt werden: Abgesehen von einer Faktorei im indischen Goa in den Jahren 1586 bis 1592 unterhielten die Fugger zu keinem Zeitpunkt eine feste Niederlassung in Übersee, und die langlebigste überseeische Faktorei der Welser – Santo Domingo auf der Karibikinsel Hispaniola – bestand keine 20 Jahre. Dieser Befund gilt auch für andere Augsburger und Nürnberger Handelshäuser, die zwar zahlreiche Projekte in Übersee lancierten, von denen allerdings kaum eines dauerhaft erfolgreich war.[9]

Trotz ihrer insgesamt geringen und bestenfalls temporären Präsenz in Übersee vertritt dieses Buch die These, dass die Fugger und Welser die Anfänge des neuzeitlichen Globalisierungsprozesses auf wichtigen Geschäftsfeldern aktiv mitgestalteten. Ihre Bedeutung für den Welthandel des 16. Jahrhunderts resultierte aus ihrer zentralen Stellung im Handel mit Gütern, die für das Anknüpfen und die Verstetigung interkontinentaler Wirtschaftsbeziehungen essenziell waren.

Der Aufschwung des Augsburger Handels im Spätmittelalter basierte auf der Vermarktung von Textilien, die das Rückgrat der schwäbischen Wirtschaft bildeten. Die Barchenttuche, die Augsburger Weber herstellten, kombinierten Textilfasern unterschiedlicher Herkunft, nämlich Baumwolle aus dem östlichen Mittelmeerraum und Flachsgarn aus Mitteleuropa. Durch Baumwollimporte aus Venedig und die großräumige Vermarktung von schwäbischem Barchent verknüpften die reichsstädtischen Handelsgesellschaften die lokale Produktion mit europäischen Beschaffungs- und Absatzmärkten. Als die Fugger um die Mitte des 16. Jahrhunderts begannen, schwäbischen Barchent an Amerikahändler in Sevilla zu verkaufen, machten sie dieses Produkt zumindest für kurze Zeit zu einem globalen Handelsgut (Kapitel 1).

An der Wende vom 15. zum 16. Jahrhundert sicherten sich süddeutsche Handelshäuser, allen voran die Fugger, eine zentrale Stellung in der Vermarktung der Kupfer- und Silberproduktion der wichtigsten europäischen Montanreviere. Nahezu gleichzeitig erschlossen die Portugiesen den Seeweg nach Indien und waren dadurch erstmals in der Lage, die begehrten asiatischen Gewürze direkt vor Ort einzukaufen. Da die Portugiesen für den Asienhandel jedoch dringend auf Kupfer und Silber angewiesen waren, wurden die Oberdeutschen ihre wichtigsten Handelspartner. Vier Jahrzehnte lang, von ca. 1500 bis etwa 1540, spielte die strategische Kooperation der Agenten der portugiesischen Krone mit Vertretern der Augsburger Handelshäuser in Antwerpen und Lissabon eine entscheidende Rolle bei der Beschaffung der für den Überseehandel Portugals notwendigen Bunt- und Edelmetalle. Ohne Fugger'sches Kupfer und Silber wäre die portugiesische Expansion im Indischen Ozean in dieser Form nicht möglich gewesen (Kapitel 2).

Die Welser hingegen waren zentrale Akteure bei der Distribution asiatischer Gewürze auf den europäischen Märkten. Nachdem die Entdeckung der Seeroute um das Kap der Guten Hoffnung durch Vasco da Gama in Mitteleuropa bekannt geworden war, beeilten sich die großen Augsburger und Nürnberger Handelshäuser, Faktoreien in Lissabon zu errichten. Bezogen die Welser die begehrten asiatischen Spezereien – indischen Pfeffer, Zimt aus Ceylon sowie Gewürznelken, Muskatnuss und Muskatblüte von den Molukken – um 1500 noch über Venedig, so konzentrierten sich ihre Einkäufe in den folgenden Jahrzehnten auf Antwerpen und Lissabon. Auch wenn die direkte Beteiligung der Welser an portugiesischen Indienfahrten ein vorübergehendes Phänomen war, handelten sie über Jahrzehnte hinweg in großem Umfang mit asiatischen Gewürzen, die sie auf den wichtigsten westeuropäischen Märkten einkauften. Ihre Rolle als Gewürzhändler war so bedeutend, dass sie der Gesellschaft im sogenannten Monopolstreit der 1520er-Jahre erhebliche rechtliche und politische Schwierigkeiten eintrug (Kapitel 3).

Zucker, den europäische Kaufleute im Spätmittelalter vorwiegend aus dem Mittelmeerraum bezogen, war um 1500 noch längst kein so wichtiges Handelsgut wie Pfeffer oder Gewürznelken. Im Zuge der Expansion Spaniens und Portugals im atlantischen Raum wurden jedoch neue Anbaugebiete auf Madeira, den Kanaren, in der Karibik und schließlich in Brasilien erschlossen. Die eng mit der Ausweitung des Sklavenhandels verbundene Expansion der Zuckerplantagenwirtschaft leistete einen entscheidenden Beitrag zur Entstehung eines atlantischen Wirtschaftsraums. Obwohl die Welser in diesem Prozess nur ein Akteur unter vielen waren, nahmen sie daran durch die Gründung von Niederlassungen und den Kauf von Plantagen auf Madeira, der Kanareninsel La Palma und Santo Domingo (Hispaniola) regen Anteil. Indem sie sich 1528 die Statthalterschaft über Venezuela sicherten, stiegen die Augsburger Welser sogar zur Kolonialmacht auf. Der Aufbau einer wirtschaftlich lukrativen Kolonie scheiterte jedoch auf ganzer Linie, und die Eroberungs- und Beutezüge der Repräsentanten des Handelshauses vor Ort kosteten Tausenden von Ureinwohnern Venezuelas sowie Hunderten von Europäern das Leben (Kapitel 4).

Neben erfolgreichem Fernhandel basierte der Aufstieg der Fugger und Welser ganz wesentlich auf der Gewährung von Krediten an das Haus Habsburg. Kaiser Karl V. verdankte seine Wahl im Jahre 1519 maßgeblich der finanziellen Unterstützung der beiden Handelshäuser, die auch in den folgenden Jahrzehnten seine wichtigsten Bankiers blieben. Für ihre Darlehen erwarteten sie jedoch Gegenleistungen: Neben anderen königlichen Einkünften in Spanien übertrug der Herrscher den Fuggern und Welsern die Pacht der Ländereien der spanischen Ritterorden, zu denen auch das Quecksilberbergwerk von Almadén gehörte. Als in Mexiko um die Mitte des 16. Jahrhunderts ein neues Verfahren zur Silbergewinnung unter Verwendung von Quecksilber, das sogenannte Amalgamierungsverfahren, entwickelt wurde, stieg der Bedarf an Quecksilber in der Neuen Welt sprunghaft an. Die Fugger wurden die wichtigsten Lieferanten dieses essenziellen Rohstoffs für die mexikanische Silberproduktion. Ohne Fugger'sches Quecksilber hätte es den mittelamerikanischen Silberboom des späten 16. und frühen 17. Jahrhunderts und die Manila-Galeonen, die Amerika und Asien erstmals über den Pazifik hinweg verknüpften, nicht gegeben (Kapitel 5).

Andere außereuropäische Güter waren wirtschaftlich weit weniger bedeutsam, spielten aber in der Medizin- und Kulturgeschichte des Renaissancezeitalters eine wichtige Rolle. Manchen amerikanischen und asiatischen Arzneimitteln wurde eine besondere Heilwirkung zugeschrieben – insbesondere dem Guajakholz, das gegen die Geschlechtskrankheit Syphilis helfen sollte. Indische Diamanten, südamerikanische Smaragde und karibische Perlen waren begehrte Luxusgüter, für die an europäischen Fürstenhöfen hohe Preise bezahlt wurden. Überdies dokumentierten Fürsten und Adelige ihre weitreichenden Beziehungen und ihr Interesse an exotischen Welten durch den Erwerb exotischer Tiere und die Ausstellung außereuropäischer Objekte in Kunst- und Wunderkammern. All diese Güter gingen auch durch die Hände der Fugger und Welser und ihrer Vertreter (Kapitel 6).

Der Handel mit globalen Gütern war – wie der vormoderne Fernhandel überhaupt – ein riskantes Unterfangen: Um Marktgegebenheiten und geschäftliche Chancen richtig einschätzen zu können, benötigten die Handelsgesellschaften Informationen über die Handelswelt außerhalb Europas sowie über die iberischen Asien- und Amerikaflotten. Handschriftliche und gedruckte Berichte von den spanischen und portugiesischen Entdeckungen, Geschäftskorrespondenzen und das Medium der „Neuen Zeitungen" stellten die notwendigen Informationen zur Verfügung und trugen dazu bei, dass sich Ansätze eines globalen Bewusstseins entwickelten (Kapitel 7).

Während Mitglieder der Familien Fugger und Welser die Geschicke ihrer Handelshäuser von Augsburg aus lenkten, saßen einige ihrer Angestellten und Geschäftspartner an den Schaltstellen des spanischen und portugiesischen Überseehandels – in Lissabon, am spanischen Hof und in Sevilla – und beteiligten sich von dort aus an Geschäften mit Asien und Amerika. Einige wenige reisten sogar selbst nach Indien oder in die Neue Welt. Vier dieser globalen Akteure aus dem Umfeld der beiden Augsburger Handelshäuser werden in Kapitel 8 vorgestellt. Am Ende dieses Buchs wird der Frage nachgegangen, warum die Fugger offenbar wesentlich erfolgreicher waren als die 1614 in Konkurs gegangenen Welser.

Globalisierung im 16. Jahrhundert?

Globalisierung ist ein junger Begriff: Er fand erst in den 1990er-Jahren Eingang in die Wissenschafts- und Alltagssprache, machte aber seither eine rasante Karriere. Einer aktuellen Lexikondefinition zufolge beschreibt dieser Terminus

> „die zunehmende Internationalisierung des Handels, der Kapital- sowie der Produkt- und Dienstleistungsmärkte und die internationale Verflechtung der Volkswirtschaften. Der Globalisierungsprozess der Märkte wird v. a. durch neue Technologien im Kommunikations-, Informations- und Transportwesen sowie neue Organisationsformen der betrieblichen Produktionsprozesse vorangetrieben. [...] Hauptakteure der Globalisierung sind multinationale Unternehmen, die mit ihren Investitions-, Produktions- und Produktstrategien zunehmend Charakter und Formen des internationalen Handels und der Investitionen bestimmen.“[10]

Über die Frage, wann dieser Prozess begann, gibt es höchst unterschiedliche Ansichten. Während viele Wissenschaftler davon ausgehen, dass das Zeitalter der Globalisierung erst mit den ökonomischen und technologischen Umwälzungen des späten 20. Jahrhunderts – insbesondere der Vervielfachung und Beschleunigung globaler Finanzströme sowie dem Siegeszug des Internet – begann, verweisen andere darauf, dass es bereits in der Antike großräumigen Warenaustausch und interkontinentale Verflechtungen gab. Für eine reflektierte Verwendung des Begriffs bedarf es daher einiger Vorüberlegungen.

Insbesondere angelsächsische Wirtschaftshistoriker haben methodische Verfahren entwickelt, mittels derer sich Beginn und Verlauf des Globalisierungsprozesses genauer bestimmen lassen. Für J. G. Williamson und Kevin H. O’Rourke stellen die

Marktpreise für global gehandelte Güter den zentralen Maßstab dar: Von Globalisierung kann nach ihrer Ansicht erst dann gesprochen werden, wenn das Volumen des interkontinentalen Handelsverkehrs auch zu einer Preiskonvergenz, das heißt einer spürbaren Angleichung der Preise zwischen Europa und Asien führt. Zwischen dem 16. und dem 18. Jahrhundert konstatieren Williamson und O'Rourke zwar ein langfristiges Wachstum des interkontinentalen Handels, aber weder eine substanzielle Reduzierung der Transportkosten noch eine Konvergenz der Preise.[11] Lediglich für den Gewürzhandel haben die beiden Wirtschaftshistoriker diesen Befund modifiziert: Hier habe die Konkurrenz zwischen Venedig und den Portugiesen, die Gewürze über Lissabon und Antwerpen auf die europäischen Märkte brachten, im Verlauf des 16. Jahrhunderts tatsächlich zu einem realen Sinken der Preise geführt.[12] Der Ansatz von Williamson und O'Rourke ist allerdings als zu schematisch kritisiert worden, und andere Historiker sehen durchaus wirtschaftliche Konvergenzprozesse in der Frühen Neuzeit. Dies gilt demnach insbesondere für die globalen Edelmetallströme, die bereits um die Mitte des 17. Jahrhunderts zu einer tendenziellen Angleichung des Verhältnisses von Gold- und Silberpreisen in Europa und Ostasien geführt hätten.[13]

Jan de Vries betont wie Williamson und O'Rourke die engen Grenzen, in denen sich der Globalisierungsprozess in der Frühen Neuzeit vollzog. Zwischen 1500 und 1800 habe sich das Volumen des europäischen Asienhandels zwar vervielfacht, doch die jährlichen Wachstumsraten seien mit durchschnittlich etwas mehr als einem Prozent sehr moderat gewesen. Das Volumen aller asiatischen Güter, die um 1800 auf europäische Märkte gelangten, hätte bequem auf ein einziges modernes Containerschiff gepasst, und jeder Europäer habe – statistisch gesehen – weniger als ein Pfund asiatischer Waren im Jahr konsumiert. Anhaltend hohe Transaktionskosten hätten zudem die Profite der europäischen Akteure im Asienhandel begrenzt. Daher könne man zwar von zunehmender globaler Verflechtung, aber nur ansatzweise von Globalisierung sprechen.[14]

Die Politik- und Sozialwissenschaftler David Held, Anthony McGrew, David Goldblatt und Jonathan Perraton analysieren gegenwärtige Globalisierungsprozesse anhand von vier Kategorien: geographische Reichweite, Intensität der Austauschbeziehungen, Geschwindigkeit des Güter- und Informationsaustauschs sowie Auswirkungen auf die betroffenen Gesellschaften. Anhand dieser Kategorien lasse sich die Geschichte der Globalisierung in vier Phasen einteilen, die sich hinsichtlich der Reichweite, Intensität, Geschwindigkeit und Auswirkungen der ökonomischen Austauschbeziehungen unterschieden. Das Mittelalter erscheint aus dieser Perspektive als eine Zeit der „dünnen Globalisierung", in der es zwar bereits weiträumigen Warenaustausch – etwa zwischen Europa und Asien über die Seidenstraße – gab, dieser sich aber in langsamem Tempo und mit überschaubaren Gütermengen vollzog. Die Epoche der Frühen Neuzeit lässt sich diesem Modell zufolge als Phase einer „expansiven Globalisierung" beschreiben, die durch eine große geographische Reichweite und eine erhebliche wirtschaftliche Bedeutung der Austauschbeziehungen, aber eine geringe Intensität und eine niedrige Geschwindigkeit des Umschlags von Gütern und Informationen geprägt war. Im 19. und 20. Jahrhundert (Phasen 3 und 4) nahmen sowohl die Intensität als auch die Geschwindigkeit globaler Austauschprozesse zu, sodass die Weltwirtschaft schließlich in eine Phase der „dichten Globalisierung" eintrat.[15]

Der Übergang von einer „dünnen" zu einer „expansiven" Globalisierung im 16. Jahrhundert – andere Wirtschaftshistoriker sprechen von einer „Proto-Globalisierung"[16] – lässt sich insbesondere an fünf Faktoren festmachen:

1. Wichtige Impulse gingen von der überseeischen Expansion der iberischen Mächte aus, die von der neueren Forschung in enger Wechselwirkung mit der Expansion des Osmanischen Reichs in Südosteuropa und im Mittelmeerraum gesehen wird. Das Ausgreifen der Portugiesen in den Indischen Ozean führte einerseits zur Verkürzung der Handelsketten zwi-

schen Asien und Europa, zur Errichtung eines Stützpunktsystems an den Küsten Asiens und zur Etablierung einer neuen Seehandelsroute um das Kap der Guten Hoffnung. Andererseits eroberten die Spanier in Amerika große indigene Reiche, errichteten ein weitläufiges Kolonialreich und verbanden Europa über den Atlantik hinweg mit der Neuen Welt.[17]

2. Durch die Verknüpfung des portugiesischen Asienhandels mit dem spanischen Amerikahandel entstanden erstmals in der Geschichte globale, die vier Kontinente Amerika, Europa, Afrika und Asien umspannende Warenströme. Amerikanisches Silber, das über Europa bzw. seit den 70er-Jahren des 16. Jahrhunderts auch über den Pazifik nach Asien strömte, avancierte zum ersten globalen Handelsgut.[18]
3. Innovationen im Verkehrs- und Kommunikationsbereich – die Erfindung des Buchdrucks mit beweglichen Lettern, das von der Familie Taxis etablierte europäische Postsystem und das Medium der „Neuen Zeitungen“ – führten zu einer Verbesserung, Verstetigung und Beschleunigung des Informationsaustauschs über große Distanzen hinweg.[19] Dadurch verbreiteten sich auch Nachrichten über Entdeckungen, Handels- und Kolonisationsunternehmungen in Übersee wesentlich schneller und wurden für ein größeres Publikum verfügbar.
4. So wie die heutige Weltwirtschaft auf einige große Handels- und Finanzzentren – New York, London, Shanghai, Tokio – fokussiert ist, so kannte bereits die frühe Neuzeit ökonomische Zentren, in denen sich Geld- und Warenströme bündelten. Antwerpen, das um 1500 schon ein wichtiges Verteilerzentrum für nordwesteuropäische Waren, insbesondere englisches Tuch, war, stieg infolge der iberischen Expansion zum Welthandelszentrum und wichtigsten europäischen Kapitalmarkt auf. Hier trafen Warenströme aus Nordwesteuropa, Süddeutschland und der Iberischen Halbinsel zusammen, und eine internationale Kaufmannschaft

machte die Stadt an der Schelde, deren Bevölkerung in der ersten Hälfte des 16. Jahrhunderts von 40000 auf 100000 anwuchs, auch zu einem Knotenpunkt des Wechselverkehrs und der Zirkulation von Informationen. Die Gründung der Antwerpener Börse im Jahre 1531 ist augenfälligster Ausdruck der Dynamik und Innovationsbereitschaft, die diesen Aufschwung trugen.[20] Das andere große Wirtschaftszentrum Europas, Venedig, hatte zu Beginn des 16. Jahrhunderts zwar mit erheblichen Anpassungsproblemen zu kämpfen, aber seine Tage waren noch keineswegs gezählt; vielmehr verlieh gerade der Wettbewerb zwischen Antwerpen und Venedig wichtigen Sektoren des europäischen Fernhandels eine besondere Dynamik.[21]

5. Infolge der Zunahme und Verstetigung interkontinentaler Kontakte bildete sich in großen Handelsmetropolen wie Antwerpen und Venedig, aber auch in Nürnberg und Augsburg so etwas wie ein globales Bewusstsein aus: Amerika, Asien und in geringerem Maße auch Afrika wurden Teil des Bildungs- und Wissenshorizonts zumindest der gebildeten und wohlhabenden Bewohner dieser Städte; Beschreibungen dieser Weltregionen und Nachrichten über politische, militärische und kommerzielle Unternehmungen in Übersee fanden ein interessiertes Publikum.[22]
6. Wichtige Träger der kommerziellen Expansion waren Fernhandelsgesellschaften mit festen Niederlassungen in den wichtigsten europäischen Zentren, die im Vertrieb globaler Güter bereits über Erfahrungen verfügten und nun die Chance sahen, ihre etablierten kommerziellen Verbindungen und Praktiken auch auf die neu erschlossenen Weltregionen auszudehnen.[23] Anders als die Ostindienkompanien des 17. und 18. Jahrhunderts, die den Übergang zur Kapitalgesellschaft vollzogen, basierten die großen Handelsgesellschaften des 16. Jahrhunderts, die vor allem in Süddeutschland und Oberitalien beheimatet waren, primär auf familiären und verwandtschaftlichen Verflechtungen. Aufgrund ihrer großen

> personellen und finanziellen Ressourcen waren sie gleichwohl in der Lage, sich in interkontinentale Austauschprozesse einzuschalten und diese aktiv mitzugestalten.[24]

Mit den Fuggern und Welsern nimmt dieses Buch die beiden wichtigsten unter den oberdeutschen Akteuren in diesem Prozess der „expansiven Globalisierung" bzw. „Proto-Globalisierung" in den Blick.

Eine kurze Geschichte zweier Handelshäuser

Auch auf dem Höhepunkt ihres Reichtums und Ansehens machten die Fugger kein Hehl daraus, dass sie von einem Weber abstammten, der 1367 aus dem Dorf Graben nach Augsburg gekommen war. Dieser Hans Fugger war allerdings kein armer Mann: Seine erste Zahlung, die das Augsburger Steuerbuch verzeichnet, lässt auf ein gewisses Startkapital schließen, und durch zwei vorteilhafte Ehen konnte er dieses Kapital vermehren. Hans Fugger und seine zweite Frau Elisabeth, die Tochter eines Weberzunftmeisters, erwarben 1397 ein eigenes Haus, und 1408 besaß Fugger etwa 2000 Gulden Vermögen. Bis 1434 konnte seine Witwe dieses auf fast 5000 Gulden steigern.

Nach 1440 treten Hans Fuggers Söhne Andreas und Jakob in Erscheinung. Im Jahre 1448 verfügten sie bereits über das fünftgrößte Vermögen der Reichsstadt. Nach anfänglicher Zusammenarbeit trennten sich ihre Wege: Im Augsburger Steuerbuch von 1453 sind sie erstmals getrennt veranlagt. Andreas Fugger, auf den die Linie der „Fugger vom Reh" zurückgeht, starb bereits 1457. Die von seinem Sohn Lukas geführte Gesellschaft trieb in den 70er- und 80er-Jahren des 15. Jahrhunderts erfolgreich Fernhandel zwischen Italien, Oberdeutschland und den Niederlanden; Lukas konnte sein Vermögen beträchtlich vermehren und bekleidete verschiedene städtische Ämter. Nach 1480 engagierte sich die Handelsgesellschaft der „Fugger vom Reh" auch in Finanzgeschäften: Sie überwies Gelder an die Kurie in Rom und erhielt für einen Kredit an Erzherzog Sigismund Anweisungen auf Tiroler Silber. Ende der 1480er-Jahre übernahm Lukas Fuggers Gesellschaft Geldtransfers, die König Maximilian zur Bezahlung von Truppen in den Niederlanden benötigte. Für ein Darlehen in Höhe von 9600 Goldgulden übernahm die Stadt Löwen die Garantie. Als Löwen sich weigerte, diesen Kredit zurückzuzahlen, ging die Firma der „Fugger vom Reh" bankrott, weil sie selbst viel Fremdkapital aufgenommen hatte und die Gläubiger nun ihre Einlagen zurückforderten.[25]

Wie sein Bruder Andreas begründete Jakob Fugger eine eigene Handelsgesellschaft, die nach seinem Tod im Jahre 1469 von seiner Witwe Barbara, der Tochter des ehemaligen Münzmeisters Franz Bäsinger, erfolgreich weitergeführt wurde. Nach und nach stiegen auch die Söhne des Paares ins Geschäft ein: zunächst Ulrich (1441–1510), der in der Augsburger Geschäftszentrale tätig war, dann Georg (1453–1506), der sich von Nürnberg aus um die Beziehungen nach Mittel- und Ostdeutschland kümmerte. Nachdem mehrere weitere Brüder jung verstorben waren, trat der Jüngste, Jakob (II.) Fugger (1459–1525) in die Gesellschaft ein. Die Brüder wurden Mitglieder der Augsburger Kaufleutezunft, führten seit den 1470er-Jahren ihr eigenes Wappen mit der Lilie und erlangten durch Heiraten mit angesehenen Bürgerfamilien Zutritt zur Herrentrinkstube, dem exklusiven gesellschaftlichen Treffpunkt der Augsburger Oberschicht.[26]

Seit Mitte der 1480er-Jahre streckten Ulrich, Georg und Jakob Fugger den Herrschern Tirols große Summen vor, die durch Silber- und Kupferlieferungen aus den reichen Tiroler Bergwerken getilgt wurden. Binnen weniger Jahre stiegen sie zu den wichtigsten Finanziers König Maximilians auf und brachten einen großen Teil der alpenländischen Montanproduktion auf den Markt. Seit 1494 bauten die Fugger zudem mit Hans Thurzo aus Krakau den „Gemeinen Ungarischen Handel" auf, der die Ausbeutung der Bergwerke von Neusohl (Banská Bystrica) in der heutigen Slowakei sowie Verhüttung und Vertrieb des Neusoh-

Jakob Fugger der Reiche, aus
Fuggerorum et Fuggerarum Imagines … (1618)

ler Kupfers organisierte. Dafür errichteten die Fugger spezielle Schmelzwerke (sog. Saigerhütten) in Thüringen und Kärnten und gründeten Niederlassungen in Ofen (Budapest), Leipzig, Breslau, Krakau und Danzig.[27]

Kupferhandel und Kredite an das Haus Habsburg bildeten fortan die beiden zentralen Säulen des Unternehmens. Außerdem waren die Fugger zeitweilig stark in Finanzgeschäften mit der römischen Kurie engagiert: Seit 1495 übermittelten sie Servitien – Abgaben, die bei der päpstlichen Bestätigung eines neu gewählten Bischofs oder Abts anfielen – und Annaten – regelmäßige Abgaben von kirchlichen Ämtern und Pfründen – sowie Kreuzzugssteuern und Ablassgelder aus mittel- und nordeuropäischen Bistümern nach Rom. Nach 1500 gewährten die Fugger den Päpsten auch Kredite, finanzierten Gesandtschaften und unterstützten die Anwerbung Schweizer Söldner (hier liegen die Ursprünge der heutigen Schweizergarde im Vatikan). Sie pachteten zeitweilig die päpstliche Münze und übernahmen den Transfer von Ablassgeldern, der vor allem während des Pontifikats Leos X. (1513–1521) große Ausmaße erreichte. Hinzu kamen Lieferungen von kostbaren Stoffen, Edelsteinen und Luxuswaren an ihre fürstlichen Kunden. Wichtige Faktoren für den Erfolg der Fugger waren, neben den überragenden unternehmerischen Fähigkeiten und dem strategischen Weitblick Jakob Fuggers, ein kompetenter und loyaler Stab von Mitarbeitern in den Faktoreien der Handelsgesellschaft, deren Netz sich über große Teile Europas erstreckte, und der Zugang zu Kapital, das von Mitgliedern der Augsburger Oberschicht und geistlichen Würdenträgern wie dem Brixener Fürstbischof Melchior von Meckau kam.[28]

Als Maximilian I. 1518 starb, war er der Fuggerfirma rund 350 000 Gulden schuldig. Vor diesem Hintergrund stand außer Frage, dass Jakob Fugger bei der anstehenden Wahl eines Nachfolgers Maximilians Enkel Karl, der bereits Herzog von Burgund und König von Spanien war, unterstützen würde. Karls einstimmige Wahl durch die Kurfürsten im Juni 1519 wurde durch Wahlgelder in Höhe von mehr als 850 000 Gulden ermöglicht, von denen Jakob Fugger mit 543585 Gulden rund zwei Drittel aufbrachte. Anschließende Vereinbarungen mit Karl V. und seinem Bruder Ferdinand sicherten den Fuggern weiterhin den Zugriff auf Tiroler Silber und Kupfer und ermöglichten ihnen überdies den Einstieg ins Spaniengeschäft. Auch intern stellte Jakob Fugger entscheidende Weichen für die weitere Entwicklung des Unternehmens: Gesellschaftsverträge, die 1502 und 1512 geschlossen wurden, schlossen Frauen und Geistliche aus dem Handel aus, und der kinderlose Firmenleiter machte seine Neffen zu Teilhabern, ohne ihnen allerdings ein Mitspracherecht einzuräumen.[29]

Anton Fugger, Porträt von Hans Maler von Schwaz (um 1525)

Nach Jakob Fuggers Tod im Jahre 1525 wurde sein Neffe Anton (1493–1560) sein Nachfolger. Eine zwei Jahre später erstellte Firmenbilanz wies Aktiva in Höhe von rund drei Millionen Gulden aus, denen 870 000 Gulden Passiva gegenüberstanden. Nach dem Ableben seines Bruders Raymund (1535) und der Auslösung seines Vetters Hieronymus nahm Anton Fugger 1538 vier Söhne Raymunds als Teilhaber auf, behielt sich aber nach dem Vorbild seines Onkels die alleinige Entscheidungskompetenz vor. Während die Faktorei in Rom nach dem *Sacco di Roma* – der Plünderung der Ewigen Stadt durch kaiserliche Truppen 1527 – aufgegeben wurde, wurden die Beziehungen zum spanischen König und deutschen Kaiser Karl V. durch zahlreiche weitere Kreditvereinbarungen systematisch gepflegt. Dafür sicherten sich die Fugger Ansprüche auf Einkünfte des Herrschers in Kastilien. Auch Erzherzog Ferdinand, dessen Wahl zum römischen König 1530 das Augsburger Handelshaus ebenfalls finanzierte, gehörte mit Verbindlichkeiten von rund einer Million Gulden im Jahre 1533 zu den größten Schuldnern der Fugger. Diese Schulden wurden weiterhin durch Lieferungen Tiroler Silbers und Kupfers, daneben durch Einkünfte Ferdinands aus dem Königreich Neapel bedient. Anton Fugger war aber nicht ausschließlich Finanzier der Habsburger, sondern vergab auch Darlehen an die Könige von Portugal, Dänemark und England sowie an den Großherzog der Toskana. Eine wichtige Zäsur stellte seine 1546 getroffene Entscheidung dar, den ungarischen Handel angesichts rückläufiger Erträge und steigender Risiken aufzugeben. Um diese Zeit überlegte Anton Fugger sogar, die Handelsgesellschaft, die damals mit Aktiva von über sieben Millionen Gulden und Passiva von rund zwei Millionen Gulden ihren Zenit erreicht hatte, komplett zu liquidieren. Aufgrund des starken Engagements in Tirol, Spanien und den Niederlanden ließen sich diese Pläne jedoch nicht realisieren.[30]

Nach Anton Fuggers Tod 1560 trat dessen Neffe Hans Jakob (1516–1575) ein schwieriges Erbe an: Riskante Finanzgeschäfte in Antwerpen hatten das Handelshaus 1557 in eine Krise gestürzt. Die Schulden der spanischen Krone beliefen sich 1563 auf drei Millionen Dukaten. Das Handelshaus war mittlerweile stark auf Fremdkapital angewiesen, und das Verhältnis von Eigen- und Fremdkapital stellte sich ungünstig dar. Zudem konnte Hans Jakob Fugger seine hohen privaten Schulden nicht mehr bezahlen; er verließ Augsburg, begab sich nach München, wo er zu einem der engsten Berater Herzog Albrechts V. aufstieg, und schied 1564 aus der Handelsgesellschaft aus. In der Folgezeit wurde die Eigenkapitalbasis durch weitere Auszahlungen geschmälert. Christoph Fugger kehrte der Firma 1572 den Rücken, und 1578 verließen auch die Erben Georg Fuggers, der bis zu seinem Tod 1569 neben Marx Fugger die Geschäfte geführt hatte, die Gesellschaft, um ein eigenes Unternehmen zu gründen. Am „Gemeinen Handel" der Fugger waren danach nur noch Anton Fuggers Söhne Marx, Hans und Jakob beteiligt, wobei Marx als „Regierer" fungierte und sein Bruder Hans ihn bei der Führung der Geschäfte unterstützte.[31]

Trotz dieses Aderlasses gelang es Marx Fugger, der bis Mitte der 1590er-Jahre die Geschicke des Unternehmens lenkte, durch Restrukturierung, Kostensenkung und Konsolidierung das Stammkapital zu erhöhen und die Abhängigkeit von Fremdmitteln zu verringern. Zahlreiche Niederlassungen – darunter einst wichtige Faktoreien wie Venedig – wurden aufgegeben. Stattdessen ließen die Fugger ihre Interessen an diesen Plätzen von Kommissionären wahrnehmen, die auf Provisionsbasis arbeiteten. Eigene Niederlassungen hatte das Handelshaus um 1575 lediglich noch in Madrid, Almagro, Antwerpen, Nürnberg und am Kaiserhof in Wien bzw. Prag; infolge des Krieges in den Niederlanden wurde 1576 die Antwerpener Faktorei nach Köln verlagert. Wichtigstes Standbein der Gesellschaft unter der Leitung Marx Fuggers wurde die Maestrazgopacht (s. Kapitel 5) mit dem Quecksilberbergwerk von Almadén. Die dort erwirtschafteten Gewinne versetzten die Fugger in die Lage, den spanischen und österreichischen Habsburgern weiterhin große Darlehen zu gewähren.[32]

MARCVS FVGGER. SENIOR. BARO.

ESSE sui lumen generis; decus ordinis; esse
Cæsaribus gratum; præsidium patriæ:
Sunt bona virtutis, sunt hæc bona pectoris, vnquam
Haud possessores passa perire suos.
MARCE, tibi viuo super hæ, FVGGERE, fuêre;
Mortuus, æternum dotibus his superes.

Marx Fugger, Kupferstich von Dominicus Custos, aus: Iconem Deces (1592)

Obwohl die Fugger in der europäischen Geschäftswelt noch immer einen guten Namen hatten, wurde die Lage ihres Handelshauses seit der Wende vom 16. zum 17. Jahrhundert zunehmend problematischer. Nach Marx Fuggers Tod 1597 machten seine Söhne seinem Bruder und Nachfolger Hans die Firmenleitung streitig. Im Laufe der Zeit schieden mehr und mehr Teilhaber aus und zogen ihr Kapital ab. Nach 1600 hatte keiner der Teilhaber mehr eine kaufmännische Ausbildung genossen, und wichtige Aufgaben wurden Angestellten übertragen. Die Geschäfte in Spanien gestalteten sich angesichts rückläufiger Edelmetallimporte aus Amerika, einer tiefen Wirtschaftskrise und der desolaten Finanzlage des Staates immer schwieriger. 1645 gaben die Fugger den spanischen Handel endgültig auf. Der Niedergang der Tiroler und Kärntner Montanunternehmungen, der sich bereits im späten 16. Jahrhundert abzeichnete, wurde durch den Dreißigjährigen Krieg weiter beschleunigt, und bis 1657 wurden auch diese Unternehmensteile aufgegeben.[33]

Von anderer Herkunft waren die 1246 erstmals in Augsburg belegten Welser. Sie gehörten zu den „alten Geschlechtern", das heißt sie waren eine der ältesten Augsburger Patrizierfamilien. Als Fernhändler treten sie allerdings erst zu Beginn des 15. Jahrhunderts in Erscheinung: Bartholomäus (III.) Welser (gest. 1446) arbeitete zunächst für die Handelsgesellschaft seines Stiefbruders Lorenz Egen, machte sich aber um 1414 gemeinsam mit seinem Schwager Hans Prun als Kaufmann selbstständig. Die Welser-Prun-Gesellschaft, die Bartholomäus Welser nach dem Tod seines Schwagers 1424/25 allein weiterführte, importierte Baumwolle aus Venedig und vertrieb Augsburger Barchenttuche auf den Frankfurter Messen. In den 1460er-Jahren führten die Brüder Bartholomäus (IV.), Ulrich, Jakob und Lukas Welser eine Familienhandelsgesellschaft, in der Bartholomäus die Geschäfte von Augsburg aus lenkte, Jakob die Beziehungen nach Köln und in die Niederlande pflegte und Lukas für Italien zuständig war. In den 1470er-Jahren investierte die Welser-Gesellschaft auch in den sächsischen Bergbau und intensivierte ihre Kontakte nach Ostmitteleuropa. Die Heirat von Lukas Welsers Sohn Anton (I., 1451–1518) mit einer Tochter des Memminger Großkaufmanns Hans Vöhlin im Jahre 1479 bildete die Grundlage einer engen Zusammenarbeit beider Firmen: Anton Welser siedelte nach Memmingen über und übernahm die Rolle eines „Juniorchefs" in der Handelsgesellschaft seines Schwiegervaters. Die enge Kooperation zwischen den Augsburger Welser und den Memminger Vöhlin, die durch die Heirat zwischen Hans Vöhlins Sohn Konrad und Anton Welsers Schwester Barbara 1487 sowie durch die Rekrutierung von Teilhabern und Angestellten aus dem Kreis der Welser und ihrer Verwandten gefestigt wurde, mündete nach Hans Vöhlins Tod im Herbst 1496 in die Gründung der Handelsgesellschaft „Anton Welser, Konrad und Mitverwandte", die damit als Nachfolgerin der Memminger Vöhlin-Gesellschaft anzusehen ist.[34]

Noch im Gründungsjahr dieser Gesellschaft zog Anton Welser wieder in seine Geburtsstadt Augsburg und schloss 1498 einen Steuervertrag mit dem Rat der Stadt, während er sein Memminger Bürgerrecht behielt.[35] Damit verlagerte sich auch der Schwerpunkt der Firma nach Augsburg, das um diese Zeit die anderen schwäbischen Reichsstädte als Handels- und Gewerbezentrum zunehmend überflügelte.[36] Die „alte" Augsburger Welser-Gesellschaft dürfte bereits nach dem Tod von Anton Welsers Vater Lukas liquidiert worden sein.[37]

Nach Aufzeichnungen aus dem Jahre 1508 war die Welser-Vöhlin-Gesellschaft ein Zusammenschluss einer größeren Zahl von Familien, die untereinander verwandt bzw. verschwägert waren. Die damals 18 stimmberechtigten Teilhaber kamen aus den Familien Welser, Vöhlin, Lauginger, Pfister, Haintzel, Reihing, Imhoff, Honold, Seitz und Rem.[38] Anton Welser und Konrad Vöhlin waren nicht nur die namensgebenden Gesellschafter, sondern leiteten auch die Geschäftszentralen in Augsburg und Memmingen. Spätestens nach dem Tod Konrad Vöhlins 1511 verlor Memmingen allerdings seine Funktion als zweite Zentrale und sank auf den Status einer Faktorei herab, die der Augsburger Zentrale untergeordnet war. Faktoreien – deren Leiter (Faktoren) eine feste Besoldung erhielten und gegenüber der Firmenzentrale rechenschaftspflichtig waren – als dauerhafte Niederlassungen an einem Ort waren die wichtigsten Organisationseinheiten süddeutscher Handelsgesellschaften im 16. Jahrhundert. An Orten, an denen sie keine Faktoreien unterhielten, nahmen die Handelshäuser die Dienste von Kommissionären in Anspruch, die häufig selbstständige Kaufleute waren und Geschäfte für verschiedene Auftraggeber erledigten.[39]

Um 1500 sind für die Welser-Gesellschaft 17 Faktoreistandorte nachweisbar, von denen zehn im süddeutsch-schweizerischen Raum lagen. Diese räumliche Konzentration weist auf das starke Engagement der Firma im Handel mit Textilien hin: So bestanden Faktoreien in schwäbischen Textilzentren wie Ulm, Kempten, Biberach und Ravensburg. Ulm war zugleich ein wichtiger Umschlagplatz im Handel zwischen Oberdeutschland und Italien; über Lindau und St. Gallen führten die Handelswege in die Wirtschaftszentren Mailand und Lyon. Darüber hinaus hatte die Gesellschaft eigene Vertretungen in Venedig, Köln, Antwerpen und Wien.[40]

In den folgenden eineinhalb Jahrzehnten vollzog sich eine Expansion des Handelsnetzes der Welser-Gesellschaft: Neue Faktoreien entstanden in Leipzig, Brünn, Como, Genua, Rom, Saragossa, Lissabon und auf Madeira. Langfristig bedeutsam war vor allem die Etablierung auf der Iberischen Halbinsel: Nach der Gründung einer Niederlassung in Lissabon 1503 schalteten sich die Welser-Vöhlin in den Asienhandel ein und beteiligten sich 1505 und 1506 an Indienfahrten. Saragossa war ein Zentrum des Safran- und Pastellhandels und Como ein wichtiger Standort der Textilproduktion. Wie im Fall der Fugger diente die Faktorei der Welser in Rom in erster Linie Geldgeschäften mit der Kurie. Festzuhalten ist jedoch, dass sich die Geschäftsfelder der Fugger und Welser im frühen 16. Jahrhundert deutlich unterschieden: Während Erstere sich auf Kupfer- und Silberhandel sowie Finanzgeschäfte konzentrierten, handelten Letztere mit einem breiten Sortiment an Gütern wie Textilien, Farbstoffen, Gewürzen, aber auch Metallen, Leder und Zucker.[41]

Bartholomäus (V.) Welser,
Kupferstich von Georg Christoph Eimmart,
spätes 17. Jahrhundert

Die Ende 1517 vorgenommene Generalrechnung sowie der Tod des Firmenleiters Anton Welser im folgenden Jahr leiteten eine Umstrukturierung ein: Mehrere Teilhaber, darunter Anton Welsers Bruder Jakob, schieden aus der Gesellschaft aus, an deren Spitze Bartholomäus Welser (V., 1484–1561) trat. Damit näherte sich die Organisationsstruktur der Welserfirma derjenigen der Fugger an: Sie umfasste nun einen deutlich kleineren Teilhaberkreis – zu dem Bartholomäus Welsers Bruder Anton (II.) und Hans Vöhlin gehörten – und wurde von einem starken „Regierer" gelenkt. Das Ausscheiden von Teilhabern wurde, wie im Fall der Fugger, durch die Aufnahme von festverzinslichem Depositenkapital, vor allem seitens Verwandter und Familien der städtischen Oberschicht, ausgeglichen. Jakob Welser gründete in Nürnberg ein eigenes, zeitweilig sehr erfolgreiches Handelshaus, das eine wichtige Rolle im mitteldeutschen Saigerhandel spielte und nach seinem Tod 1541 von seinen Söhnen weitergeführt wurde.[42] Im Jahre 1535 engagierte sich Jakob Welser sogar in einem Amerikaunternehmen: Gemeinsam mit dem Augsburger Kaufmann Sebastian Neidhart rüstete er ein Schiff der Flotte Pedro de Mendozas aus, die zur Eroberung des Gebiets um den Rio de la Plata im heutigen Argentinien aufbrach.[43]

Seit Mitte der 1520er-Jahre ist eine Verlagerung der Schwerpunkte der Augsburger Welserfirma erkennbar: Während das Textilgeschäft im oberdeutsch-schweizerischen Raum reduziert wurde und Faktoreien wie Memmingen, Kempten und St. Gallen aufgegeben wurden, intensivierte Bartholomäus Welser, der neben Jakob Fugger einen maßgeblichen Beitrag zur Kaiserwahl Karls V. 1519 geleistet hatte, die Beziehungen nach Spanien. Die Welser-Gesellschaft avancierte zu einem der wichtigsten Financiers Karls V. und war von 1528 bis 1537 an der Pacht der Ländereien der spanischen Ritterorden beteiligt. Das Spaniengeschäft wurde von einer Faktorei am spanischen Hof aus koordiniert; daneben gewann die Faktorei Sevilla zeitweilig große Bedeutung. Der Zahlungsverkehr zwischen dem spanischen Hof, Sevilla, Lyon und Antwerpen lief häufig über die kastilischen Messen.

Die Errichtung einer Faktorei auf der Karibikinsel Hispaniola 1526 und die Übernahme der Statthalterschaft über die südamerikanische Provinz Venezuela zwei Jahre später sind im Kontext dieses starken Engagements in Spanien zu sehen. Darüber hinaus investierten die Welser in den 1520er-Jahren in den böhmischen und sächsischen Kupfer- und Zinnbergbau.[44]

Während die Fugger angesichts ihrer starken Bindung an das Haus Habsburg keine feste Niederlassung in Frankreich unterhielten, waren die Faktoreien der Welser in Lyon und Toulouse stark im Safran- und Pastellgeschäft engagiert. Darüber hinaus scheuten sie sich nicht, der Krone Frankreichs Darlehen zu gewähren, obwohl diese der Hauptgegenspieler Karls V. in der europäischen Mächtepolitik war und mehrere Kriege gegen diesen führte. Bei französischen Kronanleihen, aber auch bei Warengeschäften und Finanzdienstleistungen arbeiteten die Welser in Lyon jahrzehntelang mit dem Florentiner Handelshaus Salviati zusammen.[45]

Bartholomäus Welser hatte seinem Schwiegersohn Hieronymus Sailer, der sich bei riskanten Finanzgeschäften zwischen Lyon und Antwerpen verspekuliert hatte, finanziell unter die Arme gegriffen. Daraufhin schied sein Bruder Anton, der mit dieser Stützungsmaßnahme nicht einverstanden gewesen war, im Herbst 1551 aus. Nachdem in den Jahren zuvor bereits andere langjährige Teilhaber wie Hans Vöhlin die Gesellschaft verlassen hatten, leitete Anton Welsers Schritt einen Generationswechsel ein: Auch Bartholomäus Welser selbst zog sich nun aus dem aktiven Geschäftsleben zurück und übergab die Leitung seinem Sohn Christoph. Von 1551 bis 1580 firmierte das Familienunternehmen unter dem Namen „Christoph Welser und Gebrüder" bzw. „Christoph Welser und Gesellschaft". Neben Christoph Welsers Brüdern Hans und Leonhard, der allerdings bereits 1557 starb, gehörten dieser Firma zeitweilig auch Christophs Vettern Matthäus und Marx Welser sowie weitere Verwandte an.[46]

In den 1550er-Jahren war der Umfang der Warengeschäfte – insbesondere mit Textilien, Gewürzen und Farbstoffen –, des

Kommissionsgeschäfts sowie der Finanztransaktionen in den Niederlanden noch sehr beträchtlich. Zugleich nahm die Christoph-Welser-Gesellschaft interne Umstrukturierungen vor, modernisierte ihre Buchhaltung und gab eine Reihe von Faktoreien zugunsten einer Vertretung durch Kommissionäre auf. Ende der 1550er-Jahre bestanden neben der Augsburger Zentrale noch Niederlassungen in einem Dutzend Städten – unter anderem in Ulm, Nürnberg, Antwerpen, Venedig, Lyon, Saragossa, Valladolid und Lissabon.[47]

In den folgenden Jahrzehnten reduzierte sich die Eigenkapitalbasis durch das Ausscheiden mehrerer Teilhaber erheblich. Seit 1580 war keiner der Söhne Bartholomäus Welsers mehr an der Handelsgesellschaft beteiligt, die nun unter dem Namen „Marx und Matthäus Welser“ firmierte. Ihr Einstieg in den portugiesischen Gewürzeinkauf in Asien 1585 suggeriert zwar eine unverminderte Leistungsfähigkeit; tatsächlich überdehnte die Gesellschaft damit jedoch ihre Kräfte. Forderungen aus Kreditgeschäften in den Niederlanden, in Spanien und im Heiligen Römischen Reich erwiesen sich als uneinbringlich. Die Übernahme des Reichspfennigmeisteramtes durch Matthäus Welser im Jahre 1603 verschlimmerte die ohnehin prekäre Lage noch zusätzlich, weil der Inhaber dieses Amtes die vom Reichstag bewilligten Türkensteuern vorfinanzieren musste. Da sich Matthäus Welser und seine Brüder Marx und Paul zudem stark auf ihre gelehrten Interessen und ihre Ämter – Marx bekleidete das höchste reichsstädtische Amt des Stadtpflegers, Paul das Amt des Baumeisters – konzentrierten, wurde die Geschäftsleitung vernachlässigt. Nachdem 1614 Wechsel in Frankfurt geplatzt waren, brach die Welser-Gesellschaft unter der Last ihrer Schulden zusammen. Während Marx Welser kurz vor dem Bankrott verstorben war, verbrachten Matthäus und Paul viele Jahre in Schuldhaft.[48] Der von Jakob Welser begründete Nürnberger Zweig der Familie hatte sich zu dieser Zeit bereits aus dem aktiven Handelsgeschäft zurückgezogen.

1 Am Anfang war die Baumwolle

Der Barchentboom des späten Mittelalters

Produktion und Handel von Textilien bildeten das wirtschaftliche Rückgrat schwäbischer Städte im späten Mittelalter und in der frühen Neuzeit. Dies gilt besonders für Augsburg, wo im 15. und 16. Jahrhundert mehr als ein Viertel der steuerpflichtigen Haushalte in der Tuchherstellung tätig war; es gilt aber auch für andere Zentren der schwäbischen Städtelandschaft – für Nördlingen, Ulm, Memmingen, Kempten, Kaufbeuren, Ravensburg und Biberach. Für diese Reichsstädte spielte eine Innovation in der zweiten Hälfte des 14. Jahrhunderts eine fundamentale Rolle: die Einführung des Barchents, eines Mischgewebes aus einer leinenen Kette und einem Schuss aus Baumwolle. Während Leinengarn aus regional angebautem Flachs gesponnen wurde, musste die Baumwolle aus dem Mittelmeerraum – aus Syrien, Ägypten, Anatolien und Zypern – importiert werden. Wichtigster Bezugsort für Baumwolle war Venedig, und hier kamen die reichsstädtischen Kaufleute ins Spiel: Sie kauften die Baumwolle am Rialto ein und veräußerten sie an schwäbische Weber weiter. Da die Handwerker den Rohstoff oft nicht bar bezahlen konnten, überließen ihnen die Kaufleute die Ware auf Kredit und übernahmen zudem die Vermarktung des Endprodukts. Hier liegen die Ursprünge des Verlagssystems, das sich um 1400 in den schwäbischen Textilstädten verfestigte und auch auf das Land ausgriff. Wirtschaftlich gesehen erwies sich die Einführung des Barchents als Erfolgsgeschichte: Die schwäbischen Städte verfügten damit über ein gefragtes Exportprodukt, und zwischen Bodensee, Donau und Lech erstreckte sich eine der großen europäischen Gewerberegionen.[1]

Im Laufe des 15. Jahrhunderts setzten sich Augsburg und Ulm an die Spitze der Barchentproduktion und entfalteten auch im Fernhandel eine besondere Dynamik. Im Jahre 1410 wurden in

Augsburg bereits 85 000 Barchent- und Leinentuche hergestellt. Seit 1395 ist Augsburger Barchent auf den Frankfurter Messen nachweisbar, und in den folgenden Jahren wurde er auch in Köln, Prag, Breslau, Krakau und Wien vertrieben. Allerdings ging diese Textilkonjunktur mit wachsenden sozialen Spannungen zwischen Fernhändlern, die im Baumwoll- und Tuchhandel reich wurden, und Handwerkern einher, die sich beim Einkauf von Rohstoffen überschuldeten und von der Hand in den Mund lebten: 1397 brachen in Augsburg Ungeldunruhen aus, in denen ärmere Weber gegen eine indirekte Steuer protestierten.[2]

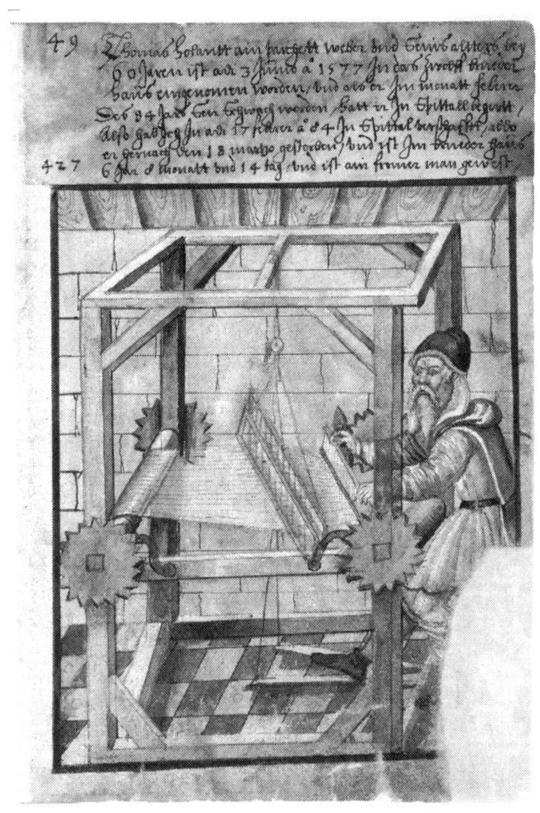

Der Nürnberger Barchentweber Thomas Holland († 1584), Hausbuch der Mendel'schen Zwölfbrüderstiftung, Amb. 317b.2°, f.43r

Die Abhängigkeit der schwäbischen Städte von Baumwollimporten aus Venedig machte sich zudem schmerzhaft bemerkbar, als Kaiser Sigismund im frühen 15. Jahrhundert mehrfach Handelssperren gegen die Republik Venedig verhängte: In den Jahren 1412, 1418 bis 1428 und erneut 1431 bis 1433 brachen die Baumwolleinfuhren ein. Um die Jahrhundertmitte störte der Zweite Städtekrieg den Fernhandel, und in den 1460er-Jahren machte sich der Krieg, den Kaiser und Reich gegen Herzog Ludwig von Bayern-Landshut führten, für die Textilstädte Schwabens nachteilig bemerkbar. Überhaupt lässt sich aus der Entwicklung der Ungeldeinnahmen eine tiefe Krise des Augsburger Textilgewerbes zwischen 1450 und 1480 ablesen, und 1466/67 brach sich der Unmut der ärmeren Schichten über hohe Abgaben erneut in Ungeldunruhen Bahn.[3] Unterdessen kam eine Reihe von Kaufmannsfamilien im Barchenthandel und -verlag zu Vermögen: Die Artzt, Hämmerlin und Kramer stiegen aus der Weberzunft in die Reihen der Kaufleute auf, während andere Familien aus Textilstädten wie Lauingen, Nördlingen und Donauwörth zuzogen.[4]

Auch die Anfänge der Fugger sind eng mit diesem Barchentboom verbunden: Der Weber Hans Fugger zog sicher nicht zufällig im Jahre 1367, als die Konjunktur gerade einsetzte, aus dem Dorf Graben nach Augsburg. Obwohl konkrete Nachrichten zu seinen Aktivitäten fehlen, weist der Anstieg seiner Steuerleistungen bis zu seinem Tod 1408 auf eine erfolgreiche Handelstätigkeit hin, die seine Witwe Elisabeth nahtlos fortsetzte.[5] Zu Beginn des Jahres 1440 ist erstmals ein Barchentgeschäft eines „Füker von Augsburg" – dessen Vorname nicht bekannt ist – belegt: Er verkaufte dem Sohn des Kaufmanns Marquard (II.) Mendel in Nürnberg 102 schwarze Barchenttuche für 137 Goldgulden.[6] Die Söhne Hans und Elisabeth Fuggers, Andreas und Jakob, führten die Geschäfte erfolgreich weiter, und in den 80er-Jahren des 15. Jahrhunderts strengten sowohl Lukas Fugger – der Sohn des Andreas aus der Linie „vom Reh" – als auch dessen Vetter Ulrich – der Sohn des Jakob Fugger aus der Linie „von der Lilie" – vor dem Augsburger Stadtgericht mehrfach Klagen gegen Weber an, weil diese mit Lieferverpflichtungem im Rückstand waren.[7] Als es Mitte der 1490er-Jahre zu Auseinandersetzungen zwischen Webern und Kaufleuten in Augsburg um die Einfuhr von Garn aus Mitteldeutschland und Schlesien kam, stand Lukas Fugger auf der Seite der Kaufleute, die die Importe befürworteten, weil dadurch die Versorgung des Textilgewerbes mit hochwertigem Garn verbessert würde und ein Anstieg der Produktion sich positiv auf die Steuereinnahmen der Stadt auswirken würde.[8] Auch die Memminger Vöhlin-Gesellschaft, die Vorläuferin der Welser-Gesellschaft des 16. Jahrhunderts, war im letzten Drittel des 15. Jahrhunderts im Baumwoll- und Barchenthandel aktiv.[9] Baumwolle und Barchent stehen also am Anfang der Entwicklung der beiden großen Augsburger Handelshäuser, und der Rohstoff Baumwolle verknüpfte ihre Geschicke mit der Handelswelt des Mittelmeers.

Dreh- und Angelpunkt des süddeutschen Venedighandels war das nahe der Rialtobrücke gelegene Haus der deutschen Kaufleute, der *Fondaco dei Tedeschi*. Deutsche Handelsgesellschaften bzw. ihre Repräsentanten waren verpflichtet, ihre Wohnungen und Warenlager in diesem zu Beginn des 13. Jahrhunderts gegründeten Haus zu nehmen, wobei der Begriff *Tedeschi* weit gefasst war und auch Niederländer, Schweizer, Österreicher, Böhmen, Polen und Ungarn einschloss. Gleichwohl spielten die Süddeutschen innerhalb der Kaufmannschaft im *Fondaco* eine dominierende Rolle. Darüber hinaus waren die „Deutschen" verpflichtet, sämtliche Geschäfte in Gegenwart eines vereidigten Maklers zu tätigen. Der gesamte Warenverkehr wurde von zwei Vertretern der Markusrepublik, den *visdomini*, beaufsichtigt, die auch die darauf anfallenden Zölle einzogen. Die Deutschen ihrerseits wählten Konsuln, die ihre Interessen gegenüber der venezianischen Obrigkeit vertraten, und genossen ein hohes Maß an Autonomie. Von großer Bedeutung war der Umstand, dass die Republik Venedig ihren eigenen Untertanen verboten hatte, Handel mit dem Heiligen Römischen Reich zu treiben. Dadurch lag der transalpine Handelsverkehr Venedigs weitgehend in den

Händen deutscher Kaufleute. Auch nach der Lockerung der Residenzpflicht im *Fondaco* und des transalpinen Handelsverbots für Venezianer in der zweiten Hälfte des 16. Jahrhunderts blieb der *Fondaco* das Zentrum des deutschen Venedighandels. Nach einem verheerenden Brand im Januar 1505 wurde er als Vierflügelanlage um einen großen Innenhof herum neu errichtet und prachtvoll ausgestattet.[10]

Begünstigt wurde der Handelsverkehr zwischen der Lagunenstadt und Süddeutschland durch eine effektive Transportorganisation: Auf der Route von Venedig nach Augsburg und Nürnberg bildete sich an der Wende vom 15. zum 16. Jahrhundert das Gewerbe der Gutfertiger und Ballenführer heraus, die die von den Deutschen eingekauften Waren – neben Baumwolle vor allem

Der Kupferstich von Raphael Custos (1616) hält das Verpacken von Waren vor der imposanten Kulisse des von Arkaden umsäumten Innenhofs des Fondaco dei Tedeschi, des Hauses der deutschen Kaufleute in Venedig, fest.

Gewürze (vgl. Kapitel 3) und Luxusgüter – ohne Umladen über die Alpen beförderten und damit der traditionellen Rottfuhr, also dem etappenweisen Warentransport von einer Umladestation zur nächsten, Konkurrenz machten.[11]

Selbstverständlich unterhielten sowohl die Fugger als auch die Welser eigene Kammern und Gewölbe im *Fondaco dei Tedeschi*.[12] An der Wende vom 15. zum 16. Jahrhundert entwickelten sich allerdings die geschäftlichen Schwerpunkte der beiden großen Handelshäuser auseinander: Während sich die Fugger zunehmend auf den Vertrieb von Kupfer und Silber sowie auf Finanzgeschäfte verlegten, blieb das Textilgeschäft für die Welser ein Kernbereich ihrer Aktivitäten.

Der Textilhandel der Welser-Gesellschaft

Bereits ein Blick auf das Niederlassungsnetz der Firma „Anton Welser, Konrad Vöhlin und Mitverwandte" um 1500 lässt die Bedeutung erkennen, die der Handel mit Textilien für sie hatte. Nicht weniger als zehn ihrer 17 Faktoreien lagen innerhalb des Dreiecks zwischen den Handelsmetropolen Augsburg und Nürnberg und der schweizerischen Stadt St. Gallen. Dazu gehörten die Zentren der oberschwäbischen Barchent- und Leinwandproduktion: Memmingen, wo bis zu seinem Tod 1511 der Hauptteilhaber Konrad Vöhlin lebte, Ulm, Kempten, Isny, Biberach und Ravensburg. In Mindelheim, Kaufbeuren und Konstanz war die Welser-Vöhlin-Gesellschaft durch Kommissionäre repräsentiert.[13]

Zahlreiche Nachrichten über Transporte von Baumwolle, Leinwand und Barchent verdeutlichen das Gewicht dieses Handelszweigs. Im Herbst 1498 wurden zehn Säcke Baumwolle aus Venedig über Augsburg nach Ulm geführt, und im Frühjahr 1499 sorgte der Kaufmann Leonhard Wild für den Transport von 104 Säcken Baumwolle nach Ulm und Kaufbeuren, wofür ihm die Welser-Vöhlin 500 Dukaten bezahlten. In der Faktorei Kempten lagerten um dieselbe Zeit mehrere hundert Stück Leinwand, und auch die Niederlassung in Isny hatte rund 100 Tuche in verschiedenen Farben und Qualitätsstufen auf Lager.[14] In Kaufbeuren hatte das Handelshaus die Barchentweberei im Verlagssystem organisiert: sie belieferte die Weber mit Rohstoffen und nahm ihnen die fertigen Tuche ab.[15] Wichtige Absatzmärkte für schwäbische Textilien waren die Frankfurter Messen und die österreichische Metropole Wien. Im Frühjahr 1501 wurden sechs Fässer Memminger und Isnyer Leinwand sowie weiße Regentücher nach München gesandt, die der dortige Kommissionär Gilg Meißlin nach Wien spedieren sollte. Im Herbst 1514 rechnete derselbe Kommissionär über die Spedition von 228 Fässern mit schwäbischer Leinwand, Golschen (grober Baumwoll- oder Leinenstoff) und Regentüchern ab, was einer Gesamtmenge von 15 000 bis 20 000 Tuchen entsprechen dürfte. Im Juli 1517 sandte die Memminger Faktorei der Welser fünf Fässer mit oberschwäbischen Tuchen nach München, von wo aus sie wiederum weiter nach Wien transportiert werden sollten.[16] Im Jahre 1508 wurde Ulmer und Biberacher Barchent in die Messestadt Frankfurt geschickt. Da der für die Barchentproduktion so essentielle Venedighandel in den folgenden Jahren durch den Krieg Kaiser Maximilians I. gegen die Markusrepublik empfindlich gestört war, wichen die Welser zeitweilig sogar auf eine wesentlich längere Route aus: Im Herbst 1518 wurde eine größere Partie „türkische" Baumwolle auf dem Seeweg nach Antwerpen transportiert und von dort über Köln nach Frankfurt am Main gebracht.[17]

Der Baumwoll- und Barchenthandel blieb bis Ende der 1520er-Jahre ein zentrales Geschäftsfeld der Welser. In den ersten Monaten des Jahres 1528 trafen 26 Säcke Baumwolle aus Venedig in Augsburg ein, und die Nürnberger Niederlassung verschickte Ulmer Barchent nach Antwerpen. Bei der Faktorei Memmingen waren zahlreiche Weber verschuldet.[18] In den folgenden Jahren gab die mittlerweile von Bartholomäus Welser geleitete Gesellschaft jedoch die meisten schwäbischen Niederlassungen auf, was auf einen Bedeutungsverlust dieses Geschäftszweigs hinweist.

Über die Faktorei St. Gallen fand die Welser-Vöhlin-Gesellschaft auch Zugang zu den Zentren der Schweizer Textilproduktion. In Freiburg im Uechtland konnte sie an die Aktivitäten der Memminger Vöhlin-Gesellschaft anknüpfen, die bereits 1491 mit der Kommune einen Vertrag über die Abnahme der gesamten Tuchproduktion zu einem Fixpreis abgeschlossen hatte. Weiße Freiburger Wolltuche genossen in der ersten Hälfte des 15. Jahrhunderts einen guten Ruf, doch spätestens seit der Jahrhundertmitte befand sich das Gewerbe im Niedergang, sodass die Übertragung des Gesamtabsatzes an eine große Handelsgesellschaft als Krisensymptom zu werten ist.[19] Die Krise des Freiburger Tuchgewerbes lässt sich auch daran ablesen, dass Anton Welser und Konrad Vöhlin mehrfach Preisnachlässe und Mengenbegrenzungen mit der Stadt aushandelten – seit 1498 nahmen sie maximal noch 4000 Tuche pro Jahr ab – und Bartholomäus Welser den Abnahmevertrag 1524 nicht mehr verlängerte.[20] Da die in Freiburg hergestellten Tuche vor allem nach Venedig exportiert und von dort aus in die Levante verschifft wurden, ließen sie sich jedoch eine Zeit lang gut in das Warensortiment und die Handelskreisläufe der Welser-Gesellschaft integrieren.[21]

Außerdem investierte das Handelshaus seit der Wende vom 15. zum 16. Jahrhundert in Produktion und Handel von Stammet, einem Mischgewebe mit einer Kette aus Leinen- oder Hanfgarn und einem Schuss aus Wolle. In Como, wo sie eine eigene Faktorei unterhielten, organisierten die Welser-Vöhlin die Stammetweberei im Verlagssystem.[22] 1506/07 ist die Spedition einer größeren Partie Stammet über Ulm nach Frankfurt sowie eine weitere Sendung nach München belegt.[23] Der Chronist Francesco Muralto berichtet, dass Kriegsvorbereitungen König Maximilians gegen Frankreich 1507 zum Rückzug deutscher Kaufleute aus Como geführt hätten, was besonders im Fall der Welser-Vöhlin mit großen Nachteilen für den Handel verbunden gewesen sei.[24] Bereits im Herbst 1508 empfing die Ulmer Niederlassung der Welser-Vöhlin indessen erneut Stammet aus Como.[25]

Angesichts lokaler Widerstände und wiederholter militärischer Konflikte zwischen den Häusern Habsburg und Valois in

Norditalien entschloss sich das Handelshaus einige Jahre später zur Verlagerung der Produktion nach Lugano. Die Bartholomäus-Welser-Gesellschaft ließ dort Anfang der 1520er-Jahre ein Tuchhaus mit eigener Färberei errichten und organisierte die Tuchherstellung als „Mischform von Eigenbetrieb und Verlag".[26] 1519 und 1525 sind Stammetlieferungen über Nürnberg nach Frankfurt am Main dokumentiert. Dieses Gewebe konnten die Welser in einer bemerkenswerten farblichen Vielfalt anbieten: Im Jahre 1525 lagerten in Ulm nicht nur schwarzer, brauner und weißer Stammet, sondern auch Stoffe in leuchtenden Farben wie rot, „leibfarben", „leberfarben" (rotbraun), gelb, „himmelblau", „sittichgrün" und „grasgrün".[27] Parallel zu ihrem Rückzug aus dem Barchentgeschäft gab die Bartholomäus-Welser-Gesellschaft in den folgenden Jahren allerdings auch die Produktion und den Vertrieb von Stammet auf.

Italienische Städte waren für die Welser darüber hinaus die wichtigsten Bezugsorte für hochwertige Samt- und Seidenstoffe. Im Gewölbe der Nürnberger Faktorei lagerten 1499 schwarzer Samt, Seidentuche und Taft („Zendel"). Atlas und Taft wurden 1516 in Venedig eingekauft. Auch in Genua, das in zeitgenössischen Kaufmannshandbüchern als Bezugsort für Seidenstoffe genannt wird,[28] deckte sich die Gesellschaft ein: Ende 1514 fertigte der Mailänder Welserfaktor Bernhard Meuting mehrere Kisten Genueser Samt sowie rund 2000 Pfund Seide aus Messina ab. Eine Kiste mit 14 Stück Genueser Samt wurde über Ulm und Köln nach Antwerpen spediert. Neun Jahre später veräußerte die Welserniederlassung an der Schelde Genueser Samt an den Kaufmann Jeronimo Guicciardini, und zwei Jahre später ging in Mailand eine Reklamation ein, weil sich Samtstoffe, die die Antwerpener Faktorei an Lazaro Fiorini verkauft hatte, als zu kurz erwiesen hatten. Hier liegt also der Fall vor, dass italienische Kaufleute in Antwerpen hochwertige italienische Stoffe über ein oberdeutsches Handelshaus bezogen! Ende Februar 1527 rechnete Hans Vöhlin in der Firmenzentrale über eine Partie Damast und Atlas aus Lucca ab. Ein Jahr danach lagerte im Gewölbe der

Frankfurter Niederlassung venezianische Seide, und drei Jahre später wurde in Spanien sogar Seide aus „India“ veräußert.[29] Um 1540 beteiligte sich die Welser-Gesellschaft in Kooperation mit dem Florentiner Handels- und Bankhaus Salviati und dem französischen Kaufmann Amiel Albertas sogar am Export italienischer Seide in die Levante über den Hafen von Marseille.[30]

Regelmäßig in den Unterlagen der Handelskompanie erwähnt werden auch sogenanntes Unzgold und Unzsilber – gesponnene Gold- und Silberfäden zur Verzierung der Kleidung von Angehörigen der höheren Stände. Sie gehörten zu den besonders gefragten Exportartikeln der Stadt Mailand.[31]

Von Köln und Antwerpen aus erschlossen sich die Welser ferner die wichtigsten Bezugsquellen für nordwesteuropäische Textilien.[32] Sie handelten mit niederländischen, englischen und nordfranzösischen Tuchen, die in großen Mengen auf den Frankfurter Messen und den Leipziger Märkten umgeschlagen sowie über Nürnberg und Regensburg nach Wien geschickt wurden. Eine Abrechnung von der Frankfurter Fastenmesse 1499 nennt feine hellgraue und blaue Tuche aus Brügge; rote, schwarze, weiße, braune, aschfarbene, „maigrüne“, gelbe und goldfarbene „lindische“ (Londoner) Tuche; ferner feinen schwarzen, roten, grünen, „sattblauen“, weißen und braunen Stoff aus Arras sowie Tuche aus Hondschoote und Rouen. Auf der Fastenmesse des Jahres 1506 boten die Welser-Vöhlin Tuche aus Amsterdam und Burschat, ein Mischgewebe aus Seide und Wolle, feil. Drei Jahre später lagerten in ihren Frankfurter Gewölben Tuche aus London und Mechelen, und 1518 empfing die Nürnberger Niederlassung der Welser eine große Sendung feiner englischer und flämischer Tuche. In den Jahren 1519 und 1528 wurden englische und niederländische Tuche auf der Donau nach Wien transportiert. Auf der Frankfurter Herbstmesse des Jahres 1527 setzte ein gewisser Balthasar Wagner im Auftrag der Welser-Gesellschaft Londoner und Amsterdamer Tuche ab. 1533 kaufte das Augsburger Handelshaus in Antwerpen für seinen italienischen Geschäftspartner Maffeo Bernardo 300 „Cariser“, also englische Kerseys, ein.[33] Der

Handelsdiener Lucas Rem erwähnt in seinen autobiographischen Aufzeichnungen, dass er zwischen 1503 und 1508 in Lissabon große Mengen flämischer Textilien absetzte.[34] Auch Stoffe südfranzösischer Provenienz werden gelegentlich genannt.[35]

Die Vielfalt an Stoffsorten und -farben deutet darauf hin, dass die Strategie des Handelshauses darauf abzielte, ein breites Sortiment an Textilien unterschiedlicher Herkunft und Qualität auf mitteleuropäischen Märkten anbieten zu können. Angesichts der hohen Fixkosten, die der Betrieb von Niederlassungen in ganz Europa erforderte, setzten die Welser offensichtlich auf Diversifizierung statt auf Spezialisierung. Mit ihrem differenzierten Warenangebot kamen sie aber auch dem Bedürfnis der höheren Schichten entgegen, sich im Medium der Kleidung zu präsentieren und gegenüber anderen Individuen und Gruppen abzugrenzen.

Kleidung in der ständischen Gesellschaft

In der ständischen Gesellschaft des Spätmittelalters und der frühen Neuzeit war Kleidung ein Medium, um Wohlstand, Geschmack und persönliche Präferenzen auszudrücken. Eine Vorbildfunktion hatten dabei Fürsten und Adelige, für die Kleidung ein wesentliches Mittel der Distinktion war[36] und die dementsprechend große Summen dafür ausgaben. Auf großen Messe- und Marktplätzen wie Frankfurt am Main und Leipzig deckten sich adlige Kunden bzw. deren Beauftragte mit rheinischen, niederländischen und englischen Tuchen ein. In Frankfurt erwarben etwa die Landgrafen von Hessen und die Grafen von Isenburg regelmäßig Textilien. Dabei handelte es sich sowohl um kostbare Materialien wie Samt, Atlas und Damast als auch um englische und brabantische Woll- und Leinenstoffe für den Hofstaat und die Dienerschaft. Allein im Falle der hessischen Landgrafen summierten sich die Tuchkäufe auf den Frankfurter Messen jährlich auf 2000 bis 3000 rheinische Gulden.[37] Darüber hinaus waren die Fürsten und ihr Gefolge darauf bedacht, sich auf Reichstagen, bei Hochzeiten und bei anderen festlichen Anlässen standesgemäß zu präsentieren. In der Zeit um 1500 zielte die höfische Kleidung noch primär auf Repräsentation nach außen und erst in zweiter Linie auf Distinktion innerhalb der höfischen Gesellschaft ab.[38]

Aber auch das städtische Bürgertum legte Wert auf ästhetisch ansprechende Kleidung aus feinen Materialien. Das Patriziat der süddeutschen Reichsstädte orientierte sich im 16. Jahrhundert zunehmend an adeligen Vorbildern und reklamierte für sich selbst eine adelsgleiche Qualität. Gesellschaftliche Aufsteiger konnten durch aufwendige Kleidung ihren erworbenen Wohlstand inszenieren und ihren Anspruch auf soziale Anerkennung untermauern. Als Ulrich Fugger d. J. 1516 die Kaufmannstocher Veronika Gassner heiratete, soll er dem Chronisten Wilhelm Rem zufolge der Braut Kleider und Juwelen im Wert von 3000 Gulden geschenkt und dieselbe Summe ausgegeben haben, um seinen Verwandten „seidenes Gewand und Samt und Atlas und sonst Kleider“ zu schenken. Diese „große Hoffart“ sprengte nach Rems Ansicht den Rahmen, der bei Hochzeiten Augsburger Bürger bis dahin üblich gewesen war.[39]

Selbst Handwerker konnten in Städten wie Augsburg und Nürnberg, in denen es ein reges öffentliches Leben und eine Vielzahl geselliger Ereignisse wie Schützenfeste, Karnevalsfeiern und Prozessionen gab, über ihr Äußeres Status- und Modebewusstsein demonstrieren. Studenten und Kaufmannssöhne, die eine Ausbildung im Ausland absolvierten, legten großen Wert auf ein modisches Erscheinungsbild.[40]

Neuere kulturgeschichtliche Forschungen betonen den engen Zusammenhang von Kleidung und persönlicher Identität. In einer außergewöhnlichen Handschrift, dem Kostümbuch des Fugger'schen Hauptbuchhalters Matthäus Schwarz, ist dies besonders deutlich erkennbar. Der Sohn eines Augsburger Weinhändlers trat nach seiner kaufmännischen Ausbildung in Mailand und Venedig in das Unternehmen Jakob Fuggers ein. Im Jahre 1520 legte der damals 23-jährige Schwarz eine Bilderhandschrift an, in der er sich in immer wieder neuer Kleidung porträtieren ließ. Als er dieses Projekt vier Jahrzehnte später mit einem Bild abschloss, das ihn nach dem Tod des Firmenleiters Anton Fugger in Trauerkleidung zeigt, waren 137 Porträts zusammengekommen.

Schwarz zeigte ein ausgeprägtes Bewusstsein für den Wandel der Moden: Seine Kleidung war aus einer Vielfalt hochwertiger Stoffe wie Atlas, Taft, Samt, Damast und Kamelhaarstoff gefertigt und aufwendig verarbeitet; insbesondere vor seiner Hochzeit im Jahre 1535 präsentierte er sich häufig in leuchtenden Farben. Der selbstbewusste Buchhalter, der im Dienste der Fugger ein Vermögen akkumulierte und 1541 in den Adelsstand erhoben wurde, machte sich die Handelsbeziehungen der Augsburger Kaufleute sowie die Fähigkeiten der reichsstädtischen Schneider, Sticker und Hutmacher zunutze, um sich auf immer wieder neue, mitunter recht ausgefallene Weise zu präsentieren.[41]

Interessant ist, dass Schwarz in den Beschreibungen seiner Kostüme mehrfach Stoffe erwähnt, die sich auch in den Rechnungen der Welser finden: Im April 1521 beispielsweise war er in Tuch aus Perpignan gekleidet, und 1539 trug er Tuch aus Mechelen. Häufig bestanden Teile seiner Kleidung aus schwarzem Samt.[42] Dies bedeutet zwar nicht, dass Schwarz die Materialien für seine Gewänder bei den Welsern erworben haben muss; es zeigt aber, dass das breit gefächerte textile Sortiment aus verschiedenen Ländern, das das Handelshaus im Angebot hatte, von mode- und statusbewussten Bürgern rege nachgefragt wurde.

Dass auch Mitglieder der Welser-Gesellschaft Wert auf standesgemäße Kleidung legten, geht aus dem Fragment eines Geschäftsbuchs hervor, das die Faktorei Antwerpen in den 1540er-Jahren führte. Darin wurden Ausgaben auf private Rechnung von Teilhabern und Mitarbeitern verbucht. Für den Firmenleiter Bartholomäus Welser wurden demnach 1545 neben „etlichen Paar Schuhen und Pantoffeln" sowie diversen Nahrungs- und Genussmitteln verschiedene Sorten Stoffe – englische Kerseys, Burschat, schwarzes Tuch – eingekauft. Welsers

Sohn Christoph kleidete sich in den Niederlanden neu ein: Neben Ausgaben für Schneider und Näherinnen wurden für ihn ein neues Rapier[43] samt Scheide, samtene Gürtel, ein mit Taft gefütterter grauer Hut und schwarzes englisches Tuch registriert. Für den Mitarbeiter und Teilhaber Hans Vöhlin d. J. fielen ebenfalls erhebliche Ausgaben für das Anfertigen neuer Kleidung an.[44]

Der Fugger'sche Hauptbuchhalter Matthäus Schwarz 1521; Kostümbuch des Matthäus Schwarz

Weißenhorner Barchent und überseeische Märkte

Im Gegensatz zu den Welsern spielte der Vertrieb von Textilien bei den Fuggern im frühen 16. Jahrhundert eine untergeordnete Rolle. Im Rahmen ihrer Beziehungen zum Innsbrucker Hof Maximilians I. belieferten sie diesen bisweilen auch mit italienischen Stoffen. Als Maximilian 1493 seine zweite Ehe mit Bianca Maria Sforza, der Nichte des mailändischen Herrschers Lodovico il Moro, einging, bestellte er bei der venezianischen Fuggerfaktorei 160 Ellen schwarzen, mit Gold bestickten Samt für die Ausstattung von Wagen und Pferden seiner zukünftigen Gemahlin.[45] Ein Darlehen über 10 000 Gulden, das die Fugger dem Habsburgerkaiser 1511 gewährten, umfasste auch englisches Tuch im Wert von 2000 Gulden sowie Samt, Seide und Kamelot für 1000 Gulden. Anfang 1518 gewährte die Fuggerfirma dem Herrscher einen Kredit über 15 000 Gulden und übernahm die Lieferung von Woll-, Seiden-, Damast-, Atlas- und Brokatstoffen im Wert von 8000 Gulden.[46] Eine von Matthäus Schwarz auf der Grundlage der venezianischen Faktoreirechnung von 1516 erstellte Musterbuchhaltung zeigt, dass die Fuggerfirma damals am Rialto kostbare Stoffe wie Samt, Damast, Atlas und Kamelot einkaufte.[47]

Dass die Fugger sich seit den 1530er-Jahren wieder verstärkt für die Produktion und den Absatz von Barchent interessierten, hing indessen mit dem Aufbau eines ländlichen Güter- und Herrschaftskomplexes zusammen. Im Jahre 1507 hatte Jakob Fugger der Reiche von König Maximilian pfandweise die zwischen Augsburg und Ulm gelegene Grafschaft Kirchberg mit der Herrschaft Weißenhorn erworben. Diese Pfandschaft bildete nicht nur die Grundlage für den Aufstieg der Fugger in den schwäbischen Adel,[48] sondern eröffnete auch neue Optionen in der Textilproduktion. Jakob Fugger lieferte Baumwolle an die Weber der Grafschaft Kirchberg und unterstützte die Einrichtung einer Barchentschau in der kleinen Stadt Weißenhorn, die neben der Qualitätskontrolle auch dazu dienen sollte, die Abhängigkeit der dortigen Weber von der Textilschau der Reichsstadt Ulm zu verringern.[49]

Da Jakob Fuggers Neffe und Nachfolger Anton Fugger mit der religiösen und politischen Entwicklung in Augsburg als Katholik nicht einverstanden war, hielt er sich in den 1530er-Jahren längere Zeit in der Herrschaft Weißenhorn auf.[50] In dieser Zeit förderte er das Textilgewerbe durch die Anschaffung zweier Flachsbleichen. Auch die Baumwolleinkäufe der Gesellschaft in Venedig nahmen nun deutlich zu. Um 1535 hatten die Fugger bereits rund 30000 Gulden in das Weißenhorner Textilgewerbe investiert. Ende der 1530er-Jahre verzeichneten sie Ausgaben in Höhe von 63741 Gulden für den Barchenthandel. Weißenhorner Barchent wurde vor allem in die Niederlande, nach England und nach Spanien exportiert: In der Faktorei Antwerpen lagerten 1539/40 nicht weniger als 11125 Barchenttuche. Im Jahre 1552 arbeiteten fast 300 Weber in Weißenhorn und Umgebung im Verlagssystem für die Fugger. Diese Konjunktur provozierte jedoch den Widerstand der Reichsstadt Ulm, die die Textilherstellung in der Fuggerherrschaft als missliebige Konkurrenz betrachtete. Die Fugger bemühten sich angesichts dieses Gegenwinds um die Unterstützung König Ferdinands, der als Statthalter seines Bruders Karl V. im Reich fungierte und zu den wichtigsten Kunden und Schuldnern des Handelshauses gehörte. Im Jahre 1538 erneuerte Ferdinand das Privileg für die Weißenhorner Barchentschau. Militärische Konflikte in den folgenden Jahren – der Schmalkaldische Krieg Karls V. gegen ein Bündnis evangelischer Fürsten und Städte 1546/47 sowie der von Kurfürst Moritz von Sachsen angeführte Fürstenaufstand von 1552 – führten jedoch zu einem Einbruch der Tuchproduktion. Der ständigen Auseinandersetzungen mit Ulm müde, stimmte Anton Fugger 1555 schließlich einem Abnahmemonopol Ulmer Kaufleute für Weißenhorner Barchent zu und überließ der Reichsstadt für 11000 Gulden die Lagerbestände an Baumwolle.[51]

Aus der Perspektive der frühen Globalisierung ist der Vertrieb Weißenhorner Barchents in Spanien und der Neuen Welt von besonderem Interesse. Hanf und Flachs gedeihen auf den kargen Böden der Iberischen Halbinsel nur schlecht, sodass für das Mischgewebe aus mediterraner Baumwolle und mitteleuropäischem Leinengarn dort gute Absatzchancen bestanden. Mit seinem Antwerpener Faktor Veit Hörl korrespondierte Anton Fugger 1544 über die Frage, welche Farben und Muster für den spanischen Markt besonders geeignet waren. In den kastilischen Messestädten Medina del Campo, Villalón und Medina de Rioseco fanden sich sowohl Adelige, königliche Beamte und internationale Kaufleute als auch kleinere Händler und Handwerker unter den Abnehmern. Zum Jahresende 1547 rechnete der spanische Fuggerfaktor Jobst Walther über den Empfang und Verkauf von 11 755 Stück Barchent ab. Zu den größten Kunden des Handelshauses gehörte eine Gruppe um den Admiral von Kastilien, Antonio de Medina, und den aus einer Florentiner Familie stammenden, in Valladolid lebenden Kaufmannsbankier Rinaldo Strozzi, die den Fuggern 1546 fast 2800 Stück Barchent auf Kredit abgekauft hatte. Großabnehmer war außerdem eine Gruppe um den in Geislingen geborenen Alberto Cuon sowie um Raimundo de Taxis und mehrere französische Kaufleute, die dem Handelshaus im selben Jahr den Kaufpreis für 1500 Stück Barchent schuldeten. Ein Schuldner namens Alonso de la Peña hatte sich nach seinem Bankrott nach Amerika abgesetzt, sodass der Fuggervertreter in Sevilla, Christoph Raiser, eine Vollmacht zur Eintreibung der Forderung in die Neue Welt schicken musste. In Sevilla verkaufte Raiser in den 1540er- und frühen 1550er-Jahren schwäbischen Barchent und niederländische Tuche an Kaufleute, die im Amerikahandel aktiv waren.[52]

Zumindest für ein Jahrzehnt avancierte Barchent somit zu einem globalen Handelsgut: Zwischen ca. 1545 und 1555 gelang es den Fuggern, den Einkaufsort Venedig, die Produktionsstandorte in Schwaben, den Transitort Antwerpen und den spanischen Absatzmarkt so miteinander zu verknüpfen, dass eine Handelskette entstand, die von der Levante bis in die Neue Welt reichte. Dass diese interkontinentale Handelsverbindung in der

Folgezeit wieder abriss, lag vordergründig an dem bereits erwähnten Umstand, dass Anton Fugger sich aus diesem Geschäftszweig zurückzog, um den Konflikt mit der Reichsstadt Ulm zu entschärfen.

Dahinter verbirgt sich jedoch ein tief greifender Strukturwandel: Um die Mitte des 16. Jahrhunderts gingen Fugger wie Welser dazu über, ihre Unternehmungen durch die Aufgabe wenig rentabler Geschäftszweige und die Schließung von Standorten zu konsolidieren. Nach 1560 verzichteten beide Handelshäuser auf feste Niederlassungen am einst so wichtigen Standort Venedig und ließen ihre Interessen dort von Kommissionären wahrnehmen, die formal selbstständige Kaufleute waren und für ihre Dienste Provisionen erhielten.[53] Zwar führten die Welser weiterhin Augsburger und Ulmer Barchent in ihrem Sortiment, und Ende der 1550er-Jahre sind größere Lieferungen nach Antwerpen dokumentiert.[54] Die große Zeit ihres Handels mit schwäbischen Textilien war um diese Zeit allerdings vorbei. Sehr beträchtlich war in den 1550er-Jahren hingegen noch der Handel der Christoph-Welser-Gesellschaft mit italienischen Samt- und Seidenstoffen sowie mit englischen und niederländischen Tuchen.[55]

Die Lücken, die die großen Gesellschaften auf den Textilmärkten hinterließen, wurden durch mittlere und kleinere Handelsfirmen geschlossen, die sich weitgehend auf Baumwoll- und Barchenthandel spezialisierten. Ein gut dokumentiertes Beispiel ist die in Konstanz und Memmingen ansässige Gesellschaft Felix und Jakob Grimmels, deren Vater und Onkel um 1500 für die Welser-Vöhlin gearbeitet hatten. Da die Standorte ihrer Firma inmitten eines Textilreviers lagen, konzentrierten sich die Grimmel auf den Handel mit schwäbischer Leinwand und Barchent. Sie kauften in den Reichsstädten Memmingen, Kempten, Kaufbeuren, Augsburg, Biberach und Leutkirch, aber auch in Landstädten und Marktorten Textilien auf und setzten sie in Venedig, Antwerpen und auf den Messen im schweizerischen Zurzach ab. In Memmingen, Kaufbeuren und Biberach praktizierten die Grimmel den Barchentverlag, indem sie Webern Baumwolle als

Vorschuss gaben und ihnen die fertige Ware abnahmen. Geld- und Wechselgeschäfte wurden über ein verwandtes Augsburger Handelshaus abgewickelt. Für eine mittelgroße Handelsgesellschaft mit einer begrenzten Kapitaldecke war die Beschränkung auf den Textilsektor eine sinnvolle Strategie.[56]

In Augsburg selbst stieg die Barchentproduktion bis ins frühe 17. Jahrhundert zwar weiter an und erreichte am Vorabend des Dreißigjährigen Kriegs mit einer Jahresmenge von rund 430 000 Tuchen sogar einen Höchststand.[57] Zugleich zeigten sich jedoch deutliche Anzeichen einer Überproduktion: Das Hauptprodukt der Augsburger Weber war zunehmend schwieriger abzusetzen, und der Rat der Reichsstadt musste Kontroll- und Stützungsmaßnahmen wie die Begrenzung der Schuldenhöhe, die ein Weber bei einem Kaufmann eingehen konnte, und die Einrichtung eines Pfandgewölbes für Tuche einführen.[58] Das Textilgewerbe bildete noch immer das Rückgrat der Augsburger Wirtschaft – doch die Familien Fugger und Welser, die einst mit ihm groß geworden waren, hatten längst andere Wege eingeschlagen.

2 Silber- und Kupferhandel in Europa und in Übersee

Jakob Fugger der Reiche

Im Jahre 1473 begann der damals 14-jährige Jakob Fugger eine kaufmännische Ausbildung in Venedig.[1] Er sollte die Sprache, Buchführung und die Usancen des Handels erlernen, und gerade Venedig erfreute sich als Knotenpunkt des Handelsverkehrs sowie als Sitz einer großen deutschen Kaufmannsgemeinde großer Beliebtheit als Ausbildungsort.[2] Dass Jakob überhaupt in der Handelsgesellschaft seiner Brüder gebraucht werden würde, war wenige Jahre zuvor noch nicht absehbar gewesen, denn er hatte sechs ältere Brüder. Bis 1473 waren allerdings nicht nur sein Vater, sondern auch drei seiner Brüder gestorben. In dieser Situation benötigten seine Mutter Barbara und die älteren Brüder Ulrich und Georg Fugger die Arbeitskraft des jüngsten Bruders. Nach Abschluss seiner Ausbildung trat er nicht nur in die Familienfirma ein, sondern entwickelte sich dort bald zur bestimmenden Persönlichkeit.[3]

Wie gezeigt, spielte Venedig als Einkaufsort von Baumwolle eine zentrale Rolle und war im 15. Jahrhundert der wichtigste Umschlagplatz für asiatische Gewürze und andere orientalische Waren. Zweifellos lernte auch Jakob Fugger diese Handelszweige intensiv kennen; in erster Linie scheint sich sein Augenmerk jedoch auf ein anderes Geschäftsfeld gerichtet zu haben. Auf dem Weg von Augsburg nach Venedig durchquerte man das Inntal, wo sich damals die größten bekannten Silber- und Kupfervorkommen Europas befanden. Der Tiroler Bergbau scheint sich zudem früher als andere Montanreviere von der schweren wirtschaftlichen Depression erholt zu haben, die mit dem Ausbruch der großen Pestwellen um die Mitte des 14. Jahrhunderts einsetzte. Spätestens in der ersten Hälfte des 15. Jahrhunderts standen die Zeichen dort wieder auf Wachstum.[4] Im Zentrum des Tiroler Reviers, am Falkenstein bei Schwaz, verdreifachte sich die Silberproduktion von rund 73 000 Mark (20,5 Tonnen) im Zeitraum von 1470 bis 1474 auf rund 227 000 Mark (63,8 Tonnen) in den Jahren 1485 bis 1489.[5] Von diesem Boom wollten Jakob Fugger und seine Brüder profitieren.

Den ersten Schritt taten sie im Jahre 1485, als sie Erzherzog Sigismund von Tirol – der für seine aufwendige Hofhaltung bekannt und stets in Geldnot war – ein Darlehen in Höhe von 3000 Gulden gaben. Entscheidend war, dass dieses Darlehen nicht verzinst, sondern durch die Lieferung von 1000 Mark (281 kg) Silber getilgt wurde. Der Erzherzog verfügte als Landesherr nämlich über das Bergregal,[6] und die Bergbauunternehmer – die „Gewerken" – waren verpflichtet, das von ihnen geförderte Silber und Kupfer dem Landesherrn zu einem festen Preis zu verkaufen. Dieser konnte sein Vorkaufsrecht wie im vorliegenden Fall an seine Kreditgeber abtreten, wobei die Vertragsparteien einen Fixpreis pro Mark Silber vereinbarten.[7]

Die Vereinbarung des Jahres 1485 war grundsätzlich nichts Neues, und die Fugger gehörten damit noch keineswegs zu den größten Gläubigern von Erzherzog Sigismund. Neuartig war jedoch die Geschwindigkeit, mit der die Fuggerfirma in der Folgezeit weitere Vereinbarungen mit Sigismund und seiner Regierung schloss und binnen weniger Jahre zu deren wichtigstem, ja unentbehrlichem Geschäftspartner aufstieg. Beschleunigt wurde dieser Prozess durch die Entscheidung Sigismunds, 1487 gegen die Republik Venedig in den Krieg zu ziehen. Dieser Krieg verlief für ihn denkbar ungünstig, und im Friedensvertrag wurde Tirol zu einer hohen Entschädigungsleistung an Venedig verpflichtet. Zwischen Herbst 1487 und Frühjahr 1488 summierten sich die Vorschüsse der Fugger an die Tiroler Regierung bereits auf 22 500 Gulden. Im Juni 1488 stieß das Handelshaus dann in ganz andere Dimensionen vor: Gegen einen Vorschuss von 150 000 Gulden sicherte es sich das gesamte in Schwaz geförderte Silber zu einem Preis von acht Gulden je Mark. Davon hatten die Fugger fünf Gulden an die Schmelzer zu entrichten, während der „Vorteil" des Landesherrn in Höhe von drei Gulden je Mark zur Tilgung des Darlehens verrechnet wurde. Ferner verpflichteten sich die Fugger, wöchentlich 200 Mark Silber in die landesherrliche Münze in Hall zu liefern. Überschüsse, die über die vereinbarte Liefermenge hinausgingen, konnte das Handelshaus als sogenanntes Gnadensilber auf dem freien Markt verkaufen. Daraus wird zugleich ersichtlich, warum diese Vereinbarung für die Fugger außerordentlich attraktiv war: Ihr Profit ergab sich primär aus der Differenz zwischen dem Preis, zu dem sie das Silber in Tirol abnahmen, und dessen Marktpreis. Auf diesen ersten Großkredit folgten rasch weitere, und neben der Ausbeute des Schwazer Reviers sicherten sich die Fugger auch landesherrliches Silber aus der Innsbrucker Schmelzhütte und aus der Haller Münze. Bis Ende 1489 addierten sich die Vorschüsse der Fugger an Sigismund auf mehr als 268 000 Gulden.[8]

Als der hoch verschuldete Erzherzog sich im Frühjahr 1490 dem Druck der Tiroler Landstände beugte und auf seinen Thron verzichtete, übernahm sein Verwandter König Maximilian die Herrschaft. In dieser Situation zahlte es sich für die Fugger aus, dass sie bereits gute Beziehungen zum neuen Herrscher aufgebaut hatten: Maximilian erkannte die laufenden Verträge mit dem Augsburger Handelshaus an, und die Silberlieferungen an die Fugger wurden nahtlos fortgesetzt. Außerdem folgten bald weitere Darlehensvereinbarungen: Im März 1491 empfing Maximilian einen Vorschuss von 120 000 Gulden und übertrug den Fuggern dafür fast 30 000 Mark Silber.[9] Teilweise alleine, teilweise in Kooperation mit anderen Augsburger Handelsgesellschaften wie den Gossembrot und Herwart streckten die Fugger dem König in den folgenden Jahren immer wieder große Summen vor und wurden zu den wichtigsten Finanziers seiner Machtpolitik, Diplomatie und dynastischen Repräsentation. Nach Max Jansens Berechnungen summierten sich die Darlehen der Fugger an Sigismund und Maximilian in den Jahren 1485 bis 1494 auf mehr als 624 000 Gulden, für die dem Handelshaus 200 000

Mark Silber überschrieben worden seien. Die Fugger verfügten also über enorme Mengen an Edelmetall, die sie auf den europäischen Märkten absetzen konnten.[10]

Zu diesem lukrativen Geschäft mit Tiroler Silber kam seit 1492 der Handel mit Kupfer hinzu: Die Fugger verkauften in diesem Jahr erstmals größere Kupferbestände im Auftrag König Maximilians in Venedig, und seit 1494 betrieben sie Kupferhandel auf eigene Rechnung.[11] In der Folgezeit schlossen die Fugger zahlreiche Verträge mit der Tiroler Regierung ab, die ihnen Zugriff auf große Mengen beider Metalle sicherten: Im Herbst 1508 etwa erhielten sie für Vorschüsse in Höhe von 300000 Gulden 30000 Mark Silber aus der Haller Münze und 15000 Zentner Kupfer.[12] Während sie sich bis 1521 auf den Vertrieb des Silbers und Kupfers beschränkten, nahmen die Fugger im folgenden Jahr den Bankrott eines Tiroler Bergbauunternehmens zum Anlass, um dessen Grubenanteile und ein Schmelzwerk im Inntal zu übernehmen. Fortan waren sie auch direkt in den Bergbau involviert.[13]

Doch Jakob Fugger und seine Brüder begnügten sich nicht mit dem Bergsegen Tirols: In einer günstigen politischen Konstellation – König Maximilian und das Königreich Ungarn befanden sich nach dem Frieden von Pressburg 1491 in einer Phase politischer Annäherung – schlossen sie im November 1494 mit dem Krakauer Bergbauunternehmer Hans Thurzo und seinem Sohn Georg einen Vertrag über die Ausbeutung der Erzgruben von Neusohl in Oberungarn (heute Banská Bystrica in der Slowakei). Während Thurzo seinen Grubenbesitz in Neusohl und seine technischen Kenntnisse in dieses, als „Gemeiner Ungarischer Handel" bezeichnete Unternehmen einbrachte, finanzierten die Fugger dessen Aktivitäten. Das in Neusohl gewonnene Erz wurde in einer neu errichteten Schmelzhütte einem Saigerverfahren, das heißt einer Scheidung von Kupfer und Silber durch die Zugabe von Blei, unterzogen. Im April 1496 gestattete der ungarische König Wladislaw II. den Thurzo die Errichtung weiterer Saigerhütten und erlaubte ihnen, einen Teil des Silbers frei zu verkaufen.[14]

Niederlassungen und Handelsverbindungen der Unternehmen Anton Fuggers und Bartholomäus Welsers

ordsee
Ostsee
Königsberg
Danzig
Lübeck
Hamburg
Elbe
Stettin
Thorn
Bug
Weichsel
Amsterdam
Oder
Antwerpen
Leipzig
Breslau
Köln
Hohenkirchen
Krakau
Frankfurt
Kuttenberg
Prag
Neusohl
Dnjestr
Nürnberg
Brünn/Brno
Regensburg
Donau
Straßburg
Ulm
AUGSBURG
MEMMINGEN
Linz
Wien
Salzburg
Buda
Pest
Basel
Lindau
St. Gallen
Innsbruck
Villach
Fuggerau
Bozen
Como
Mailand
Venedig
Zengg (Senj)
Donau
Genua
Adria
Rom
Aquila
Neapel
Mittelmeer
0 50 100 150 km

Dem „Gemeinen Ungarischen Handel" eröffneten sich dadurch enorme geschäftliche Möglichkeiten. Bereits 1495 hatte das Unternehmen ein Bleibergwerk bei Villach in Kärnten erworben und errichtete auf den Kärntner Besitzungen des Fürstbischofs von Bamberg die Saigerhütte Fuggerau. Kurze Zeit später entstand eine weitere Saigerhütte im thüringischen Hohenkirchen. Da dort, anders als in Fuggerau, lokale Bleivorkommen fehlten, wurde Blei aus Goslar und dem Rheinland zugekauft. Mithilfe technischer Experten aus Tirol und Oberungarn wurden Fuggerau und Hohenkirchen zu leistungsfähigen Betrieben ausgebaut: Fuggerau lieferte zwischen 1495 und 1504 rund 50 000 Zentner Kupfer und fast 22 000 Mark Silber allein nach Venedig, während Hohenkirchen im selben Zeitraum 54 000 Zentner Kupfer verarbeitete und über 30 000 Mark Silber produzierte. Weitere Schmelzhütten und Kupferhämmer entstanden in Neusohl selbst sowie im nahe gelegenen Moschnitz (Moštenice). Die Investitionen der Fugger in den „Gemeinen Ungarischen Handel" beliefen sich bis 1504 auf über eine Million ungarische Gulden.[15]

Diesen hohen Investitionen entsprechen eindrucksvolle Produktionszahlen. Der Historiker Léon Schick hat errechnet, dass die Saigerhütten des „Gemeinen Ungarischen Handels" von dessen Gründung 1494 bis 1526 insgesamt 316 832 Mark Silber mit einem Marktwert von zwei Millionen Gulden produzierten.[16] Im selben Zeitraum wurden im Neusohler Montanrevier mehr als 800 000 Zentner Kupfer gefördert, von denen die Fugger den überwiegenden Teil auf eigene Rechnung vertrieben. Zwischen 1500 und 1509 entfielen Reinhard Hildebrandt zufolge 37 Prozent der europäischen Kupferproduktion auf Oberungarn; und im folgenden Jahrzehnt waren es sogar 40 Prozent. Auf Tirol und kleinere Montanreviere im Alpenraum (Salzburg, Kärnten) entfielen im selben Zeitraum weitere 40 Prozent der europäischen Produktion. Aus diesen Zahlen wird offensichtlich, dass das Augsburger Handelshaus im frühen 16. Jahrhundert auf den europäischen Silber- und Kupfermärkten eine herausragende Stellung einnahm – ohne freilich ein Monopol auszuüben.[17]

Die Fugger und der portugiesische Asienhandel

Doch wohin ging all das Kupfer und Silber, das die Fugger in Tirol und Oberungarn erwarben? Infolge eines im letzten Drittel des 15. Jahrhunderts einsetzenden Bevölkerungswachstums und der allmählichen Erholung der europäischen Wirtschaft von den Pestwellen des späten Mittelalters stieg auch die Nachfrage nach Bunt- und Edelmetallen.[18] Silber diente nicht nur der Herstellung von Luxus- und Sakralgegenständen, sondern war auch das wichtigste Münzmetall. Aus Kupfer wurden unter anderem Haushaltswaren und Kleinmünzen hergestellt; infolge technischer Innovationen spielte es auch in der Waffen- und Geschützproduktion eine zunehmend größere Rolle.

In den Anfangsjahren des Fugger'schen Kupferhandels stellte Venedig einen wichtigen Absatzmarkt dar. Zwischen 1497 und 1503 wurden nach den Berechnungen Herman van der Wees gut 32 Prozent des ungarischen Kupfers der Fugger am Rialto verkauft.[19] Das große Volumen der Kupferexporte nach Venedig setzte allerdings die dortigen Preise unter Druck: Um den Preis für Tiroler Kupfer zu stützen, ließen sich die Fugger 1498 mit drei weiteren Handelshäusern – den Augsburger Gossembrot und Herwart und den Kufsteiner Baumgartner – auf ein Syndikat ein, für das der Faktor der Fugger den Kupferverkauf in Venedig übernahm. Dass Jakob Fugger diese Kartellvereinbarung bestenfalls als Übergangslösung betrachtete, wird aus der Tatsache ersichtlich, dass er dieses Syndikat schon nach kurzer Zeit durch Dumpingverkäufe ungarischen Kupfers unter dem Namen der Thurzo wieder sprengte.[20]

Seit dem Jahr 1500 vollzog sich jedoch eine massive Verschiebung in der Struktur der Absatzmärkte. Antwerpen, das bis 1499 als Zielort für Kupfertransporte aus Neusohl eine marginale Rolle gespielt hatte, nahm zwischen 1501 und 1503 bereits fast ein Viertel der Gesamtexporte ungarischen Kupfers ab. Im letzteren Jahr liefen nicht weniger als 41 Schiffe aus Danzig im Antwerpener Hafen ein, die Fugger'sches Kupfer geladen hatten. Im Zeitraum von 1507 bis 1509 stieg der Anteil Antwerpens auf über 49 Prozent, während derjenige Venedigs auf 13 Prozent zurückging. Zwischen 1510 und 1512, als die jährlichen Kupferexporte aus Ungarn einen absoluten Höhepunkt erreichten, betrug der Anteil Antwerpens fast 55 Prozent, während Venedig mit rund drei Prozent kaum noch ins Gewicht fiel. Ungeachtet konjunktureller Schwankungen änderte sich bis Ende der 1530er-Jahre nichts mehr an der Dominanz Antwerpens.[21]

Wie ist diese dramatische Veränderung zu erklären? Ein Teil der Antwort ist sicherlich darin zu suchen, dass die Fugger eine Alternative zum übersättigten venezianischen Markt suchten. Seit 1495 investierten sie große Summen in den Aufbau einer Transport- und Vertriebsorganisation, die das oberungarische Montanrevier über die Ostseehäfen Danzig und Stettin mit der aufstrebenden niederländischen Handelsmetropole verbinden sollte. So ließen sie eine neue Straße über den Jablonka-Pass von Neusohl nach Teschen sowie eine Straße über den Stubener-Wald-Pass nach Rosenberg bauen.[22] Neu gegründete Faktoreien in Breslau, Leipzig, Krakau und Danzig dienten der Koordination der Kupfertransporte sowie der Versorgung der mitteleuropäischen Märkte. Zoll- und Geleitverträge sicherten die Transportwege ab und begrenzten die Abgabenbelastung. Bis 1502 war diese Organisation voll funktionsfähig und ermöglichte den Transport großer Mengen oberungarischen Kupfers über die Ostseehäfen und den dänischen Sund nach Antwerpen.[23]

Die Aufnahmekapazität des Antwerpener Marktes wiederum erklärt sich aus einem weiteren einschneidenden Ereignis: der Erschließung des Seewegs nach Indien durch die Portugiesen. Für den Einkauf asiatischer Gewürze benötigten die Portugiesen geeignete Tauschmittel. Während die meisten gewerblichen Güter, die Europa damals anzubieten hatte, in Asien keinen Markt fanden, weil sie dort in besserer Qualität hergestellt wurden, verfügte Südasien nur über geringe Silber- und Kupfervorkommen. Die Portugiesen erkannten rasch, dass der Zugriff auf alpenländisches und oberungarisches Kupfer und Silber eine wesentliche

Voraussetzung für einen erfolgreichen Indienhandel darstellte. Darüber hinaus stellten Produkte aus Kupfer sowie mit den Legierungen Messing und Bronze wichtige Handelsgüter an der Westküste Afrikas dar, wo die Portugiesen seit der Mitte des 15. Jahrhunderts Gold, Malagett-Pfeffer und Sklaven einkauften. Zwischen dem Sommer 1504 und dem Beginn des Jahres 1507 beispielsweise wurden an die portugiesische Faktorei São Jorge da Mina an der Goldküste (dem heutigen Ghana) große Mengen an Kupfer- und Messingartikeln – rund 288 000 Armreife (Manillas), annähernd 1600 Becken, mehr als 500 Töpfe und fast 3200 Nachtgeschirre – geliefert.[24]

Diese Metalle und Metallwaren konnten oberdeutsche Handelshäuser nach Antwerpen liefern.[25] Bereits 1502 erwirkten die Portugiesen eine Genehmigung, Silber aus der niederländischen Handelsmetropole auszuführen, und im folgenden Jahr – in dem die Fugger ebenso wie die Welser-Vöhlin eine eigene Niederlassung in Lissabon eröffneten – wurde den süddeutschen Kaufleuten ein später mehrfach erneuertes Privileg erteilt, 15 Jahre lang zollfrei Silber nach Portugal einzuführen. Bereits wenige Jahre später wurden in den Niederlanden Klagen laut, dass große Mengen Silber auf die Iberische Halbinsel abflossen.[26]

Weitere Faktoren begünstigten die Zusammenarbeit der oberdeutschen Handelshäuser mit der portugiesischen Krone. Der Indienhandel erforderte hohen Kapitaleinsatz zur Finanzierung und Ausrüstung der Flotten, die viele Monate unterwegs waren, bevor Erlöse aus dem Verkauf asiatischer Waren realisiert werden konnten. Die Kosten der Indienflotte von 1505 beispielsweise sind auf 250 000 Cruzados geschätzt worden, was mehr als drei Vierteln des Jahreseinkommens der portugiesischen Krone entsprach. Für die Oberdeutschen dürfte das Vorbild italienischer Kaufleute wie Bartolomeo Marchionni und Girolamo Sernigi, die sich bereits seit 1501 am Indienhandel beteiligten, ein wichtiger Ansporn gewesen sein.[27] Schließlich waren die Fugger mit dem Antwerpener Markt gut vertraut: Seit spätestens 1493 verfügten sie über eine eigene Niederlassung in der Stadt an der Schelde.[28]

HER·IACOB·FVGGER
Rom
Venedig
Ofen
Craca
Mayland
Nürmberg
Antorff
Lisbona

Infolge der strategischen Kooperation süddeutscher Handelsfirmen – allen voran der Fugger – mit der portugiesischen Krone und ihren Agenten in Antwerpen wurde mitteleuropäisches Kupfer und Silber im frühen 16. Jahrhundert also zu einem globalen Handelsgut.

Briefe zweier Vertreter des Königs von Portugal in der niederländischen Metropole, Tomé Lopes und Rui Fernandes, werfen Schlaglichter auf diese strategische Allianz. Tomé Lopes reiste im Frühjahr 1515 nach Augsburg, um mit Jakob Fugger über Lieferverträge für Kupfer und Pfeffer zu verhandeln. Die Fugger schienen aufgrund ihrer überragenden Stellung auf dem europäischen Kupfermarkt als Einzige in der Lage, die gewünschten Mengen zu liefern, und die Stockung des Venedighandels aufgrund der Kriege Kaiser Maximilians gegen die Serenissima machte die Erschließung eines neuen Absatzmarktes auch aus Sicht des Augsburger Handelshauses attraktiv. Dass die Verhandlungen zwischen Lopes und Fugger scheiterten, lag nicht an den Bedingungen des Kupfergeschäfts, sondern an Jakob Fuggers Weigerung, die von portugiesischer Seite angebotenen Pfeffermengen abzunehmen. Rui Fernandes hingegen konnte 1521 einen dreijährigen Kupferlieferungsvertrag mit Fugger abschließen.[29]

◀ Jakob Fugger und sein Hauptbuchhalter Matthäus Schwarz im Kontor, Kostümbuch des Matthäus Schwarz. Die Darstellung verweist auf den Zusammenhang zwischen den Montanunternehmungen in Tirol und Ungarn und den wichtigsten europäischen Absatzmärkten für Bunt- und Edelmetalle: Hinter Matthäus Schwarz ist eine Art Aktenschrank zu sehen, dessen Fächer nach den wichtigsten Niederlassungen der Fugger benannt sind. Mit Innsbruck findet sich dort das Zentrum des Tiroler Montanreviers, mit Ofen (Budapest) und Krakau sind zwei zentrale Koordinierungsstellen des ungarischen Handels vermerkt. In drei Fächern werden die Unterlagen zu den wichtigsten Verteilermärkten verwahrt: Venedig, Antwerpen und Lissabon. Hinzu kommen Nürnberg als bedeutender süddeutscher Warenumschlagplatz, die lombardische Metropole Mailand und Rom, wo die Fugger damals eine wichtige Rolle als Bankiers der Kurie spielten und zeitweilig die päpstliche Münze gepachtet hatten.

Die starke portugiesische Nachfrage nach Silber und Kupfer führte zu einem massiven Abfluss dieser Metalle nach Antwerpen und Lissabon. Bereits vor 1500 war ein erheblicher Teil der Silber- und Kupferproduktion Tirols, des Mansfelder Reviers und des Erzgebirges infolge von Geldtransfers an die römische Kurie, einer negativen Handelsbilanz mit dem Ostseeraum und Osteuropa sowie des Levantehandels über Venedig aus dem Heiligen Römischen Reich abgeströmt. Dieser Trend verstärkte sich nun weiter: Nach Philipp R. Rössners Schätzungen wurden zwischen 1500 und 1540 mindestens zwei Drittel des alpenländischen und mitteldeutschen Kupfers und Silbers exportiert und gelangten zumeist in den portugiesischen Überseehandel. Der durchschnittliche Silberabfluss über Antwerpen nach Portugal im ersten Viertel des 16. Jahrhunderts wird auf 5,5 Tonnen jährlich beziffert.

Der große Aufschwung der mitteleuropäischen Montanproduktion, der in den 1460er-Jahren eingesetzt hatte, führte daher nicht zu einer Monetarisierung der Wirtschaft, sondern ging paradoxerweise mit einer gravierenden Knappheit an Münzmetall einher.[30] Die Hauptleidtragenden dieser Entwicklung waren Rössner zufolge die Angehörigen der mittleren und unteren Schichten in Mitteleuropa, die ihre finanziellen Transaktionen vor allem mit Kleinmünzen abwickelten und die die Metallknappheit in Form einer zunehmenden Münzverschlechterung zu spüren bekamen.[31]

Unterdessen erzielten die Fugger phänomenale Gewinne: Die jährlichen Profitraten des Unternehmens zwischen 1511 und 1526 sind auf 54,5 Prozent beziffert worden.[32] Dieser geschäftliche Erfolg rief natürlich Konkurrenz auf den Plan. Auf einem Schiff, das 1507 auf dem Weg von Antwerpen nach Portugal von einem französischen Korsaren gekapert wurde, hatten neben den Fugger-, Höchstetter- und Welser-Vöhlin-Gesellschaften auch der Augsburger Kaufmann Wilhelm Rehlinger sowie die Nürnberger Firmen Imhoff und Hirschvogel Kupfer geladen.[33] Besonders energisch schaltete sich die Augsburger Handelsgesellschaft der Höchstetter in die alpenländische Montanproduktion ein; auch sie war vor allem am Kupferexport nach Portugal interessiert.[34] Da Maximilian I. sowohl die Fugger als auch die Höchstetter als Geldgeber benötigte, veranlasste er die konkurrierenden Handelshäuser zur Kooperation: 1515 liehen die Fugger und die Höchstetter dem Kaiser gemeinsam 40 000 Gulden und sicherten sich dafür die gesamte Tiroler Kupferproduktion der Jahre 1520 bis 1523. Die Ausbeute der Jahre 1515 bis 1519 war bereits an die Fugger verpfändet, denen Maximilian I. zu diesem Zeitpunkt 300 000 Gulden schuldete. Außerdem sagten die Fugger den Höchstettern zu, jährlich 2500 Zentner Schwazer Kupfer in deren Messinghütte bei Pflach in Tirol zu liefern. Schließlich einigten sich Jakob Fugger und Ambrosius Höchstetter auch auf eine Aufteilung der Kupfermärkte: In Süddeutschland und Italien sollte ausschließlich Tiroler Kupfer angeboten werden, während die niederländischen und norddeutschen Märkte mit ungarischem Kupfer beliefert werden sollten. Diese Vereinbarung gilt als erstes Gebietskartell für Kupfer in der europäischen Wirtschaftsgeschichte.[35]

Abrechnungen der Lissabonner Münze, der *Casa da Moeda*, aus den Jahren 1517 bis 1524 unterstreichen die Bedeutung Augsburger und Nürnberger Handelshäuser als Silberlieferanten. Obwohl die Namen der deutschen Kaufleute in dieser portugiesischen Quelle verballhornt und die Zuordnungen daher teilweise unsicher sind, lassen sich einige mit hoher Wahrscheinlichkeit identifizieren – „Leão, alemão“ beispielsweise als Leo Ravensburger, der für die Welser zeitweilig auf Madeira gearbeitet hatte, „Jorge Encuria“ als Jörg Imhoff, der für die Augsburger Herwart-Gesellschaft tätig war, und „Miguel Encuria, alemão“ als Michael Imhoff, Mitglied einer Nürnberger Kaufmannsfamilie. Insgesamt belief sich der Anteil deutscher Lieferanten an der Gesamtmenge des in der *Casa da Moeda* registrierten Silbers in diesen Jahren auf 32 Prozent. Da vermutlich beträchtliche Silbermengen über Zwischenhändler eingeliefert wurden, dürfte der Prozentsatz sogar noch deutlich höher anzusetzen sein.[36]

Der Silber- und Kupferhandel der Welser

Ende 1504 unterrichtete Anton Welser seinen Schwiegersohn, den Augsburger Stadtschreiber Dr. Konrad Peutinger, er habe Nachrichten aus Antwerpen, dass Erzherzog Philipp der Schöne den Export von Silber aus den Niederlanden verboten habe. Da die Welser-Vöhlin-Gesellschaft damals die Teilnahme an einer portugiesischen Indienfahrt vorbereitete, stellte dieses Ausfuhrverbot eine gravierende Einschränkung dar. Peutinger sollte sich daher bei König Maximilian um ein Empfehlungsschreiben an Philipp bemühen, damit dieser die freie Silberdurchfuhr durch sein Territorium gestattete. Die Argumente lieferte Anton Welser seinem Schwiegersohn gleich mit: Die Gesellschaft würde kein Silber in den Niederlanden aufkaufen, sondern sie lediglich als Transitraum nutzen. In Lissabon werde das Silber gegen Gewürze und andere Waren eingehandelt, die anschließend in die Niederlande eingeführt würden und damit die Zolleinnahmen wie auch den Wohlstand der Untertanen mehren würden. Außerdem handle die Welser-Vöhlin-Gesellschaft in großem Umfang mit niederländischen Textilien, was ebenfalls zum Wohlergehen des Landes beitrage. Bleibe das Exportverbot bestehen, werde dies zu einem Verfall der Silberpreise und einer stärkeren Silberausfuhr über Genua oder über französische und spanische Häfen führen.[37]

Dieser Brief zeigt, dass sich auch die Welser frühzeitig an Silberlieferungen nach Portugal beteiligten. Auch in anderen Kontexten tauchen sie in den Jahren um 1500 als Edelmetallhändler auf: So belieferten sie zeitweilig die Städte Konstanz und Freiburg im Uechtland mit Silber, und 1502 versank ein Schiff, das Silber für die Welser-Vöhlin-Gesellschaft geladen hatte, auf dem Weg von Genf nach Lyon in der Rhone.[38]

Im Gegensatz zu anderen Augsburger Gesellschaften schlossen die Welser jedoch keine regelmäßigen Silber- und Kupferkaufverträge mit der Tiroler Regierung ab. Sie finden sich auch nicht in den Reihen der alpenländischen Montanproduzenten und unterhielten keine feste Niederlassung im Tiroler Montanrevier. Silberkäufe der Memminger Vöhlin-Gesellschaft in den Jahren um 1490 wurden von der Nachfolgerfirma „Anton Welser, Konrad Vöhlin und Mitverwandte" offenbar nicht fortgesetzt.[39] Das Kupfer und Silber, das die Gesellschaft für ihre Geschäfte benötigte, erwarb sie demnach von den Produzenten oder über Zwischenhändler.[40]

Erst unter der Leitung Bartholomäus Welsers engagierte sich die Firma nach 1520 stärker in Bergbau und Montanhandel, wobei sie sich auf Sachsen und Böhmen konzentrierte. 1525 schloss die Handelsgesellschaft „Hieronymus Walther, Gregor Schütz und Mitverwandte" mit dem Inhaber des Kupferkaufs im böhmischen Kuttenberg (Kutná Hora), Sebastian von der Weitmül, einen Vertrag über die Abnahme der dortigen Kupferausbeute über einen Zeitraum von zehn Jahren. Kuttenberg spielte damals für den Kupferhandel Nürnberger Kaufleute und die Versorgung der reichsstädtischen Metallhandwerker eine wichtige Rolle. Im gleichen Jahr übernahmen Hieronymus Walther sowie die Brüder Gregor und Marx Schütz auch eine Saigerhütte in Chemnitz, in der das böhmische Kupfererz verarbeitet werden sollte. Da Hieronymus Walther der Leipziger Faktor Bartholomäus Welsers war und der Chemnitzer Gregor Schütz mit dem Augsburger Handelsherrn in enger Verbindung stand, hielt sie der Nürnberger Rat – vollkommen zu Recht – für Strohmänner Welsers. Nürnberg protestierte daher vehement gegen das Eindringen der Augsburger in die wirtschaftliche Interessensphäre seiner Kaufleute und berief sich dabei auf kaiserliche Privilegien, die lange Tradition des Nürnberger Engagements in Böhmen und das Gemeinwohl. Die Räte der Reichsstädte Nürnberg und Augsburg handelten zunächst eine Vereinbarung über Kupferlieferungen der Welser an die Nürnberger Ebner-Gesellschaft zu festen Konditionen aus. Nachdem sich auch Erzherzog Ferdinand, der 1526 zum König von Böhmen gewählt worden war, auf die Seite der Nürnberger gestellt hatte, zog sich Bartholomäus Welser aus diesem Geschäftsfeld zurück, um weitere Auseinandersetzungen zu vermeiden.[41]

Nach dem Boom: Konsolidierung und Regionalisierung

Die Symbiose des portugiesischen Überseehandels mit dem Silber- und Kupferhandel süddeutscher Gesellschaften, die kurz nach 1500 eingesetzt hatte, ging aufgrund einer Kombination dreier Umstände um 1540 zu Ende. Erstens konnten die Portugiesen ihr Monopol im interkontinentalen Gewürzhandel nicht aufrechterhalten, da sich nach 1530 die traditionelle Handelsroute über die Levante und Venedig wieder erholte. Zweitens trafen seit den 1530er-Jahren mehr und mehr Schiffe, die amerikanisches Silber geladen hatten, in Spanien ein. Infolge des Zustroms von Silber aus der Neuen Welt wurde es für die Portugiesen günstiger, sich in Sevilla mit Metall für den Asienhandel zu versorgen. Fugger'sches Silber und Kupfer verlor dadurch seine Bedeutung als globales Handelsgut.[42] Drittens ging im zweiten Drittel des 16. Jahrhunderts auch die Produktion in den wichtigsten europäischen Montanregionen spürbar zurück.

Eine erste Krise, in die der Ungarische Handel der Fugger 1525 geriet, hatte noch nichts mit diesen weltwirtschaftlichen Strukturveränderungen zu tun, sondern war durch die wirtschaftliche und politische Situation in der Region um Neusohl bedingt. Die Elite der oberungarischen Bergstädte sorgte sich um ihre Position und ihre Privilegien, einstmals unabhängige Bergbauunternehmer gerieten in zunehmende Abhängigkeit von den Fugger und Thurzo, und lokale Händler sahen ihre Einkünfte durch den Versorgungshandel des Augsburger Unternehmens gefährdet. Der große Holzbedarf des ungarischen Handels, der den Zustand der Wälder und die Holzversorgung beeinträchtigte, die Befreiung der Fugger und Thurzo von kommunalen Abgaben, die zu Lasten der öffentlichen Kassen ging, und eine Münzverschlechterung sorgten zusätzlich für Unmut. Zudem gewann nach dem Tod König Wladislaws 1516 die ungarische Adelsopposition gegen eine habsburgische Thronfolge an Einfluss. 1524 erhielt mit Bernhard Behaim ein erklärter Gegner der Fugger das wichtige Amt des Kammergrafen.[43]

Im folgenden Jahr entlud sich der Unmut über die sozio-ökonomischen Schwierigkeiten und die Missstände in der Verwaltung in einem Aufstand der Bergarbeiter im Neusohler Revier. Fast zeitgleich wurde in Ofen (dem heutigen Budapest) der Vertreter der Fugger verhaftet, der Besitz des Handelshauses enteignet und der Pachtvertrag über die Neusohler Gruben aufgelöst. Die Folge war ein drastischer Einbruch der Produktion, und der Unmut der Bergleute richtete sich nun gegen den Kammergrafen Bernhard Behaim sowie gegen die Wirtschaftselite der Bergstädte. Zugleich hatte Jakob Fugger in den letzten Monaten seines Lebens alle Hebel in Bewegung gesetzt, um die Zwangsmaßnahmen gegen den ungarischen Handel rückgängig zu machen. Anfang 1526 gelang seinem Neffen und Nachfolger Anton Fugger der Abschluss eines neuen Vertrags, in dem der Augsburger Handelsgesellschaft erneut die Pacht der Neusohler Gruben für 15 Jahre, die Aufhebung aller Strafmaßnahmen und eine Entschädigung zugesprochen wurde. Da sich ihre langjährigen Partner, die Thurzo, nun aus dem ungarischen Handel zurückzogen, gingen die Fugger letztlich sogar gestärkt aus dieser Krise hervor.[44]

Langfristig gravierender waren die unsichere politische Lage im Königreich Ungarn und der allmähliche Rückgang der Bergwerkserträge. Nach der katastrophalen Niederlage eines ungarischen Heeres gegen die Osmanen in der Schlacht von Mohács (1526), in der König Ludwig II. ums Leben gekommen war, war die Herrschaft über Ungarn zwischen dem Habsburger Ferdinand (dem Bruder Kaiser Karls V.), dem Gegenkönig Johann Zápolya und dem Osmanischen Reich dreigeteilt. Für das Handelshaus Fugger bedeutete dies, dass es zwischen den Kriegsparteien lavieren musste. Als Johann Zápolya Ende 1526 die oberungarischen Bergstädte besetzte, schloss Anton Fugger einen Pachtvertrag mit ihm ab. Zugleich blieb er eng mit König Ferdinand verbunden und gewährte ihm hohe Kredite. Nachdem Ferdinand Ende 1527 wieder die Oberhand gewonnen hatte, gingen die Pachtzahlungen der Fugger in den folgenden Jahren an den Habsburger. Gegen Ende des Jahrzehnts erlangten Zápolyas Anhänger erneut die Kontrolle über die Region um Neusohl, sodass die Fugger von 1530 bis 1532 nochmals Pachtzahlungen an den Gegenkönig leisteten. Da Ferdinand zur Finanzierung der Türkenabwehr, seiner Königswahl im Jahre 1530 und der habsburgischen Reichspolitik weiterhin auf die Fugger angewiesen blieb, akzeptierte er diese Zahlungen zwar, doch erschwerte die unsichere Lage langfristige Planungen.[45]

Unterdessen gingen die Erträge der oberungarischen Gruben allmählich zurück: Die jährliche Produktion sank von 37000 Zentnern im zweiten Jahrzehnt des 16. Jahrhunderts auf 29000 Zentner im dritten und 23000 Zentner im vierten Jahrzehnt. In den 1520er- und 30er-Jahren gingen nach wie vor mehr als die Hälfte, zwischen 1527 und 1532 sogar mehr als drei Fünftel der Fugger'schen Kupferexporte nach Antwerpen; Venedig spielte erst seit 1533 wieder eine nennenswerte Rolle. Weitere wichtige Absatzmärkte waren Lüneburg und Breslau. Da die Produktion des Mansfelder Kupferreviers zur selben Zeit eine Blüte erlebte, sanken allerdings die Kupferpreise, während die Lagerbestände stiegen.[46] Nachdem eine Abrechnung über den Zeitraum von 1527 bis 1533 noch einen Überschuss von rund 325000 ungarischen Gulden bzw. 54000 Gulden im Jahr ausgewiesen hatte, betrug der Gewinn im Zeitraum von 1536 bis 1539 nur noch knapp 18000 Gulden. Da keine Aussicht auf eine Stabilisierung der Lage in Ungarn bestand und auch die Konflikte mit den Bergstädten wieder aufflammten, erwog Anton Fugger bereits Ende der 1530er-Jahre den Rückzug aus diesem Geschäftsfeld.[47]

Der Pachtvertrag über die Neusohler Gruben wurde zwar 1541 nochmals verlängert, doch gleichzeitig sah sich Anton Fugger nach alternativen Produktionsstandorten und Absatzmärkten um. Als der Fuggerfaktor in Neapel, Leonhard Vogel, Berichte über Erzfunde nach Augsburg übermittelte – die sich später als falsch herausstellten –, schickte Fugger zwei seiner engsten Vertrauten mit zwei Bergbauspezialisten dorthin, um die Investitionsmöglichkeiten in Süditalien zu prüfen.[48] Der Augsburger Silvester Raid reiste im folgenden Jahr im Auftrag Fuggers mit mehreren Montanexperten nach Norwegen und Schweden, um den Zustand der dortigen Bergwerke zu erkunden.[49] 1541 vereinbarte der Fuggerfaktor Sebastian Kurz mit Vertretern von Kaiser Karl V. in Regensburg die Lieferung von 6000 Zentnern ungarischen Kupfers nach Antwerpen. Das Material war für den Guss von Geschützen für die spanische Artillerie in Malaga bestimmt.[50]

Vier Jahre später fiel endgültig die Entscheidung gegen ein weiteres Engagement im Neusohler Bergbau: Trotz hoher Außenstände im Königreich Ungarn kündigte Anton Fugger den Pachtvertrag und leitete die Liquidierung des ungarischen Handels ein. 1548 übernahm mit Matthias Manlich ein anderer Augsburger Großkaufmann die Neusohler Kupferpacht. Mit ihm schloss Anton Fugger einen Kartellvertrag, der die Absatzgebiete von ungarischem und Tiroler Kupfer festschrieb. Während Polen, Schlesien, Norddeutschland und Frankreich die Interessensphäre der Manlich bilden sollten, erstreckte sich das Absatzgebiet der Fugger auf Süddeutschland, Italien und die französischen Mittelmeerhäfen. Lediglich der Antwerpener Markt und die Iberische Halbinsel sollten beiden Gesellschaften offen stehen.[51]

Nach dem Ende des ungarischen Handels konzentrierten sich die Fugger'schen Montanunternehmungen auf Tirol und Kärnten. Während die Saigerhütte Hohenkirchen in Thüringen verkauft wurde, wurde das Hüttenwerk in Fuggerau in das Tiroler Montangeschäft integriert. Das in Kärnten produzierte Messing und Blei wurde vor allem in Venedig abgesetzt – nach fast einem halben Jahrhundert, in dem Antwerpen der dominierende Absatzmarkt gewesen war, rückte nun also erneut die Lagunenstadt in den Fokus.[52] Beibehalten wurde zunächst auch der Goldbergbau im schlesischen Reichenstein, der als Nebenzweig des Ungarischen Handels entstanden war und seinen Höhepunkt um 1550 erreichte.[53] Wenig lohnend erwiesen sich hingegen die Investitionen in den Siebenbürger Salzbergbau.[54]

In Tirol hatten sich die Fugger bis Anfang der 1520er-Jahre auf den Vertrieb von Silber und Kupfer beschränkt. Danach stiegen sie selbst in die Produktion ein und bauten ihren Grubenbesitz sowie ihre Hüttenwerke im Inntal und in Südtirol planmäßig aus. Größere Schmelzhütten entstanden unter anderem in Jenbach und Klausen.[55] Zugleich vollzog sich auch hier ein Konsolidierungsprozess: Am Falkenstein bei Schwaz, der lange das ergiebigste Tiroler Montanrevier gewesen war, ging die Silberproduktion von 38600 Mark (10,8 Tonnen) im Durchschnitt der Jahre 1530 bis 1534 auf 27000 Mark (7,6 Tonnen) im Durchschnitt der Jahre 1545 bis 1549 zurück. Davon entfiel etwa ein Fünftel auf die Fugger. Zugleich hatte sich die Zahl der Gewerken von elf im Jahre 1525 auf sechs reduziert. Ende der 1540er-Jahre waren am Falkenstein neben den Fuggern noch drei Augsburger Gesellschaften – die Baumgartner, Haug-Neidhart und Herwart – sowie zwei Tiroler Firmen im Geschäft.[56] Wie zu Lebzeiten Jakob Fuggers sicherten sich die Augsburger Handelshäuser das Tiroler Silber und Kupfer durch Darlehensverträge, die mit Metallgeschäften gekoppelt waren. Dabei arbeiteten die Handelshäuser Fugger, Baumgartner und Haug-Neidhart mehrfach zusammen.[57]

Im Zuge einer Neustrukturierung gliederte Anton Fugger 1548 die Tiroler und Kärntener Unternehmungen aus der Handelsgesellschaft aus. Der Tiroler Handel wurde mit einem Betriebsvermögen von rund 460000 Gulden Schuldner des „Gemeinen Handels“ der Fugger. Zu diesem Zeitpunkt umfasste er zahlreiche Grubenanteile in den Berggerichten[58] Schwaz und Kitzbühel, kleinere Besitzungen in Südtirol sowie Hüttenwerke in Jenbach und Grasstein. In Kärnten konzentrierten sich die Aktivitäten auf die Bleiproduktion sowie auf den Goldbergbau im Lavanttal. Der ersten Grundrechnung des Tiroler Handels von 1548/49 zufolge erzielte das Unternehmen einen Reingewinn von rund 73700 Gulden, was einer Rendite von acht Prozent auf das eingesetzte Kapital entspricht. Bis 1555 sank der Profit allerdings auf 33900 Gulden bzw. 3,9 Prozent des Kapitals.[59]

Dass Anton Fugger auch die überseeischen Absatzmärkte weiterhin im Blick hatte, zeigt ein Vertrag, den der Antwerpener Faktor Christoph Wolff Anfang 1548 mit dem Vertreter des portugiesischen Königs, João Rebello, schloss. Darin sicherte Wolff die Lieferung von 7500 Zentnern Messingringen, 24 000 Töpfen, 1800 breitrandigen Näpfen, 4500 Barbierbecken und 10 500 Kesseln innerhalb von drei Jahren zu. Diese Messingwaren waren, wie der Vertrag explizit festhielt, für den Guineahandel bestimmt und sollten an die *Casa da India e Mina* in Lissabon, die den portugiesischen Überseehandel koordinierte, geliefert werden.[60] In den folgenden Jahren brachten die Fugger mehrfach Kupfer in Sevilla auf den Markt. Einige der Kaufleute und Schiffer, die Kupfer von ihnen erwarben, dürften Amerikahändler gewesen sein. Während das in Andalusien vermarktete Kupfer wahrscheinlich aus Tiroler Produktion stammte, hatte sich der Silberstrom mittlerweile umgekehrt: In den 1550er-Jahren floss kein alpenländisches oder ungarisches Silber mehr von Antwerpen nach Portugal, sondern amerikanisches Silber – als Rückzahlung für Darlehen der Fugger an die spanische Krone – von Sevilla nach Antwerpen.[61]

Obwohl die Fugger noch rund 100 Jahre, nämlich bis 1657, im Tiroler und Kärntener Bergbau und Montanhandel aktiv blieben, spielte alpenländisches Kupfer und Silber als globales Handelsgut nach 1560 praktisch keine Rolle mehr: Es diente nun primär der Versorgung des italienischen Marktes über Venedig sowie des deutschen Markts über Nürnberg, und die stetig sinkenden Erträge zwangen die Fugger wiederholt zu Anpassungen und Umstrukturierungen. In groben Zügen lassen sich für diese Spätzeit drei Entwicklungen festhalten.[62]

Erstens waren die Fugger bestrebt, die Betriebskosten durch Konsolidierungsmaßnahmen zu senken: Unrentable Gruben wurden aufgelassen, nicht ausgelastete Hüttenwerke geschlossen und die Belegschaften reduziert. Im Jahre 1565 schlossen sich die Fugger mit den beiden anderen Augsburger Handelsgesellschaften, die damals noch im Tiroler Bergbau aktiv waren – den Haug-Langnauer und den Manlich-Katzbeck – zu einem gemeinsamen Unternehmen, der Jenbacher Gesellschaft, zusammen. Das Kapital des neuen Unternehmens wurde auf 490 000 Gulden veranschlagt. Durch diese Fusion konnten die Partner kurzfristig die Betriebskosten senken und waren in einer stärkeren Verhandlungsposition gegenüber der Tiroler Regierung. Nach 1570 schlugen jedoch die Folgen einer europäischen Wirtschaftskrise voll auf die Jenbacher Gesellschaft durch. Die Fugger mussten nun auch die Anteile der Manlich-Katzbeck und der 1574 in Konkurs gegangenen Haug-Langnauer übernehmen und boten ihren Gruben- und Hüttenbesitz mehrfach vergeblich der Tiroler Regierung zum Kauf an.

Zweitens versuchte das Handelshaus, den Rückgang der Erträge im Inntal dadurch auszugleichen, dass es neue Gruben – insbesondere in Südtirol – zukaufte und erschloss. Diesen Initiativen war jedoch bestenfalls vorübergehender Erfolg beschieden. Gegen Ende des 16. Jahrhunderts konnte kein Zweifel mehr bestehen, dass die große Zeit des alpenländischen Bergbaus vorbei war, und nach Ausbruch des Dreißigjährigen Krieges rutschte das Unternehmen immer tiefer in die roten Zahlen.

Drittens zogen sich die Mitglieder der Familie nach dem Tod von Anton Fuggers Söhnen Marx und Hans Fugger 1597/98 aus der aktiven Leitung der Tiroler Unternehmungen zurück und überließen diese angestellten Geschäftsführern. Die jüngeren Mitglieder der Familie sahen den Montanhandel primär als Einkommensquelle: Da die finanzielle Basis durch Kapitalentnahmen und Gewinnausschüttungen immer weiter geschmälert wurde, fehlten die Mittel für Investitionen. Stattdessen verschuldete sich die Gesellschaft immer mehr bei der in Venedig ansässigen deutschstämmigen Familie Ott und der Villacher Familie Rambser, die in den 1650er-Jahren schließlich die Reste des einst so stolzen Fugger'schen Montanunternehmens übernahmen.

3 Die Welser und der interkontinentale Gewürzhandel

Kostbare Gewürze

Während die Fugger im frühen 16. Jahrhundert vor allem als Anbieter von Kupfer und Silber eine wichtige Rolle im interkontinentalen Handel spielten, bildete der Vertrieb hochwertiger Gewürze ein zentrales Standbein der Welser. Für den Fernhandel waren vor allem diejenigen Gewürze bedeutsam, die sich aufgrund ihrer Herkunft und ihrer geschmacklichen Eigenschaften als Statussymbole und Distinktionsmerkmale der oberen Stände eigneten. Dies gilt etwa für Safran, der als exklusive Speisezutat an Fürstenhöfen sowie in den Haushalten von Adeligen und wohlhabenden Bürgern geschätzt wurde. Safran wurde auch zum Färben von Speisen verwendet. Mediziner priesen seine Heilwirkung bei verschiedensten Leiden und Beschwerden wie Gicht, Kopfschmerzen oder Verdauungsproblemen – sogar als Aphrodisiakum rühmte man ihn. Da die Ernte der roten Blütenfäden ausgesprochen zeitaufwendig ist – für ein Kilogramm sind 120 000 bis 200 000 Blütenfäden notwendig, und ein erfahrener Pflücker erntete höchstens 80 Gramm am Tag – war Safran dementsprechend teuer.[1]

Die wichtigsten Anbaugebiete der Safranpflanze lagen am Beginn der Neuzeit im Mittelmeerraum. In Italien wurden große Mengen in den Abruzzen, in Apulien, der Toskana und der Lombardei produziert. Im Südwesten Frankreichs lagen bedeutende Anbaugebiete im Albigeois, der Auvergne, in der Region um La Rochefoucauld sowie im Languedoc. Auch Katalonien und Aragon gehörten zu den führenden Exportregionen. Süddeutsche Kaufleute unterschieden Sorten wie „Zima“ aus den Abruzzen, „Tuschga“ aus der Toskana, „Marokin“ und „Prunikel“ aus Südwestfrankreich oder „Ortsafran“ aus Katalonien und Aragon.[2]

In der ersten Hälfte des 16. Jahrhunderts dienten mehrere Niederlassungen der Augsburger Welser – L'Aquila in den Abruzzen, die apulische Hafenstadt Bari, das südfranzösische Toulouse und Saragossa im Königreich Aragon – in erster Linie dazu, den Safraneinkauf zu koordinieren.[3] Bereits um die Jahreswende 1498/99 ließen „Anton Welser, Konrad Vöhlin und Mitverwandte" Safran in Casalmaggiore in der Lombardei einkaufen und nach Nürnberg transportieren. Im Frühjahr 1499 wurde Safran aus L'Aquila über Venedig in die fränkische Reichsstadt spediert, und 1507 sind weitere Lieferungen von Venedig nach Augsburg dokumentiert.[4] Im Jahre 1509 kauften die Welser-Vöhlin- und Grander-Gesellschaften gemeinsam apulischen Safran ein, und ein Jahr später reiste ein Teilhaber der Welser-Vöhlin, Hans Pfister, in die Abruzzen.[5] Eine Quelle aus dem Jahre 1515 berichtet, dass in der Vorsaison mehr deutsche Handelshäuser auf den Safranmarkt in L'Aquila gekommen seien als jemals zuvor: Unter den 14 namentlich aufgezählten Augsburger, Nürnberger und Straßburger Gesellschaften befanden sich auch die Welser.[6]

In der Folgezeit baute das Handelshaus seine Position im Geschäft mit italienischem Safran weiter aus und erlangte um 1530 eine dominante Stellung auf dem Markt von L'Aquila.[7] Italienischer Safran wurde nicht nur in Süddeutschland vertrieben, sondern 1525 beispielsweise auch in Antwerpen.[8] Auch aus der französischen Handelsmetropole Lyon sind wiederholt Safrantransporte in Richtung Oberdeutschland belegt. In den 1540er-Jahren arbeiteten die Welser auf den südfranzösischen und nordspanischen Safranmärkten eng mit den Nürnberger Imhoff- und Tucher-Gesellschaften sowie mit dem Handelshaus Zollikhofer aus St. Gallen zusammen und bildeten ein regelrechtes Einkaufskartell.[9]

Neben Safran bildeten indischer Pfeffer und andere asiatische Spezereien – Zimt aus Ceylon sowie Nelken, Muskatnuss und Muskatblüte von den Molukken, der Insel Ambon und den Banda-Inseln – den wichtigsten Zweig des Gewürzhandels.[10] Im Mittelalter waren die begehrten asiatischen Gewürze über Häfen

Langer indianischer Pfeffer. Der Arzt und Botaniker Leonhart Fuchs bildete in seinem 1543 erschienenen „Kräuterbuch“ gleich vier Sorten „indianischen“ Pfeffer ab.

am Persischen Golf und am Roten Meer sowie auf Karawanenwegen über die arabische Halbinsel in die Handelszentren der Levante – nach Tripoli, Beirut oder Alexandria – und von dort über das Mittelmeer nach Venedig gelangt. Am Rialto hatten sich mitteleuropäische Kaufleute mit diesen Waren eingedeckt und die Märkte nördlich der Alpen versorgt.[11]

In Venedig handelten „Anton Welser, Konrad Vöhlin und Mitverwandte" nachweislich seit 1499 mit asiatischen Gewürzen. Im Frühjahr dieses Jahres ist der Versand einer Ladung nach Augsburg und Nürnberg dokumentiert, die drei Sack Pfeffer, sechs Säckchen Gewürznelken und sechs Säckchen Zimt enthielt. Wenige Jahre später erfahren wir von umfangreichen Gewürzlieferungen: fast 30 Sack Pfeffer, zehn Säckchen Gewürznelken und fünf Säckchen Muskatnuss.[12] Die Handelswege im östlichen Mittelmeer waren in den Jahren um 1500 allerdings aufgrund der Expansion des Osmanischen Reichs und kriegerischer Auseinandersetzungen zwischen Venedig und der Hohen Pforte zeitweilig unterbrochen und die Gewürzpreise am Rialto dementsprechend hoch.[13] Vor diesem Hintergrund stellte die Expansion der Portugiesen nach Indien und die Etablierung einer neuen Route zu den kostbaren asiatischen Gewürzen die reichsstädtischen Handelshäuser vor eine völlig neue Situation.

Zentren des Gewürzhandels: Lissabon und Antwerpen

Nach der Entdeckung des Seewegs nach Indien durch Vasco da Gama (1497–1499) gingen die Portugiesen energisch daran, ihre Position an der indischen Malabarküste zu sichern. In den Jahren 1501 bis 1505 liefen mehrere Flotten mit nicht weniger als 81 Schiffen und rund 7000 Mann Besatzung in Richtung Indien aus. Die muslimischen Händler, die bis dahin den Seehandel im westlichen Indischen Ozean dominiert hatten, wurden gewaltsam ausgeschaltet.[14] Das Volumen des Gewürzhandels über die Seeroute um das Kap der Guten Hoffnung stieg sprunghaft an:

Die portugiesischen Pfeffer- und Spezereiexporte nach Europa beliefen sich bereits in den Jahren 1503 bis 1506 auf durchschnittlich 21 300 Quintal bzw. 1235 Tonnen (von denen Pfeffer mit 18 800 Quintal den Löwenanteil ausmachte) und stiegen auf 37 500 Quintal bzw. 2175 Tonnen (davon 29 900 Quintal Pfeffer) im Zeitraum von 1513 bis 1519. Obwohl Portugal damit nur einen Teil der indischen Pfefferproduktion abschöpfte – ein großer Teil wurde nach wie vor innerhalb Asiens konsumiert – bedeutete dies eine grundlegende Umorientierung des europäischen Asienhandels. Während der Gewürzstrom nach Venedig vorübergehend versiegte, stiegen Lissabon und Antwerpen zu neuen Zentren des Gewürzhandels auf.[15] Bereits 1501 legten die ersten portugiesischen Pfefferschiffe an der Schelde an, und sieben Jahre später eröffnete Portugal in Antwerpen eine königliche Faktorei, die *Feitoria de Flandres.*[16]

Um sich eine günstige Position im Pfeffergeschäft zu sichern, gründete die Welser-Vöhlin-Gesellschaft Ende 1502 eine Niederlassung in Lissabon. Während der Handelsdiener Lucas Rem deren Aufbau leitete, erwirkte der Teilhaber Simon Seitz im selben Jahr einen Privilegienbrief des portugiesischen Königs Manuel I., der den Welser-Vöhlin Zollvergünstigungen gewährte. Süddeutsche Handelshäuser kontrollierten, wie gezeigt, einen Großteil der europäischen Silber-, Kupfer- und Messingproduktion und damit die wichtigsten Tauschgüter für den portugiesischen Überseehandel. Augsburger und Nürnberger Handelshäuser gründeten nun in rascher Folge Niederlassungen am Tejo.[17]

Die portugiesische Hauptstadt entwickelte sich um diese Zeit rasant zu einer europäischen Metropole – um die Mitte des 16. Jahrhunderts zählte sie etwa 100 000 Einwohner, von denen fast ein Zehntel afrikanische Sklaven waren[18] –, sie war aber auch ein gefährliches Pflaster: Lissabon wurde wiederholt von verheerenden Epidemien heimgesucht, denen auch mehrere junge Augsburger und Nürnberger Handelsdiener zum Opfer fielen.

Ansicht von Lissabon, aus Georg Braun/Frans Hogenberg, Civitates orbis terrarum ... (1572)

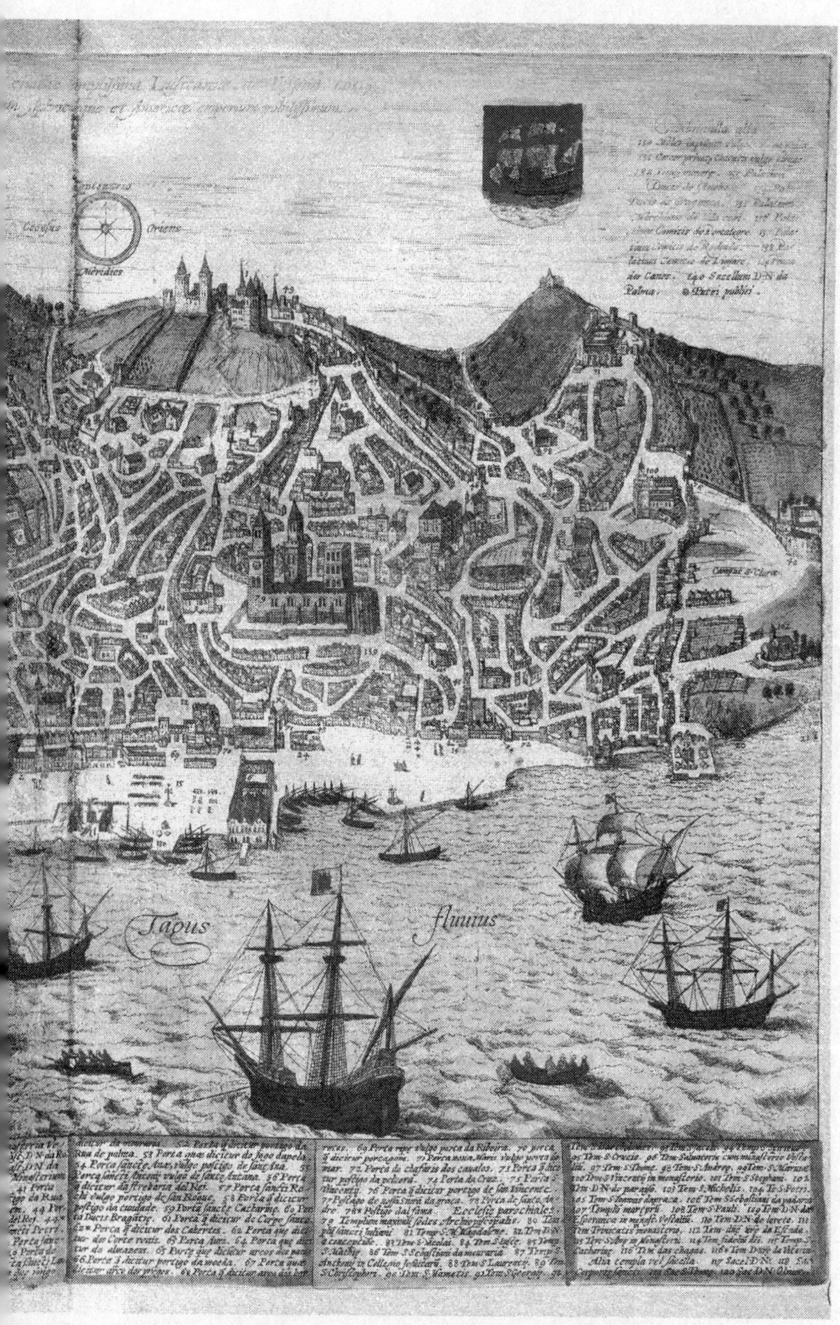
Oriens
Meridies
Tagus

Ihre Niederlassung am Tejo nutzten die Welser-Vöhlin zum einen, um Gewürze vor Ort einzukaufen. Lucas Rem, der bis 1508 in Lissabon arbeitete, schreibt, dass er dort große Mengen an Spezereien erwarb.[19] Zum anderen befassten sich die Vertreter der süddeutschen Handelshäuser mit den Vorbereitungen für die von Francisco de Almeida kommandierte Indienflotte des Jahres 1505. Im August 1504 gelang ihnen der Abschluss eines entsprechenden Vertrags mit der portugiesischen Krone. Die beteiligten italienischen und oberdeutschen Firmen rüsteten drei Schiffe aus und investierten insgesamt 65 400 portugiesische Dukaten (Cruzados), was gut einem Viertel der geschätzten Gesamtkosten der Flotte entsprach. Davon entfielen auf „Anton Welser, Konrad Vöhlin und Mitverwandte" 20 000 Dukaten und damit fast ein Drittel der Summe, die die ausländischen Investoren aufbrachten. Fünf weitere deutsche Handelshäuser – die Augsburger Fugger, Höchstetter und Gossembrot sowie die Nürnberger Imhoff und Hirschvogel – steuerten 16 000 und die italienischen Firmen 19 400 Dukaten bei.[20]

Von den drei namentlich bekannten Vertretern der süddeutschen Firmen, die mit Almeidas Flotte nach Indien segelten, wurde der aus Wels in Tirol stammende Balthasar Sprenger (oder Springer) durch seinen 1509 gedruckten, mit Holzschnitten afrikanischer und indischer Menschen illustrierten Reisebericht besonders bekannt. Sprenger berichtet kursorisch über den Gewürzhandel, schildert dafür aber umso ausführlicher das gewaltsame Vorgehen der Portugiesen. Nach der Umrundung des Kaps der Guten Hoffnung wurde Kilwa, ein Handelszentrum an der ostafrikanischen Küste, im Juli 1505 erobert und geplündert. Im August folgte die Eroberung der Küstenstadt Mombasa. Zahlreiche Verteidiger wurden niedergemetzelt, die Portugiesen machten erneut reiche Beute und brannten die Stadt bis auf die Grundmauern nieder. Von Malindi aus, dessen Herrscher mit den Portugiesen verbündet war, überquerte die Flotte den westlichen Indischen Ozean und erreichte Mitte September die indische Malabarküste. Auch dort kam es zu gewaltsamen Zusammenstößen, ehe zwischen November 1505 und Januar 1506 in den Küstenstädten Cochin und Cannanore große Mengen an Pfeffer und Spezereien erworben werden konnten. „Der Pfeffer“, schreibt Sprenger über Cochin, „wächst gleich wie Weintrauben und ist schön grün. Dann pflücken sie ihn ab und dörren ihn auf einem Tuch in der Sonne. Er wird reif um Sankt Martin oder um Weihnachten, denn um diese Zeit ist es in diesen Landen Hochsommer und am heißesten.“ Ende Januar 1506 traten drei Schiffe die Rückreise nach Portugal an. Vor dem Kap der Guten Hoffnung geriet das Schiff, auf dem sich der Welserdiener befand, in schwere Stürme, die die Rückfahrt um mehrere Wochen verzögerten. Erst Anfang Juli gelang die Umrundung der Südspitze Afrikas: „Hätten wir nicht Glück gehabt,“ stellte Sprenger lapidar fest, „wären wir schwerlich wieder nach Portugal gekommen.“[21]

Nach der Rückkehr der Schiffe im November 1506 ließ König Manuel I. die Gewürzladungen der ausländischen Investoren – die ohnehin 30 Prozent der Rückfrachten an ihn abzuliefern hatten – beschlagnahmen, um die Pfefferpreise zu stabilisieren und den Absatz des auf königliche Rechnung importierten Pfeffers zu sichern. Trotz dieser Zwangsmaßnahme konnten die oberdeutschen Handelsgesellschaften zeitgenössischen Berichten zufolge schließlich einen Gewinn von 150 bis 175 Prozent erzielen.[22]

Als einziges oberdeutsches Handelshaus waren die Welser-Vöhlin auch an der portugiesischen Asienflotte des Jahres 1506, die unter dem Kommando Tristan da Cunhas stand, beteiligt. Dieses Unternehmen, für das die Welser-Vöhlin 3430 Cruzados aufbrachten, endete allerdings mit Verlusten, denn zwei der drei Schiffe, in welche das Augsburger Handelshaus und der portugiesische Kaufmann Rui Mendes investiert hatten, verunglückten bereits auf dem Weg nach Indien.[23] Selbst wenn die Welser-Vöhlin nach diesem Rückschlag noch Neigung gehabt hätten, in den interkontinentalen Gewürzhandel zu investieren, wäre ihnen dies verwehrt geblieben, denn König Manuel I. erklärte den Gewürzeinkauf in Asien 1506 zum Kronmonopol; offensichtlich war die Kreditwürdigkeit der portugiesischen Krone nach den ersten erfolgreichen Indienflotten so gestiegen, dass sie sich die Finanzierung der Asienhandels nun selbst zutraute. Das königliche Einkaufsmonopol blieb bis 1570 in Kraft; in Europa wurde die Distribution der Importe aus Asien privaten Kaufmannskonsortien – in denen italienische Kaufleute eine führende Rolle spielten – überlassen, die mit der Krone feste Preise aushandelten. Andere Güter wie Edelsteine durften hingegen frei gehandelt werden.[24]

Wirtschaftlich bedeutender als die sporadische direkte Beteiligung an Indienfahrten war allerdings der stete Strom an Pfeffer- und Spezereitransporten, der sich von Antwerpen aus in die großen mitteleuropäischen Handelszentren – Frankfurt am Main, Leipzig und Nürnberg – ergoss. Bereits eine größere Warenlieferung, die die Welser-Vöhlin-Gesellschaft im Herbst 1506 von Frankfurt nach Leipzig schickte, steht offenbar im Kontext ihrer Beteiligung am portugiesischen Gewürzhandel, denn die insgesamt 33 Pfeffersäcke waren nach Antwerpener Pfund abgewogen worden.[25] Im selben Jahr erwarb die Gesellschaft in Antwerpen ein repräsentatives Faktoreigebäude, das in der Folgezeit einen der Knotenpunkte ihres Handelsnetzes bildete.[26]

Antwerpener Quellen unterstreichen die starke Stellung der Welser-Vöhlin im internationalen Gewürzhandel. Um die Jahreswende 1512/13 beispielsweise transportierten Fuhrleute Dutzende Ballen Pfeffer und Spezereien für Anton Welser und andere süddeutsche Kaufleute nach Leipzig, Frankfurt, Nürnberg und Augsburg.[27]

Für die Fugger hingegen scheint der Gewürzhandel lediglich im zweiten Jahrzehnt des 16. Jahrhunderts eine größere Rolle gespielt zu haben. Um 1510 koordinierten ihre Vertreter die Pfeffereinkäufe oberdeutscher Handelshäuser in Lissabon;[28] in diesem Jahr und erneut 1513 fielen Schiffe, die Pfeffer für die Fugger geladen hatten, auf dem Weg von Lissabon nach Antwerpen in die Hände von Seeräubern.[29] Außerdem gehörte das Augsburger Handelshaus von 1512 bis 1516 einem Konsortium an, das der portugiesischen Krone größere Mengen Pfeffer zu einem Fest-

preis abnahm.[30] Um diese Zeit scheint Jakob Fugger jedoch das Interesse am Gewürzhandel verloren zu haben: Als der portugiesische Faktor in Antwerpen, Tomé Lopes, 1515 mit ihm verhandelte, ging es in erster Linie um Kupferlieferungen, und Fugger lehnte den Abschluss eines Gewürzlieferungsvertrags ab.[31] Ob ihm die Gewinnaussichten in diesem Geschäftszweig zu gering erschienen oder ob er einen Konkurrenzkampf mit anderen Handelsgesellschaften vermeiden wollte, ist nicht bekannt.

Unterdessen blieb auch die Welser-Niederlassung in Lissabon im Handel mit asiatischen Gewürzen aktiv. Ende 1514 ließ sie zwanzig Säcke Pfeffer auf zwei Schiffe verfrachten, die nach Antwerpen ausliefen. Da beide Schiffe unterwegs verunglückten, die Welser sie aber versichert hatten, sollte die Antwerpener Faktorei die Versicherungsprämie kassieren. Der Abschluss von Seeversicherungen bildete bereits am Beginn der Neuzeit eine Möglichkeit, die Risiken des Fernhandels zu reduzieren. Die Welser machten bei Warentransporten auf der Route zwischen der Iberischen Halbinsel und Antwerpen wiederholt von ihr Gebrauch.[32]

Im Fragment eines Geschäftsjournals der Welser-Gesellschaft aus dem Jahre 1515 ist von „4 Schiffen in Malacha" die Rede, von denen eines Güter für das Handelshaus geladen hatte. Aus diesem Schiff, der „Lavinta", empfingen die Firmenvertreter in Lissabon neben Farbholz, Zinn und Moschus 54 Zentner Muskatnuss, acht Zentner Ingwer, vier Zentner Zimt und neun Zentner Muskatblüte. Das südostasiatische Handelsemporium Malakka war erst wenige Jahre zuvor (1511) von den Portugiesen erobert worden; die Augsburger Gesellschaft ergriff hier offensichtlich eine Gelegenheit, sich nochmals direkt im Überseehandel zu engagieren.[33]

Ihrem Mitarbeiter Lucas Rem zufolge erzielten die Welser 1516/17 gerade im Portugalhandel überdurchschnittlich hohe Gewinne. Rem zufolge lag die Profitrate in diesen beiden Jahren bei eindrucksvollen 30 Prozent.[34] Auch 1518 machte die Niederlassung in Lissabon große Geschäfte mit asiatischen Spezereien:

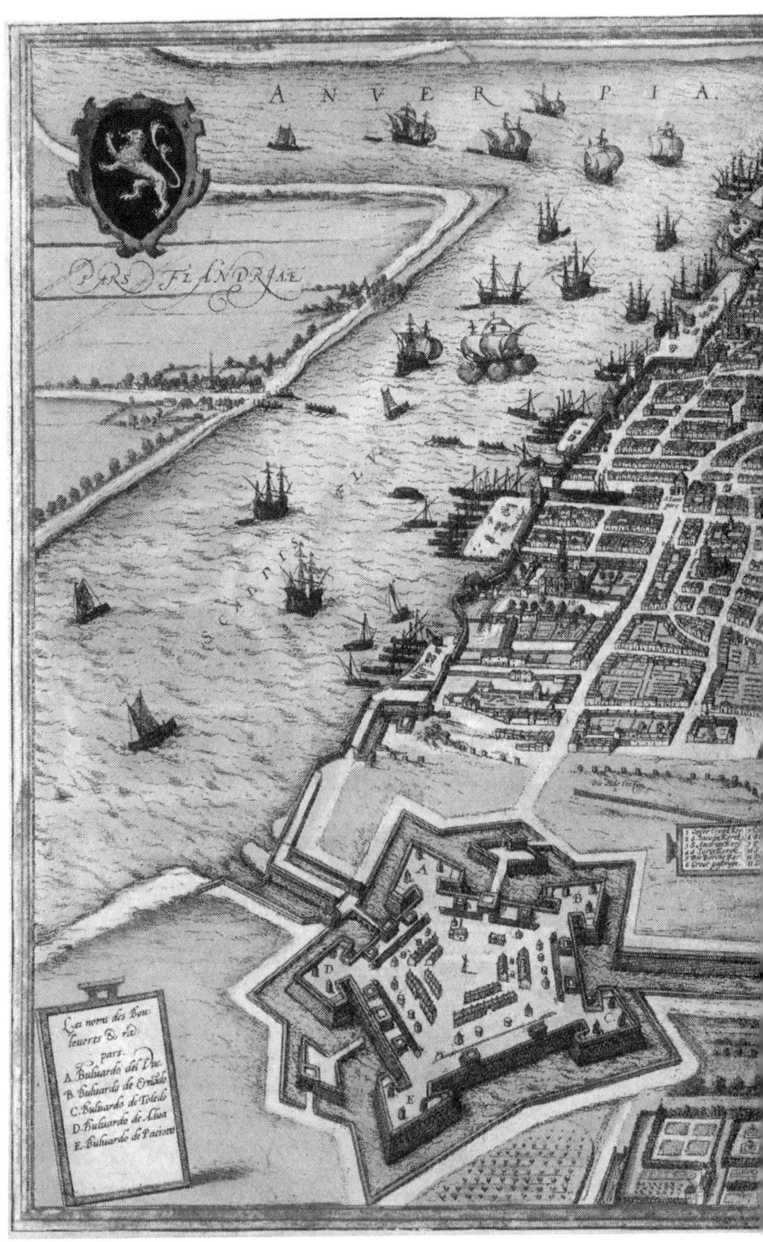

Ansicht von Antwerpen, aus Georg Braun/Frans Hogenberg, Civitates orbis terrarum … (1572)

Von Vertretern des Königs erwarb sie 250 Zentner Gewürznelken für 22 500 Cruzados. Eine erste Zahlung über 4500 Cruzados leistete die Antwerpener Faktorei dem dortigen Faktor der portugiesischen Krone, Francisco Pessoa.[35] Im Sommer desselben Jahres gelangten beträchtliche Mengen Pfeffer über Antwerpen nach Mitteleuropa: Fuhrleute spedierten zwölf Sack Pfeffer, einen Sack Muskatnuss und drei Säckchen Gewürznelken nach Leipzig sowie 39 Sack hochwertigen Pfeffer nach Nürnberg.[36]

Nach dem Tod Anton Welsers im Herbst 1518 setzte dessen Nachfolger Bartholomäus Welser die Geschäfte mit asiatischen Gewürzen nahtlos fort: Ende des Jahres kassierte die Nürnberger Niederlassung von einem dortigen Kaufmann 800 Gulden für zehn Sack Pfeffer, die auf dem Leipziger Neujahrsmarkt verkauft worden waren. Im Februar 1519 schickte die Faktorei Nürnberg zwei Ballen Pfeffer über Prag nach Brünn, und kurz darauf wurde ein Ballen Pfeffer von Nürnberg über Regensburg nach Wien spediert.[37] In der Regel enthielt ein Ballen drei Sack Pfeffer mit einem Gesamtgewicht von 224 Antwerpener Pfund (105 Kilogramm) brutto.[38]

In den 1520er-Jahren führte die Bartholomäus-Welser-Gesellschaft ihr Engagement im Pfefferhandel unvermindert weiter. Der portugiesische Faktor Rui Fernandes, der 1521 mit Augsburger Handelsgesellschaften Verhandlungen führte, betrachtete die Welser, Höchstetter und Rem, als die wichtigsten Akteure im internationalen Gewürzhandel, während die Fugger sich weitgehend zurückhielten.[39] Die Welser übernahmen offenbar einen Teil der Pfefferladung, die die 1523 aus Indien zurückkehrende portugiesische Flotte mit sich führte,[40] und veräußerten größere Mengen an Antwerpener Kaufleute. Im Sommer 1525 erhielt die Niederlassung des Augsburger Handelshauses an der Schelde drei Wechselbriefe über knapp 17 000 Dukaten aus Lissabon zugeschickt, deren Gegenwert sie auf den nächsten beiden Brabanter Messen dem portugiesischen Faktor João Brandão ausbezahlen sollte. Diese Zahlungen hingen mit Verträgen über den Kauf von 8000 bzw. 13 000 Quintal Pfeffer in Portugal zusammen.[41] Nürnberg blieb das wichtigste Distributionszentrum für den über Antwerpen importierten portugiesischen Pfeffer in Mitteleuropa.

Antwerpen war auch ein zentraler Umschlagplatz für andere asiatische Spezereien; diese machten mengenmäßig zwar nur fünf Prozent, wertmäßig aber rund 15 Prozent des portugiesischen Asienhandels im frühen 16. Jahrhundert aus.[42] Im Jahre 1523 verkauften die Welser einem niederländischen Kaufmann drei Säckchen *capaletti* (Hütchen), wie die Spitzen der Gewürznelken bezeichnet wurden, und ein Säckchen Gewürznelken.[43] 1525 vermittelte der in Antwerpen ansässige Nürnberger Kaufmann Lazarus Tucher den Verkauf eines Säckchens Gewürznelken an einen flämischen Händler, und der Augsburger Leonhard Weyer nahm den Welsern im selben Jahr in Antwerpen einen Sack Gewürznelken ab. Im Frühjahr 1528 lagerten im Gewölbe des Frankfurter Kommissionärs der Welser, Jakob Neuhaus, zwei Säckchen Muskatnuss, zwei über Venedig importierte Beutel Zimt, ein Säckchen Nelken und zwei Fässchen Muskatblüte, die über Nürnberg angeliefert worden waren. Im Sommer 1528 empfing die Faktorei Nürnberg aus Leipzig eine Kiste Gewürznelken und Zimtröhrchen aus Antwerpen.[44]

Die Suche nach dem westlichen Seeweg zu den Molukken

1513/14 waren portugiesische Flotten zu den Molukken und damit zur Quelle einiger der begehrtesten asiatischen Spezereien vorgestoßen. Portugals Anspruch auf die Gewürzinseln wurde jedoch von Spanien angefochten, da die 1494 vereinbarte Linie von Tordesillas, die die überseeische Welt in eine spanische und eine portugiesische Hemisphäre aufteilte, zunächst nur für den atlantischen Raum galt. Den spanischen Anspruch machte der portugiesische Seefahrer Fernão de Magalhães – besser bekannt als Ferdinand Magellan – geltend. Magellan war 1505 mit derselben Flotte wie der Welserdiener Balthasar Sprenger nach Indien

gesegelt und hatte sechs Jahre später an der Eroberung Malakkas teilgenommen; er war später jedoch aus portugiesischen Diensten ausgeschieden und hatte sich der spanischen Krone zur Verfügung gestellt. Im September 1519 stach Magellan mit fünf Schiffen und rund 270 Mann Besatzung von Sanlúcar de Barrameda aus in See, um eine westliche Route zu den Gewürzinseln zu suchen. Er umfuhr Südamerika durch die nach ihm benannte Meeresstraße und überquerte den Pazifik. Auf der Philippineninsel Mactan kam es im April 1521 zu Auseinandersetzungen mit Eingeborenen, bei denen Magellan getötet wurde. Während drei Schiffe seiner Flotte bereits durch Schiffbruch und Meuterei verloren gegangen waren, setzten zwei weitere die Reise in westlicher Richtung fort und nahmen auf der Molukkeninsel Tidore eine Gewürzladung an Bord. Eines der Schiffe, die „Victoria", traf im September 1522 mit 18 Mann Besatzung wieder in Spanien ein und hatte damit die erste Umsegelung der Erde vollendet. Zudem führte die „Victoria" eine so reiche Ladung, dass die Kosten der Expedition gedeckt waren und die Investoren sogar noch einen Gewinn erzielten.[45]
Die großen Augsburger Handelshäuser beobachteten auch diese Entwicklung genau. Der Hauptfinanzier von Magellans Expedition, ein Kaufman aus Burgos namens Cristóbal de Haro, war ein Geschäftspartner Jakob Fuggers, und manche Historiker nehmen eine finanzielle Beteiligung der Fugger an dem Unternehmen an, für die Haro als eine Art Strohmann gedient haben könnte.[46] Nachdem die „Victoria" als einziges von Magellans Schiffen zurückgekehrt war, kaufte der Welser-Vertreter Ulrich Ehinger für rund 20000 Dukaten einen Teil ihrer Gewürzladung auf.[47] Der Mann, der Ende 1522 den ersten Bericht über die Umsegelung der Erde veröffentlichte – ein humanistisch gebildeter Berater Kaiser Karls V. namens Maximilian van Bergen alias Maximilian Transylvanus – war mit einer Nichte Cristóbal de Haros verheiratet und hatte spätestens 1519, als er im Vorfeld der Wahl Karls V. in Augsburg Verhandlungen führte, enge Kontakte zu den großen schwäbischen Handelsgesellschaften geknüpft.[48]

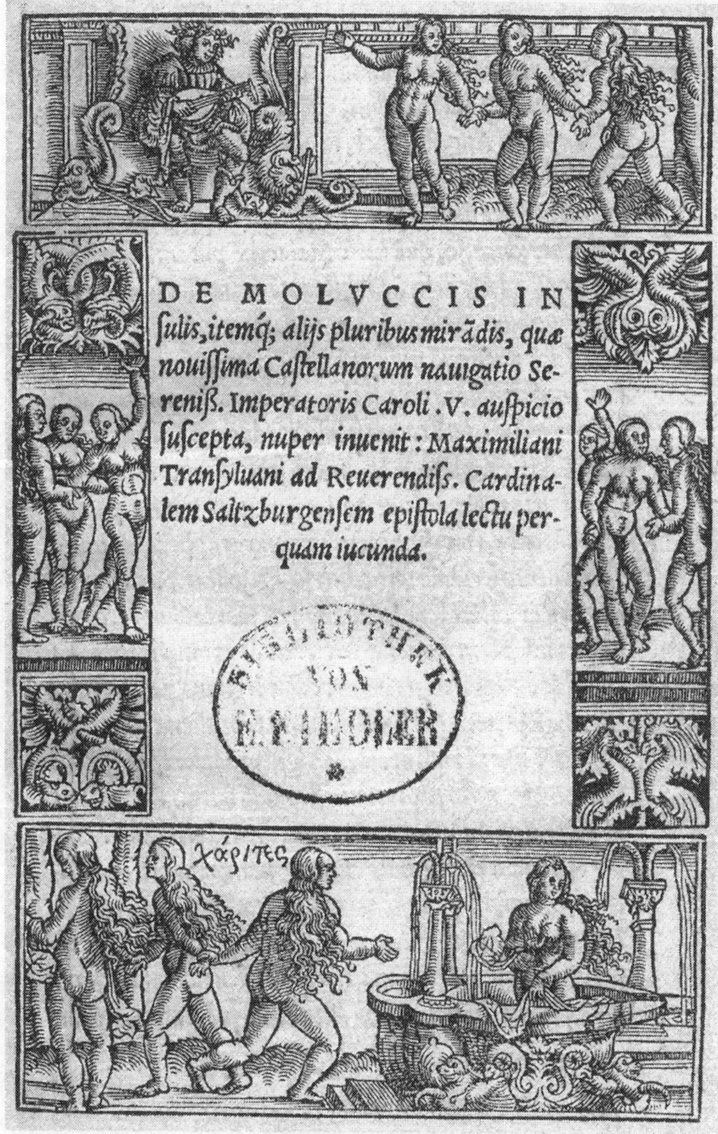

DE MOLVCCIS IN
ſulis, itemq́; alijs pluribus mirādis, quæ
nouiſſima Caſtellanorum nauigatio Se-
reniß. Imperatoris Caroli .V. auſpicio
ſuſcepta, nuper inuenit: Maximiliani
Tranſyluani ad Reuerendiſs. Cardina-
lem Saltzburgenſem epiſtola lectu per-
quam iucunda.

Der erste Bericht über Magellans Weltumseglung:
Maximilian Transylvanus, De Moluccis Insulis ..., Köln 1523

Nachdem Magellans Expedition die Existenz einer westlichen Seeroute zu den Molukken nachgewiesen hatte und Karl V. seinen Anspruch auf die Gewürzinseln bekräftigt sah, koordinierten Jakob Fugger und Diego de Haro – der Bruder Cristóbal de Haros und Schwiegervater von Maximilian Transylvanus – die Ausrüstung einer weiteren spanischen Expedition zu den Molukken, die unter dem Kommando García Jofre de Loaysas stand. Jakob Fugger investierte zudem 10000 Dukaten in die Expedition, während die Welser 2000 Dukaten aufbrachten.[49]

Das Unternehmen erwies sich allerdings als Fehlschlag: Von den sieben Schiffen Loaysas, die 1525 aufgebrochen waren, erreichten nur zwei die Gewürzinseln, und keines kehrte nach Europa zurück. Nachdem auch eine weitere Molukkenexpedition unter dem Kommando Sebastian Cabots gescheitert war, trat Karl V. 1529 im Vertrag von Saragossa seine Ansprüche auf die Inseln für 350000 Dukaten an Portugal ab und füllte damit seine chronisch leeren Kassen.[50] Zehn Jahre später strengten die Fugger eine Klage vor dem Indienrat in Spanien an, um ihre Investitionen in die Expedition Loaysas wieder hereinzubekommen; ihre Klage blieb jedoch erfolglos.[51]

Gewürze und Gemeinwohl: Die Debatten der 1520er-Jahre

Im Heiligen Römischen Reich wurde die gewichtige Rolle, die die Welser und andere Handelshäuser im internationalen Gewürzhandel spielten, kontrovers diskutiert. Der Humanist Ulrich von Hutten etwa sah einen Zusammenhang zwischen dem aus seiner Sicht exzessiven Pfefferkonsum der Oberschichten mit Krankheiten wie Gicht und Syphilis. Hutten warf die Frage auf, ob der Genuss exotischer Spezereien für Deutsche nicht generell gesundheitsschädlich war.[52] Der Reformator Martin Luther schrieb 1524 in einem wirtschaftsethischen Traktat, „der ausländische Kaufhandel, der aus Kalikut und Indien, und dergleichen

Orten, Ware herbringt, als solch köstliches Seiden- und Goldwerk und Würze, die nur zur Pracht und keinem Nutz dienet, und Land und Leuten das Geld aussauget, sollte nicht zugelassen werden, wo wir ein Regiment und Fürsten hätten".[53] Der Genuss exotischer Gewürze erschien als eine neuartige Mode, die in scharfem Gegensatz zur vermeintlichen Einfachheit und Selbstgenügsamkeit der Deutschen stand. Luxus- und Zeitkritik sowie die Sorge um das Gemeinwohl verbanden sich also bei Hutten, Luther und manchen ihrer Zeitgenossen mit Attacken auf die großen Handelsgesellschaften.[54]

Im sogenannten Monopolstreit – einer Debatte über die Geschäftspraktiken der süddeutschen Handelshäuser, die auf den Reichstagen der frühen 1520er-Jahre ihren Höhepunkt erreichte – kam den portugiesischen Pfefferkontrakten ebenfalls zentrale Bedeutung zu. Die Diskussionen kreisten um den Vorwurf, dass die Handelshäuser durch den Abschluss von Exklusivverträgen das Angebot kontrollieren und damit auch die Preise diktieren könnten, was ihnen zu Lasten der Verbraucher exorbitante Gewinne bescheren würde. Auf den Nürnberger Reichstagen von 1522/23 wurde ein generelles Verbot der großen Handelsgesellschaften diskutiert, und der Reichsfiskal – sozusagen der Chefankläger des Kaisers – strengte Prozesse gegen mehrere Augsburger und Nürnberger Gesellschaften wegen Monopolvergehen an. Unter den Angeklagten waren auch die Welser. Doch der Vorstoß der Antimonopolbewegung lief ins Leere: Nachdem 1523 eine reichsstädtische Gesandtschaft am Hof Karls V. in Toledo vorstellig geworden war – an der von Seiten Augsburgs mit Simon Seitz ein langjähriger Mitarbeiter und Teilhaber der Welser teilnahm – schlug der Kaiser die Monopolprozesse nieder.[55]

Im Jahre 1530 strengte der Reichsfiskal nochmals eine Monopolklage gegen mehrere Handelsfirmen an, wobei er die sieben Jahre zuvor erhobenen Vorwürfe fast wörtlich wiederholte. In der beim Reichskammergericht in Speyer eingereichten Klageschrift gegen das Handelshaus Welser heißt es, dass dieses in großem Umfang Kapital aufgenommen und dazu verwendet habe, mit dem König von Portugal Lieferverträge über „Pfeffer und andere Spezerei" abzuschließen. Dabei hätten sich die Welser ausbedungen, dass der König keinem anderen Kaufmann Gewürze zu denselben oder zu günstigeren Preisen verkaufen dürfe. Andere Handelshäuser hätten diese also zu einem wesentlich höheren Preis kaufen müssen. Auf diese Weise hätten die Welser „schädliche Pakte und Monopole geübt und gebraucht" und den Preis für Pfeffer, Ingwer, Gewürznelken, Muskatnuss, Zimt, Muskatblüte und andere Waren auf ungefähr das Doppelte gesteigert – zu ihrem eigenen „großen Vorteil, Nutzen und Reichtum, und der ganzen Gemeinschaft hohen und niederen Standes deutscher Nation zu merklichem großen, unerträglichen Nachteil und Schaden".[56] Deswegen forderte der Reichsfiskal die Zerschlagung der Welser-Gesellschaft, die Konfiskation ihres Vermögens und harte Strafen für die Beteiligten bis hin zu lebenslänglicher Verbannung.

Verteidiger der großen Handelshäuser wie der Augsburger Stadtschreiber Konrad Peutinger hielten derartigen Vorwürfen entgegen, dass Beschaffung, Transport und Vertrieb der Gewürze mit Gefahren und Unwägbarkeiten verbunden waren: Schiffe gingen auf dem Meer verloren, die Marktpreise unterlagen Schwankungen und die Handelspolitik der portugiesischen Krone war schwer berechenbar. Die Gewinnspannen im Gewürzhandel erschienen aus dieser Perspektive als gerechte Entlohnung für die Sorgen und Mühen, die Kaufleute in einem besonders riskanten Geschäftsbereich auf sich nahmen. Wenn sich die süddeutschen Handelsgesellschaften aus diesem Feld zurückzögen, hätte dies außerdem zur Folge, dass die Versorgung der mitteleuropäischen Märkte mit Gewürzen in die Hände ausländischer Unternehmen fiele.[57] Obwohl der Vorstoß des Reichsfiskals eine weit verbreitete Stimmung wiedergab, war ihm kein Erfolg beschieden.

Inwiefern waren diese Vorwürfe berechtigt? Neuere wirtschaftsgeschichtliche Forschungen haben gezeigt, dass die Preise für Pfeffer und asiatische Spezereien im 16. Jahrhundert zwar nominell stiegen, inflationsbereinigt aber langfristig fielen.

O'Rourke und Williamson führen dies auf den Wettbewerb zwischen venezianischen und portugiesischen Gewürzanbietern sowie auf eine zunehmende Marktintegration zurück; die Konkurrenz zwischen der portugiesischen Seeroute und der traditionellen Levanteroute über Venedig sowie die Aktivitäten der großen Handelshäuser kamen somit letztlich den Konsumenten zugute.[58] Die Zeitgenossen hingegen nahmen vor allem die steigenden Nominalpreise wahr und beschuldigten die süddeutschen Handelsgesellschaften, durch monopolistische Praktiken unangemessen hohe Gewinne zu erzielen.

Die Welser, Antwerpen und das Comeback Venedigs

Auch nach den Monopoldebatten setzten die Welser ihre Aktivitäten im Gewürzhandel in großem Stil fort. Im Februar 1532 erwarb ihre Faktorei in Antwerpen von dem portugiesischen Kaufmann Diego Mendes 50 Sack Pfeffer und drei Sack „Gerbelur" – Abfall, der beim Sieben des Pfeffers anfiel[59] – mit einem Gesamtgewicht von fast 13500 Antwerpener Pfund.[60] Im Juli desselben Jahres nahm sie einer anderen Augsburger Handelsfirma, den Erben Christoph Herwarts,[61] sechs Sack Pfeffer ab.[62] Außerdem beteiligten sich die Welser an einem Geschäft mit westafrikanischem Malagett-Pfeffer. Anfang 1532 rechnete die Antwerpener Niederlassung über den Absatz von über 10000 Pfund Malagett-Pfeffer ab. Um die Jahreswende 1529/30 hatten die Welser für den Import afrikanischen Pfeffers ein Schiff in Vlissingen ausgerüstet; der Verkauf einer Partie an flämische Kaufleute zog sich von Februar 1530 bis Herbst 1532 hin.[63] Der Gewürzhandel in Antwerpen galt zu dieser Zeit aufgrund starker Preisschwankungen als besonders riskant. Die Mengen, die Portugal dort auf den Markt brachte, fluktuierten von Jahr zu Jahr, die Seetransporte wurden nach wie vor durch Korsaren bedroht, und die Gewürzimporte über Venedig beeinflussten ebenfalls die Preisentwicklung. Neben einigen großen italienischen Firmen verfügten auch die Welser über die finanziellen Ressourcen, um sich über viele Jahre hinweg erfolgreich in diesem spekulativen Geschäftsfeld zu betätigen.[64]

Für die folgenden Jahre liegen vor allem Nachrichten über Gewürzverkäufe in Mitteleuropa vor. Im Februar 1542 ließen die Welser Pfeffer aus Nürnberg über Wien nach Prag spedieren.[65] Die Listen über die Erhebung des sogenannten „Hundertsten Pfennigs" – einer Exportsteuer, die von 1543 bis 1545 in Antwerpen erhoben wurde – belegen, dass die Welser in diesen Jahren nach wie vor zu den wichtigen Akteuren im Pfefferhandel gehörten. In diesem Zeitraum führten sie Pfeffer im Wert von 5671 flämischen Pfund nach Nürnberg aus. Nach Frankfurt, Augsburg und in andere deutsche Städte gingen ebenfalls beträchtliche Mengen.[66] In den Jahren 1548/49 sind auf dem Nürnberger Markt Pfefferverkäufe an rund ein Dutzend Firmen dokumentiert.[67]

Trotz ihrer Lückenhaftigkeit lässt die Überlieferung für den Gewürzhandel der Welser ein klares Muster erkennen: Die Gesellschaft schloss über ihre Niederlassung in Lissabon mit der portugiesischen Krone bzw. über ihre Antwerpener Faktorei mit dem dortigen Leiter der *Feitoria de Flandres* größere Lieferverträge ab. Die importierten Gewürze wurden von Antwerpen aus auf die großen mitteleuropäischen Märkte in Frankfurt am Main, Nürnberg und Leipzig gebracht und dort an Groß- und Einzelhändler verkauft. Über Nürnberg erfolgte die Distribution in Böhmen, Mähren und im Donauraum. Der Handel mit asiatischen Spezereien wurde punktuell durch Geschäfte mit westafrikanischem Pfeffer sowie durch Gewürzimporte aus Venedig ergänzt, die allerdings gegenüber Antwerpen bis in die 1540er-Jahre eine untergeordnete Rolle spielten.

Im zweiten Drittel des 16. Jahrhunderts feierte Venedig im Gewürzhandel jedoch ein beeindruckendes Comeback und erlangte seine Vermittlerposition zwischen den Gewürzmärkten der Levante und Mitteleuropa teilweise wieder: Es gelang den Portugiesen nämlich nicht, die arabischen Zwischenhändler auf Dauer vom lukrativen Gewürzgeschäft abzuschneiden. Um die Jahrhundertmitte kamen wieder große Pfeffermengen in levantinischen Hafenstädten wie Alexandria an, wo venezianische Händler sie zu vergleichsweise günstigen Preisen erstanden.[68] Ein Rechnungsbuch der Welser aus den 1550er-Jahren, als das Handelshaus von Bartholomäus Welsers Sohn Christoph geleitet wurde, zeigt, dass die Firma auf diese Veränderungen sensibel reagierte: Sie importierte asiatische Gewürze nun sowohl aus Antwerpen als auch aus Venedig.

Aus einer Abrechnung der Faktorei Antwerpen über Wareneinkäufe in der zweiten Jahreshälfte 1554 geht hervor, dass die Welser in diesem Zeitraum 42 Säcke Pfeffer, vier Säckchen Gewürznelken, ein Säckchen Nelkenstängel (*fusti*) und ein Säckchen *capaletti* erwarben, die nach Nürnberg spediert wurden. Ende Juni 1555 lagerten in der Nürnberger Niederlassung 77 Sack Pfeffer und 20 Säckchen Gewürznelken aus Antwerpen.[69] In Venedig kaufte der Kommissionär Hans Amhauser indessen von Anfang 1555 bis Ende April 1556 insgesamt 23 Säckchen Nelken, 10,5 Kisten Zimtröhrchen, 6,5 Kisten Muskatblüte und 13 Säckchen Muskatnuss ein. Bis Ende 1556 kamen nochmals beträchtliche Mengen an Muskatblüte, Nelken, Muskatnuss und Zimt hinzu. Diese Gewürze wurden von Venedig über Salzburg nach Nürnberg spediert und dort weiterverkauft. Ende des Jahres 1557 lagerten in Nürnberg 21 Säcke Pfeffer, 30 Säcke venezianische Nelken, 35,5 Säckchen Muskatnuss aus Venedig und 50 „Legel" (Fässchen) Muskatblüte.[70] Die Nürnberger und Frankfurter Warenkonten der Jahre 1558 und 1559 verzeichnen ebenfalls große Bestände asiatischer Spezereien.[71]

Eine Aufstellung in einem Geschäftsbuch der Welserfaktorei Nürnberg über Warenverkäufe zwischen Oktober 1579 und September 1580 zeigt ferner, dass die fränkische Reichsstadt als Distributionsort für Gewürze im späten 16. Jahrhundert noch immer eine zentrale Rolle spielte. Die Faktorei verkaufte demnach über 18 000 Pfund „calicutischen", also indischen, Pfeffer für etwas mehr als 11 000 Gulden, 944 Pfund Gewürznelken für 2385

Gulden, 383 Pfund „venezianische" Nelken für gut 1000 Gulden, und gut 2500 Pfund Muskatnuss, die ebenfalls über Venedig importiert worden waren, für 2720 Gulden. Außerdem setzte sie knapp 300 Pfund Muskatblüte für rund 1000 Gulden, 428 Pfund venezianische Muskatblüte für 1478 Gulden und knapp 1000 Pfund Zimt für 1117 Gulden ab. Wie die Herkunftsangaben zeigen, wurde Pfeffer damals bevorzugt über Portugal und die Nordseehäfen, andere asiatische Gewürze hingegen sowohl über Portugal als auch über Venedig bezogen. Insgesamt beliefen sich diese Gewürzverkäufe auf rund 20750 Gulden oder knapp ein Sechstel des Warenumsatzes der Nürnberger Faktorei in diesem Zeitraum.[72] Antwerpen, das jahrzehntelang der wichtigste Bezugsort für asiatische Gewürze gewesen war, spielte freilich um diese Zeit keine Rolle mehr, denn die Stadt war in den Strudel des niederländischen Aufstands gegen die spanische Krone geraten und 1576 von spanischen Truppen geplündert worden. Tausende Menschen waren dabei ums Leben gekommen, Zehntausende in die nördlichen Niederlande, nach England und Deutschland geflohen.[73] Vom Niedergang Antwerpens profitierten insbesondere Amsterdam und Hamburg, wohin die geflüchteten Kaufleute ihr Kapital, ihr Know-how und ihre Handelsbeziehungen transferierten. Am Ende des 16. Jahrhunderts entwickelten sich beide Städte auch zu wichtigen Umschlagplätzen für asiatische Gewürze.[74]

Die Pfefferkontrakte der portugiesischen Krone von 1585 bis 1592

Im Jahre 1570 entschloss sich Portugal, das seit 1506 bestehende Kronmonopol auf den Gewürzimport aus Asien abzuschaffen. Stattdessen schloss die Krone in der Folgezeit drei verschiedene Typen von Verträgen mit Kaufmannskonsortien ab: Ausrüstungskontrakte für die Flotten, die nach Asien ausliefen, Verträge über den Gewürzeinkauf in Asien (Asienkontrakte) und Kontrakte über die Vermarktung der Gewürze auf europäischen

Märkten (Europakontrakte). Den beteiligten Kaufleuten wurde auf diese Weise ein bestimmtes Segment des Gewürzhandels zu festen Konditionen übertragen. Im Rahmen dieser Neuorganisation bot sich Augsburger Handelsgesellschaften erneut die Gelegenheit, sich direkt am Asienhandel zu beteiligen.[75]

Als die portugiesische Krone ihren oberdeutschen Gläubigern 1576 zur Tilgung ihrer Schulden und zur Erlangung neuer Finanzmittel den Europakontrakt anbot, griffen jedoch weder die Fugger noch die Welser zu, sondern ein Augsburger namens Konrad Rott, ein Verwandter der Welser, der seine Laufbahn in den Welserfaktoreien in Antwerpen und Lissabon begonnen hatte. Als selbstständiger Kaufmann hatte er sich auf den Portugalhandel spezialisiert. Rott gehörte jedoch keineswegs zu den kapitalkräftigsten süddeutschen Unternehmern, sodass die Vergabe des Kontrakts an ihn in kommerziellen Zirkeln Verwunderung hervorrief. Er verpflichtete sich, innerhalb eines Zeitraums von fünf Jahren 92 000 Quintal Pfeffer zu einem Festpreis von 34 Cruzados pro Quintal abzunehmen. Außerdem sollte er der portugiesischen Krone einen hohen finanziellen Vorschuss gewähren. Da diese Verpflichtungen seine eigenen finanziellen Möglichkeiten bei Weitem überstiegen, trat Rott dem Florentiner Kaufmann Giacomo dei Bardi drei Achtel des Kontrakts ab. Nachdem Rotts Augsburger Geschäftspartner sein Angebot, ihnen Pfeffer zur partiellen Tilgung ihrer Forderungen zu liefern, abgelehnt hatten, musste er einen Teil seiner Vorräte zu Dumpingpreisen auf den Markt werfen.[76] Nach dem Tod König Sebastians von Portugal erhöhte Rott 1578 nochmals seinen Einsatz, indem er nun auch den Asienkontrakt übernahm und überdies zusagte, die jährliche Einkaufsquote um ein Drittel zu erhöhen. Finanzielle Unterstützung fand er bei der portugiesischen Firma Ximenes und der italienischen Gesellschaft Giacomo Battista Litta & Co. Von den 30 Anteilen, in die Rott seine Kontrakte aufteilte, übertrug er 17,5 seinen Partnern. Ferner gründete er mit Kurfürst August von Sachsen die sogenannte Thüringische Gesellschaft, die Leipzig zum zentralen Umschlagplatz für Pfeffer in Mitteleuropa machen sollte. Rotts ambitionierter Plan, den europäischen Pfeffermarkt als Gebietskartell zu organisieren, schlug jedoch fehl: Er ging 1580 bankrott und flüchtete aus Augsburg. Nachdem er seinen eigenen Tod vorgetäuscht hatte, tauchte er später höchst lebendig wieder in Lissabon auf, wo er es sogar noch zum Konsul der deutschen Kaufleute brachte.[77]

Nachdem der Mailänder Kaufmann Giovanni Battista Rovelasca den Asienkontrakt fünf Jahre lang innegehabt hatte, entschloss sich die Handelsgesellschaft „Marx und Matthäus Welser“ gemeinsam mit Rovelasca zur Beteiligung am Asienkontrakt der Jahre 1586 bis 1591 und gewann die „Georg Fuggerischen Erben“ als Partner. Die „Georg Fuggerischen Erben“, die einige Jahre zuvor aus der Familienfirma der Fugger ausgeschieden waren und über beträchtliches Kapital verfügten, waren zunächst bei den Welsern, die fünf Zwölftel des Kontrakts übernommen hatten und deren Kreditwürdigkeit aus Sicht der Fugger bereits angeschlagen war, mit 25 Prozent unterbeteiligt, während Rovelasca sieben Zwölftel des Kontrakts hielt. Im Jahre 1588 wurde die Unterbeteiligung der Fugger in eine Beteiligung mit gleichen Rechten und Pflichten umgewandelt.

In Indien wurden die beiden Handelshäuser seit 1586 durch den gebürtigen Augsburger Ferdinand Cron vertreten; später stellten ihm die Fugger mit Christian Schneeberger und nach dessen Erkrankung mit Sebastian Zangmeister und Gabriel Holzschuher eigene Vertreter zur Seite.

In den Jahren 1586 bis 1590 entsandten die Partner des Asienkontrakts jeweils fünf, 1591 sechs Schiffe nach Indien. Die Ergebnisse der ersten Handelsreise fielen infolge einer schwierigen Lage auf dem indischen Gewürzmarkt und hohen Verlusten auf See eher enttäuschend aus: Lediglich zwei Schiffe erreichten mit einem Drittel der von den Partnern erwarteten Ladung den Ausgangshafen Lissabon. Nachdem 1588 und 1589 acht der zehn ausgesandten Schiffe mit großen Pfefferladungen zurückkehrten und zugleich auf dem venezianischen Markt ein reichhaltiges An-

Philipp Eduard und Octavian Secundus Fugger, Leiter der „Georg Fuggerischen Erben“, aus: Fuggerorum et Fuggerarum ... imagines (1618)

gebot herrschte, drohte hingegen ein Überangebot und folglich ein Absturz der Preise. Die portugiesische Krone ging deshalb dazu über, die am Asienkontrakt Beteiligten mit Pfeffer anstatt mit Bargeld zu bezahlen. Die Fugger, die den Kontrakt zunächst vor allem als Kapitalanlage angesehen hatten, waren dadurch gegen ihren Willen gezwungen, auch für die Vermarktung des Pfeffers in Europa Sorge zu tragen. Seit 1591 beteiligten sich Fugger und Welser daher zusammen mit der Firma Ximenes und italienischen Gesellschaften auch am Europakontrakt. Mit dem Vertrieb des Pfeffers wurden Kommissionäre in wichtigen Handelsstädten – Amsterdam, Middelburg, Lübeck, Hamburg und Danzig – beauftragt. Außer Pfeffer umfassten die Rückfrachten aus Indien andere Spezereien, Seiden- und Baumwollstoffe sowie Aloe und Kampfer. Von der letzten Indienflotte, die 1591 unter dem Asienkontrakt der Fugger und Welser auslief, gingen fünf der sechs Schiffe infolge von Stürmen und Überfällen englischer Freibeuter verloren. Reinhard Hildebrandt nimmt an, dass die Fugger aus dem Pfefferhandel trotz aller Probleme – schwieriger Verkehrsverbindungen, feindlicher Übergriffe, einer korrupten portugiesischen Verwaltung – einen bescheidenen Gewinn erzielten, das Unternehmen jedoch weitaus risikoreicher und weniger lukrativ war, als die Firmenleiter erwartet hatten.[78]

Insgesamt betrachtet hatte die direkte Beteiligung süddeutscher Handelshäuser am Gewürzhandel in Asien episodischen Charakter. Nach den Indienfahrten von 1505 und 1506 verhinderte die Monopolpolitik der portugiesischen Krone weitere direkte Investitionen in den Asienhandel.[79] Erst gegen Ende des 16. Jahrhunderts ermöglichte das System der Asien- und Europakontrakte Augsburger Kaufleuten erneut den Einstieg in den Indienhandel. Langfristig wichtiger waren jedoch die Gewürzeinkäufe in Lissabon und Antwerpen und deren Vermarktung in den großen mitteleuropäischen Handelszentren. Auf diesem Geschäftsfeld gehörten die Welser über Jahrzehnte hinweg zu den bedeutendsten Akteuren. In ihren Aktivitäten spiegeln sich sowohl die Konjunkturen des Antwerpener Gewürzmarkts als auch der Wiederaufstieg Venedigs um die Mitte des 16. Jahrhunderts geradezu seismographisch wider.

4 Das Geschäft mit Zucker, Sklaven und dem Gold der Neuen Welt

Die Anfänge der atlantischen Zuckerökonomie

Im späten Mittelalter war Zucker ein rares und dementsprechend kostbares Handelsgut, das süddeutsche Handelshäuser in erster Linie aus dem Mittelmeerraum bezogen. Ein am Ende des 15. Jahrhunderts für den internen Gebrauch einer Handelsgesellschaft – möglicherweise der Fugger – verfasstes Kaufmannshandbuch nennt Genua, Palermo und Valencia als wichtige Einkaufsorte.[1] Das größte schwäbische Unternehmen des 15. Jahrhunderts, die Ravensburger Handelsgesellschaft, kaufte über ihre Niederlassung in Valencia spanischen Zucker ein, den sie nach Flandern, Frankreich, Italien und in das Heilige Römische Reich exportierte. In den 1460er- und 70er-Jahren betrieb die Ravensburger Gesellschaft sogar eine eigene Zuckermühle in Real de Gandía. In dieser Zeit begann sich jedoch die Expansion der Zuckerwirtschaft auf die spanischen und portugiesischen Atlantikinseln bemerkbar zu machen: Im Laufe der 1470er-Jahre verdrängte Zucker aus Madeira die valencianische Ware, mit der die Ravensburger handelten, zunehmend vom Markt, und um 1480 stellte die Zuckermühle der Gesellschaft ihren Betrieb ein.[2]

Diese unternehmerische Erfahrung der Ravensburger Handelsgesellschaft spiegelt einen fundamentalen Strukturwandel wider: Mit dem Ausgreifen der iberischen Mächte in den atlantischen Raum expandierte auch die Plantagenwirtschaft – zunächst auf Madeira, den Kanarischen Inseln, den Kapverden und den vor der Küste Westafrikas gelegenen Inseln São Tomé und Principe, seit den 1520er-Jahren dann auf den spanischen Karibikinseln, vor allem auf Hispaniola, und im letzten Drittel des 16. Jahrhunderts schließlich in Brasilien. Insbesondere zwei Faktoren stimulierten den Ausbau der Plantagenökonomie: die europäische Nachfrage und die Verfügbarkeit von afrikanischen Sklaven als Arbeitskräften. Die Expansion der Zuckerökonomie ging mit dem Aufschwung des atlantischen Sklavenhandels Hand in Hand, und der enorme Produktionsanstieg machte aus einem Luxusgut im Laufe der Frühen Neuzeit ein Produkt des Alltagskonsums breiterer Bevölkerungsschichten.[3]

Finanziert und organisiert wurde die Expansion der Zuckerökonomie von Kaufleuten aus verschiedenen europäischen Ländern – Portugal, Spanien, Italien, den Niederlanden und Deutschland –, die in den großen Handelszentren Antwerpen, Lissabon und Sevilla zusammenarbeiteten und ihre kommerziellen Netzwerke in den atlantischen Raum hinein ausdehnten.[4] Herausragende Bedeutung kam dabei einmal mehr Antwerpen zu: Die niederländische Metropole, in der die Fugger ihr ungarisches Kupfer absetzten und sich die Welser mit nordwesteuropäischen Textilien und asiatischen Gewürzen eindeckten, entwickelte sich auch zu einem Zentrum des europäischen Zuckerhandels.[5] Die Augsburger Welser-Gesellschaft war an sämtlichen Stufen dieses Expansionsprozesses beteiligt.[6]

Zu Beginn des 16. Jahrhunderts stand die portugiesische Kolonie Madeira im Zentrum des atlantischen Zuckerbooms. Im Jahre 1506 war dort eine Rekordernte von annähernd 3000 Tonnen erzielt worden.[7] Zu dieser Zeit waren die Welser bereits dort engagiert. Ihr Angestellter Lucas Rem, der sich seit 1503 in Lissabon aufhielt, schrieb in seinen autobiographischen Aufzeichnungen: „Ich begab mich gen Madera, Ilhas Dazors, Cavo Verde, Barbarien armieren."[8] Während manche Historiker diese etwas kryptische Aussage so verstanden haben, dass Rem selbst Madeira, die Azoren und die Küste Marokkos bereist habe, ist die Formulierung „begab mich [...] armieren" wohl eher so zu interpretieren, dass Rem Schiffe dorthin ausrüstete. Gesichert ist, dass Rems Bruder Hans 1507 nach Madeira reiste, um die Verhältnisse vor Ort zu sondieren und Zucker einzukaufen; hinter einem „João de Agusta", der 1508 auf Madeira belegt ist, dürfte sich ebenfalls Hans Rem verbergen. Im folgenden Jahr unterhielt die

Welser-Vöhlin-Gesellschaft jedenfalls eine eigene Faktorei in der Hafenstadt Funchal.[9]

Dass Zuckerproduktion und -handel auf Madeira in diesen Jahren die Aufmerksamkeit des Handelshauses auf sich zogen, hatte maßgeblich mit seiner Beteiligung an der Indienflotte von 1505 zu tun: Wie bereits geschildert, hatte König Manuel I. nach deren Rückkehr zur Stabilisierung der Marktpreise die Pfefferladungen auf den drei Schiffen beschlagnahmt, die die beteiligten italienischen und oberdeutschen Kaufleute finanziert hatten. Dieser Schritt hatte scharfe Proteste der betroffenen Investoren und jahrelange gerichtliche Auseinandersetzungen nach sich gezogen. Lucas Rem war es schließlich gelungen, der Krone ein gutes Fünftel der aus Indien importierten Pfeffermenge – 475 von insgesamt 2200 Quintal – zu einem Preis von 22 Dukaten pro Quintal zu verkaufen. Der Kaufpreis von 10450 Dukaten wurde jedoch nicht in bar entrichtet; vielmehr übertrug die Krone der Welser-Vöhlin-Gesellschaft 12000 Arrobas (174 Tonnen) Zucker, die ihr als Naturalabgaben von den Plantagenbesitzern und Händlern auf Madeira zustanden. Hier wird erneut ein globaler Zusammenhang sichtbar: Der Einstieg der Welser in die atlantische Zuckerökonomie war letztlich eine Folge ihrer Beteiligung am Indienhandel! Der vereinbarte Preis von weniger als einem Dukaten pro Arroba Zucker war ausgesprochen günstig, doch die tatsächlichen Zuckermengen, die die Repräsentanten der Welser-Vöhlin zwischen 1508 und 1510 in Empfang nahmen, lagen um fast 3000 Arrobas unter der zugesagten Liefermenge.[10]

Das Handelshaus setzte den Zucker, den es aus Madeira bezog, sowohl in Antwerpen als auch in Italien ab. Im Mai 1509 schrieb Anton Welser d. J. – ein Sohn des gleichnamigen Firmenleiters, der damals in der Faktorei Lyon tätig war – an die Lanfredini-Kompanie in Florenz, dass er ihr über die südfranzösischen Hafenstädte Marseille und Aigues-Mortes 80 Kisten Zucker senden werde. Die Vertreter der Lanfredini sollten die Ware in Kommission für die Welser-Vöhlin verkaufen. Falls sich dieses Arrangement bewährte, stellte Welser für die Zukunft weitere derartige

Geschäfte in Aussicht. Ein Teil der Zuckerfracht wurde nach dem Levantehafen Pera unweit von Konstantinopel verschifft: Als der Empfänger, der Florentiner Kaufmann Giuliano Pitti, die Bezahlung schuldig blieb, beauftragten die Welser-Vöhlin die Lanfredini-Kompanie mit der Eintreibung ihrer Forderung.[11]

Neben Madeira richtete die Handelsgesellschaft ihr Augenmerk auch auf die Kanarischen Inseln. Ihr Verbindungsmann zu den spanischen Behörden, die für den Atlantikhandel zuständig waren, scheint zunächst der in Sevilla ansässige italienische Kaufmann Piero Rondinelli gewesen zu sein; Kontakte zu ihm sind seit 1509 belegt.[12] Im selben Jahr erwarb der Welser-Vöhlin-Angestellte Hans Egelhoff eine Zuckerplantage auf La Palma in der Nähe der Siedlung Tazacorte. Mindestens ebenso wichtig wie dieser Landkauf war der Erwerb von Wasserrechten auf der niederschlagsarmen Insel.[13]

Im Herbst 1509 unternahm Lucas Rem von Lissabon aus eine Inspektionsreise, um die Investitionen auf den Atlantikinseln in Augenschein zu nehmen. Auf Madeira rekrutierten Rem, Hans Egelhoff und ihr Landsmann Bartholomäus Keller Handwerker und Arbeitskräfte für den Aufbau der Plantage auf La Palma. In Tazacorte verbrachte Rem zwar nur wenige Tage, aber diese kurze Zeit genügte, um ihm jegliche Illusion zu nehmen: Er bezeichnete die Plantage seiner Arbeitgeber als ein „verfluchtes Land", das jahrelange Investitionen erforderte, bevor sie Profite abwerfen würde. Nach einer Überprüfung der Geschäftsbücher reiste Rem bei nächster Gelegenheit in Gesellschaft seines Landsmanns Jacob Holzbock zurück nach Madeira und ließ Hans Egelhoff mit einer Reihe von Arbeitern auf La Palma zurück. In Funchal traf er auf zwei weitere Vertreter der Welser-Vöhlin, Johann Schmidt und Leo Ravensburger, denen er eine nachlässige Verwaltung und einen verschwenderischen Lebensstil vorwarf. Rem setzte Holzbock als neuen Leiter der Faktorei ein und stritt sich heftig mit den portugiesischen Behörden – wahrscheinlich über die Zuckerlieferungen, die die Krone dem Augsburger Handelshaus zugesagt hatte.[14]

Lucas Rems negative Einschätzung und die hohen Aufbaukosten mögen Anton Welser und seine Teilhaber bewogen haben, ihren Grundbesitz auf La Palma im März 1513 für 11 000 Gulden an den Kölner Kaufmann Johann Byse und seinen Schwiegersohn Jakob Groenenberg zu veräußern.[15] Unter der Leitung Groenenbergs produzierte die Plantage später 7000 bis 8000 Arrobas bzw. 101 bis 116 Tonnen Zucker im Jahr und belieferte Antwerpen.[16]

Etwas länger bestand die Welser-Faktorei auf Madeira: Im Herbst 1512 schickten die dortigen Vertreter 25 Kisten Zucker in die Niederlande. Als das Schiff mit der Zuckerfracht verunglückte, kassierte Cesare Barzi als Kommissionär der Welser in Valencia die Versicherungsprämie.[17] Außerdem lieferte das Handelshaus in Zucker eingelegte Früchte[18] – in den Rechnungen der Welser als *conserva* bezeichnet – über Lissabon und Antwerpen an Mitarbeiter und Verwandte. Der von Lucas Rem erwähnte Leo Ravensburger hielt sich bis 1514 in Funchal auf, ehe er den Hausrat der Faktorei verkaufte und die Insel verließ.[19] Die Schließung der Niederlassung auf Madeira dürfte vor allem mit dem Niedergang der Zuckerproduktion auf der Insel zusammenhängen, die sich zwischen 1506 und 1520 halbierte.[20]

Eine viel versprechende neue Perspektive im atlantischen Raum ergab sich für die Welser, als Karl V. 1525 auch Nicht-Kastiliern die Beteiligung am Amerikahandel und die Auswanderung in die Neue Welt gestattete. Nun rückte Hispaniola in den Fokus des Handelshauses. Die 1492 von Kolumbus entdeckte Insel, heute Haiti und die Dominikanische Republik, war von den Spaniern zunächst geplündert worden; die Goldvorkommen waren rasch erschöpft, und die indigene Bevölkerung wurde durch epidemische Krankheiten, Gewalt und Ausbeutung dramatisch dezimiert.[21] Um 1520 kristallisierte sich jedoch die Zuckerproduktion als neuer Wirtschaftszweig heraus, und die Anlage von Plantagenbetrieben, auf denen neben indigenen auch afrikanische Sklaven als Arbeitskräfte eingesetzt wurden, leitete einen neuen Aufschwung ein. Da die Rodung der Plantagen, die Errichtung von Zuckermühlen und der Erwerb von Sklaven kapitalintensiv waren, waren der spanischen Krone ausländische Investoren willkommen. Vor allem genuesische Kaufleute ergriffen diese Gelegenheit, sich in der Neuen Welt zu etablieren, aber auch die Welser waren mit von der Partie.[22]

Im Sommer 1526 erhielt der in Sevilla ansässige deutsche Kaufmann Lazarus Nürnberger von der Kronbehörde für den Amerikahandel, der 1503 gegründeten *Casa de la Contratación*, Lizenzen, die dreien seiner Landsleute die Ausreise in die Neue Welt erlaubten. Obwohl Nürnberger ein selbstständiger Kaufmann war, besteht kein Zweifel, dass er im Auftrag der Welser handelte, denn die drei Männer, denen die Reise nach Amerika gestattet wurde – Ambrosius Dalfinger, Jörg Ehinger und Jörg Koch – waren allesamt Angestellte des Augsburger Handelshauses. Während Koch in Spanien zurückblieb, traten Dalfinger und Ehinger die Reise über den Atlantik an und eröffneten eine Faktorei in der Hafenstadt Santo Domingo, die das wirtschaftliche

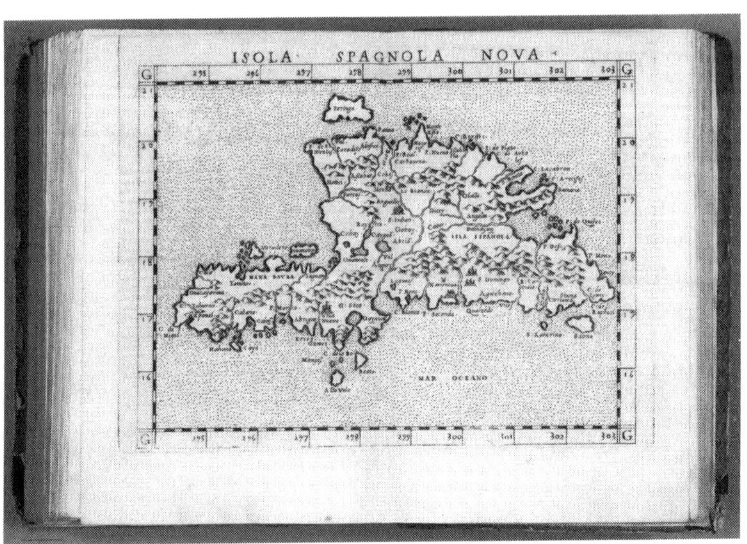

Die Insel Hispaniola, aus dem Atlas des Venezianers Girolamo Rustelli (1561)

und administrative Zentrum Hispaniolas war.[23] In den nächsten Jahren folgten ihnen mit dem Ulmer Sebastian Rentz und dem Augsburger Patriziersohn Anton Lauginger weitere Oberdeutsche.[24] Die Faktorei importierte Wein, Textilien und Nahrungsmittel für die Siedlerbevölkerung und beteiligte sich am Sklavenhandel.[25]

Die Rückfrachten nach Europa bestanden aus Perlen, Häuten, dem Arzneimittel Cañafistula, vor allem aber aus Zucker. Im Spätjahr 1530 erwarb Sebastian Rentz von dem verschuldeten spanischen Unternehmer Juan Fernández de las Varas einen 50-prozentigen Anteil einer der damals etwa 20 Zuckermühlen (*ingenios*) auf Hispaniola. Diese Mühle, die den Namen Santa Barbara trug, lag im Bezirk San Juan de la Maguana nordwestlich von Santo Domingo. Der Kaufpreis setzte sich aus 3427 Pesos, 202 Arrobas Zucker und vier Sklaven zusammen.[26]

Diese mit Sklavenarbeit betriebene Zuckermühle versetzte die Welser in die Lage, größere Zuckerlieferungen nach Europa zu senden. Bereits im Juni 1530 hatte ihr Vertreter in Sevilla, Ulrich Gessler, 18 Kisten Zucker in Empfang genommen, die ihm Sebastian Rentz aus Santo Domingo zugeschickt hatte. Im September 1531 ließ Rentz 6600 Arrobas (87 Tonnen) Zucker und diverse Arzneimittel auf eine Galeone verladen, die nach Antwerpen segeln sollte. Diese Fahrt war möglich, weil die Welser 1528 ein exklusives Privileg erhalten hatten, drei Schiffe aus Amerika direkt, also unter Umgehung des Monopolhafens Sevilla, in die Niederlande zu schicken.[27] Im Sommer 1532 registrierte die Welser-Faktorei in Antwerpen die Ankunft einer Ladung Zucker aus Santo Domingo, die in Sevilla verladen und um 3000 Dukaten versichert worden war. 40 Fässer Muscovadozucker wurden 1532 an einen Antwerpener Zuckersieder verkauft, und ein gewisser Jan Keller erwarb zehn Kisten Puderzucker und 16 Kisten Muscovadozucker mit einem Nettogewicht von 12 800 Pfund. Die Niederlassung der Welser in Sevilla verzeichnete im März 1532 Frachtkosten für vier Kisten und drei Fässer Zucker aus Santo Domingo.[28]

In den folgenden Jahren setzten sich diese transatlantischen Geschäfte fort. Anfang 1533 wurde im Geschäftsjournal der Faktorei Sevilla festgehalten, dass Juan de Villoria – ein spanischer Kolonist, der zwei Zuckermühlen auf Hispaniola besaß – Zucker auf Rechnung der Welser auf ein Schiff geladen hatte.[29] Im folgenden Frühjahr übernahm Hernando Blas, der bereits 1529 auf seinem Schiff „Santa Maria del Rosario" Güter für die Welser über den Ozean transportiert hatte, einen weitere karibische Zuckerfracht nach Sevilla. Dort wurde die süße Ware an örtliche Händler und Zuckerbäcker verkauft.[30] Im Sommer 1536 schließlich trafen 84 Kisten und Fässer Zucker aus Santo Domingo in Sevilla ein.[31]

Ein Blatt aus einem spanischen Handelsbuch belegt, dass die Welser ihre Zuckermühle auf Hispaniola 1547 verkauften und der Betrag von rund 2400 Dukaten nach Spanien transferiert wurde. Zwei Jahre zuvor war auf der Insel eine Volkszählung durchgeführt worden, bei der auch eine Zuckermühle in der Ge-

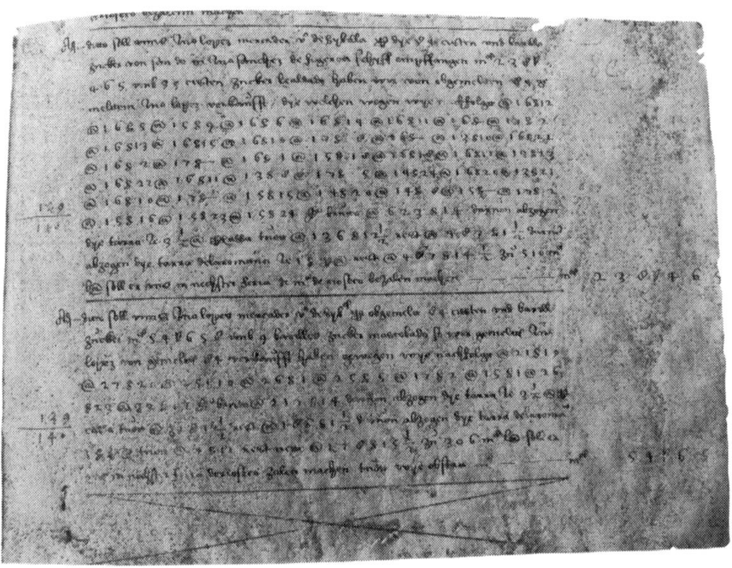

Zuckerlieferung aus Santo Domingo in einem Handelsbuchfragment der Bartholomäus-Welser-Gesellschaft 1536

meinde San Juan de la Maguana mit 92 afrikanischen und 25 indigenen Arbeitskräften erfasst wurde. Diese Mühle befand sich der Quelle zufolge im Besitz der Erben des Juan de León und der „flämischen Deutschen". Da die Erben Juan de Leóns 1530 als Miteigentümer des Juan Fernández de las Varas genannt wurden, als dieser seinen Anteil an die Welser verkaufte, muss es sich hier um den Betrieb des Augsburger Handelshauses handeln. Die Zuckermühle der Welser auf Hispaniola war also mehr als 15 Jahre in Betrieb und beschäftigte zeitweilig mehr als 100 Arbeiter.[32]

Nachdem sie ihre Niederlassungen in Sevilla und in der Karibik aufgegeben hatten, erstanden die Welser atlantischen Zucker vorzugsweise in Antwerpen. Im Mai 1545 kaufte ihr Angestellter Lazarus Rentz dort rund 100 Pfund Madeirazucker ein.[33] Generell sind in den Jahren 1543 bis 1545 große Zuckerlieferungen nach Nürnberg, Frankfurt am Main, Köln, Straßburg und Leipzig dokumentiert. Offenbar bestand damals im Heiligen Römischen Reich bereits ein aufnahmefähiger Markt. Der meiste in Antwerpen gehandelte Zucker kam mittlerweile von der westafrikanischen Insel São Tomé. Dieser war von geringerer Qualität als Zucker aus Madeira und Santo Domingo und dementsprechend billiger.[34] Noch 1580 hatte die Nürnberger Faktorei der Christoph-Welser-Gesellschaft verschiedene Sorten Zucker, unter anderem aus São Tomé und Brasilien, im Angebot.[35]

Insgesamt spielten süddeutsche Handelshäuser beim Aufbau des atlantischen Plantagenkomplexes längst keine so herausragende Rolle wie bei der Belieferung der portugiesischen Asienflotten mit Kupfer oder der Vermarktung asiatischer Gewürze in Europa. So ist der Anteil genuesischer, florentinischer und flämischer Handelshäuser am Handel mit atlantischem Zucker deutlich höher zu veranschlagen: Nicht weniger als 78 Prozent des Zuckerhandels von Madeira zwischen 1490 und 1550 lag in den Händen italienischer Firmen.[36] In Sevilla waren genuesische Handelshäuser wesentlich zahlreicher vertreten als oberdeutsche, und bei der Organisation und Finanzierung des frühen Amerikahandels spielten die Genuesen eine bedeutende Rolle.[37]

Für eine dynamische Handelsgesellschaft mit einem breiten Warensortiment, wie es die Augsburger Welser hatten, waren Zuckerproduktion und -handel offenbar eine interessante Möglichkeit, ihr Angebot weiter zu differenzieren; sie gehörten jedoch nicht zum Kerngeschäft. Allerdings war die Niederlassung der Welser auf Santo Domingo nicht nur wegen der dortigen Zuckerplantagen von Interesse, sondern diente auch als Sprungbrett nach Südamerika.

Venezuela: Die Ziele der Welser und die Realität vor Ort

Am 27. März 1528 schlossen Vertreter Karl V. mit den Kaufleuten Ulrich Ehinger[38] aus Konstanz und Hieronymus Sailer aus St. Gallen einen Vertrag über die Kolonisation des Gebiets zwischen dem Kap Maracapaná und dem Kap Vela an der Nordküste Südamerikas, einer Region, die in zeitgenössischen Quellen und auf frühen Karten als „Tierra firme“ bezeichnet wird. Das den Welsern übertragene Gebiet entspricht etwa dem Territorium des heutigen Staates Venezuela. Ehinger und Sailer handelten formal selbstständig; sie standen zu dieser Zeit jedoch in den Diensten der Handelsgesellschaft Bartholomäus Welsers, und obwohl sie die Rechte an Venezuela erst zweieinhalb Jahre später formal an diese abtraten, besteht kein Zweifel, dass sie von Anfang an in deren Auftrag handelten. Die Vertreter der Welser verpflichteten sich vertraglich zum Bau dreier Festungen und zur Gründung zweier Städte, die mit jeweils 300 Kolonisten besiedelt werden sollten. Außerdem sollten sie für die Verwaltung des Territoriums, die Landvergabe an Siedler und die Christianisierung der indigenen Bevölkerung sorgen. Im Gegenzug ließen sich die Welser in gesonderten Verträgen und königlichen Erlassen bestimmte Privilegien einräumen: Sie erhielten eine Lizenz zum Transport von 4000 Sklaven nach Amerika, Bergbaurechte in den Provinzen Venezuela und Santa Marta (im Gebiet des heutigen Kolumbien), das Monopol der Salzgewinnung und des Außenhandels von Venezuela, Zollvergünstigungen sowie das bereits erwähnte Recht, drei direkte Handelsfahrten von Amerika in die Niederlande zu unternehmen.[39]

Da keine Aufzeichnungen Bartholomäus Welsers und seiner Vertrauten über die Ziele des Projekts existieren, ist viel über die Motive spekuliert worden, die die Welser zu diesem Kolonisationsunternehmen bewogen. Ging es dem Handelshaus vorrangig um Bergbauunternehmungen, wie Walter Großhaupt vermutet hat? Richtig ist, dass Bartholomäus Welser und seine Gesellschaft sich seit Mitte der 1520er-Jahre verstärkt im böhmischen und sächsischen Kupfer-Bergbau engagierten, dort aber auf Widerstände anderer Unternehmer stießen und deshalb nach Alternativen gesucht haben könnten. Außerdem verpflichteten sich Ulrich Ehinger und Hieronymus Sailer, 50 sächsische Bergleute für die spanischen Kolonien zu rekrutieren. Doch in Venezuela und Santa Marta unternahmen die Vertreter der Welser so gut wie nichts, um Erzvorkommen zu erkunden oder Bergwerke anzulegen. Die sächsischen Bergbauexperten zerstreuten sich oder schlossen sich Eroberungszügen ins Landesinnere an.[40]

Ging es dem Handelshaus vielleicht von Anfang an um die Eroberung eines großen indianischen Reiches, um reiche Beute an Gold und Edelsteinen, wie Eberhard Schmitt postuliert hat? Schmitt stützt diese These auf die Briefe Philipp von Huttens, der 1534 in die Dienste der Welser trat. Der fränkische Adelige war als Jugendlicher im Gefolge Graf Heinrichs III. von Nassau, der zu den engsten Beratern Karls V. gehörte, an den Hof des spanischen Königs und deutschen Kaisers gekommen. Aus Gründen, die im Dunkeln liegen, ließ er sich für das Venezuela-Unternehmen der Welser rekrutieren: Immerhin ist bekannt, dass er bei der Übergabe des Schatzes der Inka an Karl V. im Februar 1534 in Toledo zugegen war. Er hatte also eine lebhafte Vorstellung von den Reichtümern der Neuen Welt. Zudem gehörte sein Dienstherr Heinrich von Nassau zu den Kunden des Augsburger Handelshauses, und 1528 ist ein direkter Geschäftskontakt zwischen Philipp von Hutten und den Welsern belegt, sodass er die Vertreter der Firma offensichtlich schon länger kannte.[41]

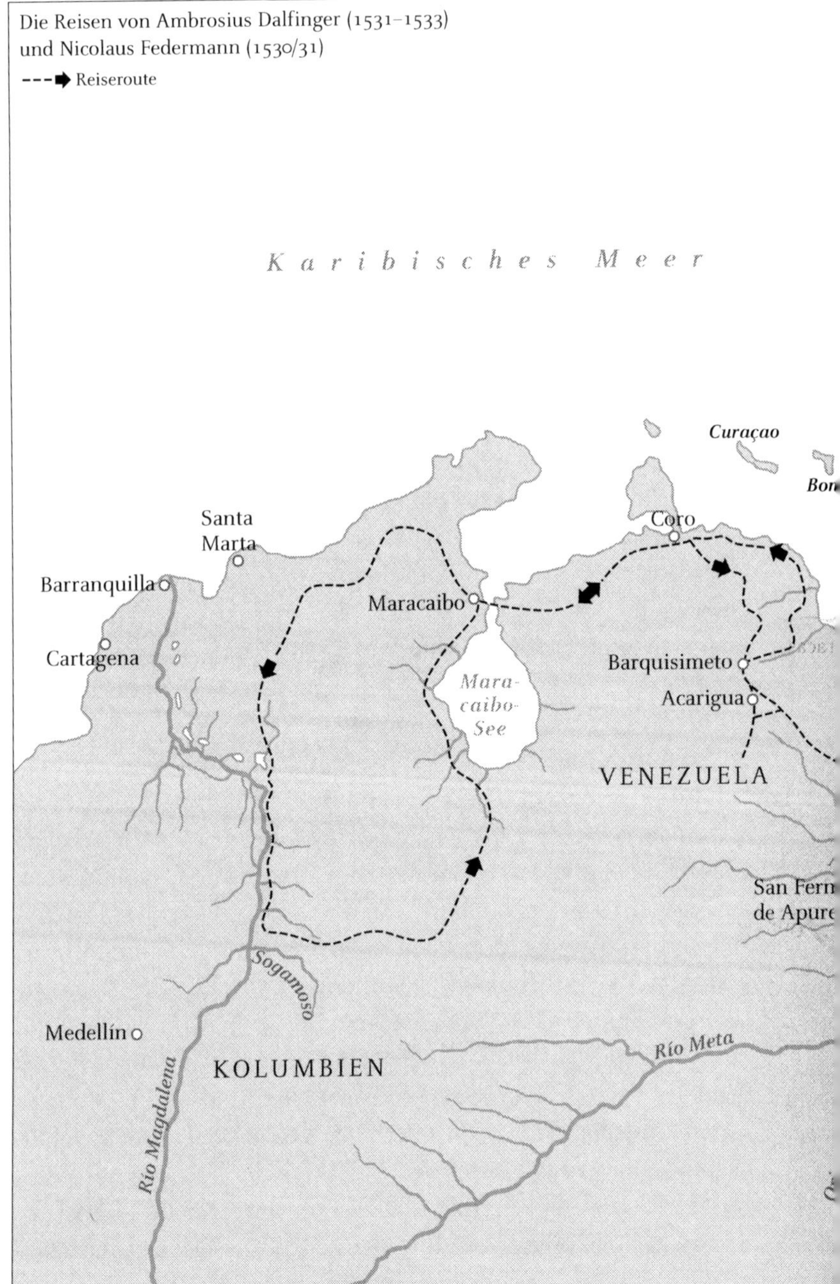
Die Reisen von Ambrosius Dalfinger (1531–1533)
und Nicolaus Federmann (1530/31)
Reiseroute
Karibisches Meer
Curaçao
Santa Marta
Coro
Barranquilla
Maracaibo
Cartagena
Barquisimeto
Acarigua
Mara-caibo-See
VENEZUELA
San Fern
de Apure
Sogamoso
Medellín
Río Meta
KOLUMBIEN
Río Magdalena

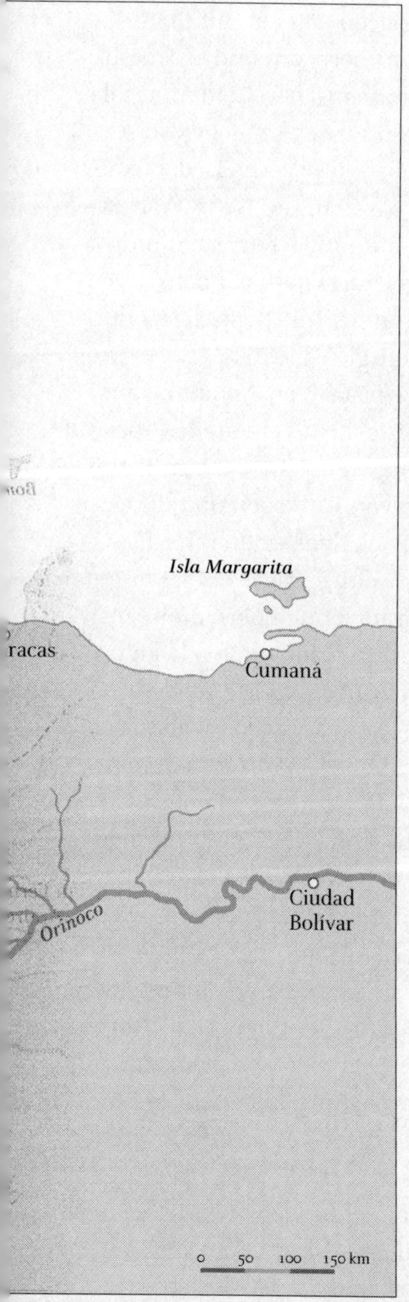

Die Züge Ambrosius Dalfingers und Nikolaus Federmanns, 1530–1533

Huttens Briefe aus der Neuen Welt zeigen, dass er gut über die Züge spanischer Konquistadoren informiert war, und er träumt darin von militärischem Ruhm und indianischen Gold- und Silberschätzen.[42] Aber Philipp von Hutten war eben nicht von Anfang an dabei; zwischen dem Abschluss des Vertrags über die Kolonisation Venezuelas und seiner Reise in die Neue Welt lagen sechs Jahre, und es ist nicht bekannt, inwiefern sich in diesem Zeitraum die Ziele der Welser geändert haben. Ebenso wenig ist gesichert, dass die Motive Huttens mit denjenigen der Augsburger Geschäftszentrale deckungsgleich waren.

Jörg Denzer geht hingegen von der plausiblen Annahme aus, dass die Welser zur Zeit des Vertragsabschlusses ein breites Spektrum wirtschaftlicher Optionen vor Augen hatten, das von Bergbauunternehmungen über die Anlage von Plantagen und die Gewinnung von Arzneimitteln bis zur Perlenfischerei reichte.[43] Außerdem nimmt Denzer an, dass es weniger die Welser waren, die zum Abschluss dieses Vertrages drängten, sondern die spanische Krone, die kapitalkräftige Investoren für die noch kaum erschlossenen südamerikanischen Provinzen suchte und obendrein ihre Augsburger Bankiers enger an sich binden wollte.[44]

Obwohl in den ersten Jahren des Venezuela-Unternehmens noch ein gewisser Warenverkehr zwischen der südamerikanischen Provinz, der karibischen Niederlassung in Santo Domingo und Sevilla stattfand,[45] entwickelte sich das Venezuela-Projekt rasch zu einem reinen Feldzugs- und Beuteunternehmen, während kolonisatorische Ziele vernachlässigt wurden. Der erste Gouverneur der Provinz, der aus Ulm stammende Ambrosius Dalfinger, gründete nach seiner Ankunft die Küstenstadt Coro als Verwaltungszentrum. Gleichzeitig war Coro Ausgangsbasis für Vorstöße ins Landesinnere – sogenannte *Entradas.* Schon wenige Monate später unternahm Dalfinger mit 40 Reitern und 130 Fußsoldaten eine Erkundungsreise nach Westen, bei der er an einer Lagune die Siedlung Maracaibo gründete. Bereits während dieser ersten *Entrada* kam es zu gewaltsamen Zusammenstößen mit der indigenen Bevölkerung, und das feuchtheiße Klima sowie tropische Krankheiten forderten zahlreiche Opfer unter den europäischen Söldnern. Nach Abschluss dieser Expedition begab sich Dalfinger nach Santo Domingo, um dort eine Malariaerkrankung auszukurieren. Während seiner Abwesenheit unternahm sein Stellvertreter, der ebenfalls aus Ulm stammende Nikolaus Federmann, im Herbst 1530 mit 16 Reitern und 110 Fußsoldaten einen Vorstoß ins Tal von Barquisimeto und die Tiefebene der Llanos Orientales, um nach dem „Südmeer" zu suchen. Wurde die Truppe in indigenen Siedlungen freundlich empfangen, kam es zum Austausch von Geschenken; bei Anzeichen von Widerstand oder Feindseligkeit hingegen schreckte Federmann nicht vor Massakern, Brandschatzungen, Folterungen und grausamen Strafaktionen zurück. Der entbehrungsreiche Rückmarsch durch unwegsame Waldregionen kostete aber auch die meisten beteiligten Europäer das Leben. Nachdem Federmann im Frühjahr 1531 Coro erreicht hatte, verbannte Gouverneur Dalfinger den unliebsamen Konkurrenten aus der Kolonie. Federmann kehrte nach Deutschland zurück, wo er einen Bericht über seine Expedition verfasste, der 1557 im elsässischen Hagenau gedruckt wurde.[46]

Im Sommer 1531 brach Dalfinger von Coro aus mit rund 200 Soldaten und zahlreichen indigenen Trägern zu einer zweiten *Entrada* auf, die in westlicher Richtung über die Nordausläufer der Anden bis zum Rio Magdalena führte. Auf dem Weg dorthin brachte die Truppe durch Drohungen und Gewaltanwendung die Goldschätze des indigenen Volks der Pacabueyes an sich. Der Wert des erbeuteten Goldes – das auf dem Rücktransport nach Coro verloren ging – soll mindestens 30 000 Pesos betragen haben. Von Nachrichten über ein reiches indianisches Land namens „Cundin" angestachelt, folgte die Truppe dem Lauf des Rio Magdalena stromaufwärts durch unwegsamen Regenwald und versuchte den Ostabhang der Kordilleren zu überwinden. Auch während dieser *Entrada* kam es immer wieder zu bewaffneten Zusammenstößen mit Indigenen: Nachdem zahlreiche Träger gestorben oder geflüchtet waren, musste die Truppe den Rückmarsch zum Südufer des Maracaibosees antreten, während dem Dalfinger selbst ums Leben kam. Angeblich war er durch einen Giftpfeil tödlich verwundet worden, möglicherweise wurde er aber auch von einem spanischen Hauptmann ermordet. Gesichert ist jedenfalls, dass es wiederholt zu Konflikten zwischen dem deutschen Gouverneur und seinen zumeist spanischen Gefolgsleuten gekommen war. Die Entbehrungen auf dem Rückmarsch wurden schließlich so groß, dass einige spanische Soldaten sogar in Kannibalismus verfielen; zudem gerieten Truppenverbände auf der Suche nach Nahrung wiederholt in Hinterhalte. Nach zwei Jahren kam die stark dezimierte Truppe ohne nennenswerte Goldschätze wieder in Coro an. Dort waren alle anderen wirtschaftlichen Aktivitäten wie die Suche nach Bodenschätzen oder die Perlenfischerei mittlerweile eingestellt worden; die Vermutung liegt nahe, dass die Welser-Vertreter vor Ort die Pläne der Augsburger Firmenleitung bewusst ignoriert und sogar gezielt sabotiert hatten.[47]

Die Ergebnisse der Expeditionen Dalfingers und Federmanns fielen aus der Sicht des Handelshauses enttäuschend aus. Trotzdem entschlossen sich Bartholomäus Welser und seine Teilhaber, 1534 nochmals 600 Soldaten unter dem Kommando des neu ernannten Gouverneurs Georg Hohermuth von Speyer, der zuvor für die Welser-Faktorei in Lyon gearbeitet hatte, und des Generalkapitäns Philipp von Hutten nach Venezuela zu schicken. Der aus Nürnberg stammende Handelsdiener Hieronymus Köler hat die Musterung der Truppen in Sevilla in Text und Bild festgehalten.[48] Den Anstoß zu diesem neuerlichen Anlauf dürften Nachrichten über die Eroberung des Inkareichs und die Erbeutung sagenhafter Schätze durch die Brüder Pizarro gegeben haben. Spätestens jetzt trug das Venezuela-Unternehmen einen eindeutig militärischen Charakter; Philipp von Huttens Briefe sind ein beredtes Zeugnis für den alles überragenden Wunsch, durch die Eroberung eines indianischen Reiches Reichtum, Ruhm und Ehre zu erlangen.[49]

Doch diese Hoffnungen wurden erneut enttäuscht. Im Mai 1535 brach die bis dato größte Streitmacht mit 90 Reitern und

310 Fußsoldaten unter dem Kommando Hohermuths zu einer Expedition auf, die zunächst den Spuren Federmanns durch das Tal von Barquisimeto und die Llanos Orientales folgte und nach der Überquerung mehrerer Zuflüsse des Orinoko am Ostrand der Anden entlangmarschierte, wo sie vergeblich einen Pass durch das Gebirge suchte. Der offenbar von einem magisch-religiösen Weltbild geprägte Hohermuth, der das Scheitern der Gebirgsüberquerung als göttlichen Fingerzeig deutete, setzte daraufhin die Expedition nach Süden fort, doch Hochwasser führende Flüsse hielten seinen Zug monatelang auf. Die Truppe – die zumeist aus unerfahrenen Soldaten bestand – irrte unter schweren Verlusten durch das nördliche Einzugsgebiet des Amazonas. Nachdem 1537 auch der erfahrenste Teilnehmer der Expedition, Estéban Martín, gefallen war, musste das Unternehmen abgebrochen werden. Philipp von Hutten erinnerte sich in einem seiner Briefe mit Grauen daran, dass die von Hunger gepeinigten Soldaten selbst Kröten, Mäuse, Eidechsen und Würmer verzehrt hätten. Nach dreijährigen Strapazen traf lediglich ein Drittel der ursprünglichen Streitmacht völlig erschöpft und abgerissen wieder in Coro ein.

Unterdessen war der aus Europa zurückgekehrte Nikolaus Federmann Ende 1537 mit 130 Reitern und 170 Fußsoldaten auf eigene Faust nach Westen vorgedrungen. Seiner überwiegend aus Amerika-Veteranen bestehenden Truppe gelang die Überwindung des Ostabhangs der Anden, an der Hohermuths Expedition gescheitert war; sie verlor dabei jedoch 70 Männer und 40 Pferde. Die verbliebene Streitmacht drang ins Hochland des heutigen Staates Kolumbien vor und stieß im Frühjahr 1539 auf die goldreiche Kultur der Muisca. Dort musste Federmann allerdings feststellen, dass ihm der spanische Konquistador Gonzalo Jiménez de Quesada zuvorgekommen war: Seine Truppe hatte bereits einen erheblichen Teil der Gold- und Smaragdschätze an sich gebracht und das Land in „Nuevo Reino de Granada“ umbenannt. Mit Sebastián de Benalcázar traf zudem fast gleichzeitig aus Peru ein weiterer Kontrahent auf dem Schauplatz ein. Die drei Eroberer entschieden sich in dieser Situation, die erbeuteten Schätze zu teilen und ihre konkurrierenden Ansprüche der spanischen Krone zur Entscheidung vorzulegen. Sie gründeten im Juni 1539 gemeinsam die Stadt Santa Fé de Bogotá und kehrten dann über den Rio Magdalena an die Küste zurück.[50]

Die Jahre 1539/40 stellen den Wendepunkt in der Geschichte des Venezuela-Unternehmens dar. Gestützt auf die Expedition Federmanns, der im Sommer 1540 in Gent mit Bartholomäus Welser zusammentraf, machte dessen Handelshaus Ansprüche auf Kolumbien geltend, während es Federmann wegen seines eigenmächtigen Handelns und angeblicher Veruntreuung verhaften und gerichtlich verfolgen ließ. Die Welser ließen 47 000 Dukaten nach Sevilla transferieren, die offenbar zur Finanzierung einer neuen Expedition nach Amerika bestimmt waren, und auf Santo Domingo traf Georg Hohermuth Vorbereitungen für einen weiteren Eroberungszug. Der spanische Indienrat entschied im September 1540 jedoch zuungunsten der Welser: Neu-Granada wurde unter die Verwaltung der Provinz Santa Marta gestellt. Diese Entscheidung ist vor dem Hintergrund eines Politikwechsels der Krone zu sehen: Nachdem die großen indianischen Reiche Mittel- und Südamerikas erobert und die geographischen Verhältnisse weitgehend geklärt waren, ging man daran, die Eroberer zu entmachten, eigene Verwaltungsstrukturen aufzubauen und die Kolonisation der Neuen Welt in geordnete Bahnen zu lenken. Mexiko und Peru wurden 1535 bzw. 1543 zu Vizekönigreichen erhoben, und mit den ‚Neuen Gesetzen' von 1542 wurde die Verfügungsgewalt der Konquistadoren über die unterworfenen Indios eingeschränkt. Nikolaus Federmann versuchte sich gegen die Anschuldigungen seiner Arbeitgeber zu wehren, indem er den Welser-Vertretern in Venezuela seinerseits Missmanagement und Unterschlagung vorwarf. Dies nützte ihm jedoch nichts; er starb im Februar 1542 in Valladolid im Gefängnis.[51]

Indessen stellten die Welser ihre Investitionen nach der Entscheidung über die Zukunft Neu-Granadas weitgehend ein, und zahlreiche Soldaten und Siedler wanderten aus Venezuela ab. Eine letzte *Entrada* fand unter der Führung des Generalkapitäns Philipp von Hutten und Bartholomäus Welsers d. J. in den Jahren 1541 bis 1546 statt. Angesichts dieser Situation war sie jedoch nicht viel mehr als ein letzter verzweifelter Versuch, aus dem gescheiterten Unternehmen noch irgendwie Kapital zu schlagen. Huttens nur gut 100 Mann starke Expedition, die länger als jede andere in der Geschichte der Welser-Statthalterschaft unterwegs war, drang zwar weit in das Tiefland des Amazonasbeckens bis zum Tafelgebirge von Chiribiquete im heutigen Kolumbien vor. Darüber hinaus trug sie wesentlich zur Verbreitung des Mythos des *El Dorado* bei – eines Königs, der so reich war, dass er einmal im Jahr am ganzen Körper mit Goldstaub bedeckt ein religiöses Ritual vollzog. Dieser Mythos vermischte sich mit einer anderen Legende – derjenigen eines angeblich von Frauen regierten Amazonenreichs, in dem Hutten *El Dorado* zu finden hoffte. Huttens *Entrada* war in materieller Hinsicht jedoch wenig erfolgreich, und bei der Rückkehr der dezimierten Truppe nach Venezuela wurden Hutten und Welser im Mai 1546 von rivalisierenden spanischen Hauptleuten ermordet. Im selben Jahr entzog der Indienrat dem Augsburger Handelshaus die Kontrolle über die Kolonie. Die Siedlung Coro war bereits weitgehend verfallen und Maracaibo aufgegeben worden. Die Verwaltung der Provinz befand sich in Auflösung, und lediglich die Perlenfischerei am Kap Vela hatte sich ohne Zutun des Handelshauses zu einem lukrativen Geschäft entwickelt. Nach jahrelangen Prozessen vor dem Indienrat wurden die Rechte der Welser an Venezuela 1556 endgültig suspendiert und die Provinz unter königliche Verwaltung gestellt.[52]

Trotzdem war das Venezuela-Unternehmen kein so großes Fiasko, wie es auf den ersten Blick erscheinen mag. Der Faktor Christoph Peutinger stellte Ende der 1540er-Jahre fest, dass das Handelshaus 120 000 Dukaten in die Kolonie investiert habe, während die Erlöse sich lediglich auf 20 000 Dukaten beliefen. Eine Aufstellung aus dem Indienarchiv in Sevilla über Einnahmen und Ausgaben der Welser für ihre Provinz in den Jahren 1529 bis 1538 weist hingegen Wareneinfuhren in Höhe von 85 344 Pesos und Einnahmen von 89 168 Pesos aus den *Entradas* der Welser-Gouverneure aus. Da Transport- und Verwaltungskosten hier nicht mit eingerechnet sind, ergibt sich auch aus dieser Aufstellung ein Defizit. Der nominelle Verlust wird jedoch dadurch relativiert, dass sich die Welser zeitgleich mit dem Venezuela-Vertrag andere Privilegien gesichert hatten. Insbesondere der Vertrag über die Lieferung von 4000 Sklaven nach Amerika scheint lukrativ gewesen zu sein, und auch die Schmelzrechte in der Nachbarprovinz Santa Marta im heutigen Kolumbien sowie das Recht, drei Schiffsladungen aus Amerika direkt in die Niederlande zu schicken, warfen Profite ab.[53] Da die Kosten der Prozesse vor dem Indienrat in Spanien von der Staatskasse getragen wurden,[54] dürften sich die Verluste insgesamt in Grenzen gehalten haben.

Götz Simmer hat zudem argumentiert, dass die Versklavung von Indios eine wichtige, seit den späten 1530er-Jahren sogar die hauptsächliche Einkommensquelle Venezuelas gewesen sei. In dieser Zeit machten die Kolonisten regelrecht Jagd auf Indios und nahmen mehrere Tausend gefangen, von denen viele als Sklaven auf die Großen Antillen gebracht wurden.[55] Jörg Denzer hat die wirtschaftliche Bedeutung dieser Sklavenjagden allerdings relativiert. Grundsätzlich ist zu unterscheiden zwischen Indios, die die Anführer der Eroberungszüge ins Landesinnere als Lastenträger zwangsrekrutierten, und solchen Sklaven, die von den in Coro zurückgebliebenen Soldaten und Siedlern gefangen genommen und an Sklavenhändler verkauft wurden. Aus beiden Aktivitäten dürften die Welser jedoch kaum Gewinn gezogen haben; es ist nicht einmal bekannt, wie viel sie überhaupt über diese Praxis wussten.[56]

Damit ist zugleich ein grundsätzliches Problem bei der Bewertung des Venezuela-Unternehmens angesprochen: Es ist unklar, inwieweit die Gouverneure, Generalkapitäne und Faktoren vor Ort tatsächlich die Geschäftspolitik der Firmenleitung umsetzten. Die Kommunikationswege zwischen Augsburg und Coro waren lang, und Briefe waren viele Monate unterwegs. Die Welser-Vertreter in Südamerika genossen dadurch ein hohes Maß an Entscheidungsfreiheit und waren kaum zu kontrollieren. Zudem ist von keinem der Anführer der Eroberungszüge bekannt, dass er in einem Vertrauensverhältnis zu Bartholomäus Welser und seinen Teilhabern gestanden hätte. Ambrosius Dalfinger, Nikolaus Federmann, Georg Hohermuth und Philipp von Hutten waren zum Zeitpunkt ihrer Entsendung nach Venezuela erst wenige Jahre für das Handelshaus tätig, und keiner von ihnen hatte vorher eine Leitungsfunktion innegehabt. Jörg Denzer sieht dies als Indiz dafür, dass die Welser Schwierigkeiten hatten, geeignetes Personal für Venezuela zu finden. Während die wichtigen Niederlassungen in Europa von Verwandten oder erfahrenen Angestellten geleitet wurden, trafen in Venezuela jüngere Männer, die keine engeren Bindungen an das Handelshaus hatten, weitreichende Entscheidungen. Mehr noch: Wie bei der Eroberung Mittel- und Südamerikas üblich, trugen die Männer vor Ort selbst das finanzielle Risiko der *Entradas*. Lebensmittel und Ausrüstungsgegenstände wurden ihnen von der Handelsgesellschaft auf Kreditbasis zur Verfügung gestellt. Denzer fasst die Lage, in der sich Dalfinger, Federmann, Hohermuth und Hutten befanden, folgendermaßen zusammen:

> „Sie mussten sich für ihre Unternehmungen verschulden, und aus dieser Verschuldung konnte sie nur der Tod oder ein großer finanzieller Gewinn lösen [...]. Das Gesamtwohl der Firma tangierte sie nicht weiter, denn sie befanden sich lediglich über zeitlich befristete Verträge in ihrer führenden Stellung. Sie waren also dazu gezwungen, ihre persönlichen Interessen vor die Interessen der Firma zu stellen und aus dem Unternehmen so rasch wie möglich Gewinn zu erzielen: [...]. Als sich den Amtsträgern der Welser in ihrer Konquistazone die Möglichkeit eröffnete, durch die Plünderung eines ‚Goldlandes' nicht nur dem auf ihnen lastenden Druck zu entkommen, sondern möglicherweise auf einen Schlag mehr Reichtum ansammeln zu können als in einem ganze Leben in einer Faktorei, wie hätten sie dieser Versuchung widerstehen können?"[57]

Hauptleidtragende dieser Konstellation war die indigene Bevölkerung Venezuelas. Auch wenn die auf den Dominikanermönch Bartolomé de las Casas zurückgehende Vorstellung, dass die deutschen Konquistadoren grausamer unter den Indios gewütet hätten als die spanischen Eroberer Mittel- und Südamerikas eine polemische Übertreibung ist, gibt es keinerlei Grund, das Handeln dieser Männer, die in der Geschichtsschreibung oft als wagemutige Entdecker, Forscher und Kolonialpioniere gefeiert wurden, zu beschönigen.[58] Wie andere Konquistadoren raubten, plünderten, mordeten, folterten und vergewaltigten sie und hinterließen zerstörte Dörfer und verödete Landstriche.[59]

Der sarkastische Aphorismus des Göttinger Aufklärers Georg Christoph Lichtenberg – „Der Indianer, der den Kolumbus zuerst entdeckte, machte eine böse Entdeckung“[60] – gilt uneingeschränkt auch für Ambrosius Dalfinger, Nikolaus Federmann und ihresgleichen.

Sklavenhandel und Sklaverei

Im Zusammenhang mit den Verträgen, die Ulrich Ehinger und Hieronymus Sailer im Frühjahr 1528 mit Repräsentanten der spanischen Krone abschlossen, war bereits von dem *Asiento* (Kronvertrag) über die Lieferung von 4000 afrikanischen Sklaven nach Amerika die Rede. Die Ausdehnung des spanischen Kolonialreichs in der Neuen Welt und das massenhafte Sterben der indigenen Bevölkerung, die von den Europäern eingeschleppten Krankheiten erlagen, ließen den Bedarf an Arbeitskräften steigen. Dies führte dazu, dass sich der von den Portugiesen kontrollierte Sklavenhandel über den Atlantik hinweg ausdehnte.[61] Karl V. hatte zu Beginn seiner Regierungszeit angefangen, für die Einfuhr von Sklaven in die Kolonien Lizenzen zu vergeben – sehr zum Ärger der spanischen Siedler, die die Freigabe des Sklavenhandels forderten. Die erste dieser Lizenzen gewährte er 1518 seinem Berater Laurent de Gorrevod, der die

Genehmigung zum Transport von 4000 Sklaven nach Amerika über Mittelsmänner an ein Konsortium genuesischer Kaufleute weiter veräußerte. Ulrich Ehinger und Hieronymus Sailer, die bereits 1526 in das Geschäft mit Sklavenhandelslizenzen eingestiegen waren, vereinbarten 1528 mit den Vertretern Karls V. einen Höchstpreis von 55 Dukaten für jeden Sklaven, der nach Amerika geliefert wurde; davon waren fünf Dukaten als Gebühren an die Krone zu entrichten. Da die Welser gleichzeitig mit Repräsentanten der portugiesischen Krone einen Einkaufspreis von 30 Dukaten pro Sklaven vereinbarten, winkte ihnen bei vollständiger Erfüllung des Vertrags ein Gewinn von 80000 Dukaten.[62]

Genau diese Gewinnspanne löste allerdings bei den Kolonisten und den Behörden auf den spanischen Karibikinseln Empörung aus, da die Vereinbarung das Angebot an unfreien Arbeitskräften aus ihrer Sicht unnötig verteuerte. Daher sahen sich auch die Welser-Faktoren auf Hispaniola, die mit der Abwicklung des Vertrags betraut waren, mit großen Widerständen konfrontiert. Bereits nach der Ankunft des ersten Transports von 250 Sklaven von der Insel São Tomé im Dezember 1528 kam es zu Auseinandersetzungen um Preise und Zahlungsfristen, und Anfang 1530 wurde vor dem Indienrat eine wahrscheinlich von Kolonisten in Santo Domingo angestrengte Klage gegen das Augsburger Handelshaus wegen Nichteinhaltung der Vertragsbestimmungen angestrengt. Im Sommer desselben Jahres boykottierten die Siedler auf Hispaniola eine Lieferung von 231 Sklaven, weil sich diese in schlechter körperlicher Verfassung befanden und die Vertreter der Welser sich weigerten, die gewünschten Kredite zu gewähren. In den folgenden Jahren scheinen sich diese Spannungen gelegt zu haben; zwischen 1532 und 1538 sind zehn weitere Sklaventransporte nach Hispaniola im Rahmen des *Asiento* der Welser belegt; im letzteren Jahr scheint das Quantum von 4000 Sklaven vollständig erfüllt worden zu sein. Von einer weiteren Lizenz über den Verkauf von 800 Sklaven, die der Handelsgesellschaft 1529 verliehen wurde, waren bis 1540 578 Verkäufe abgewickelt.[63]

Auch wenn es aus heutiger Sicht zynisch erscheinen mag, war der Handel mit Sklaven für die Welser offenbar ein Geschäft wie jedes andere: Es gibt keinerlei Anzeichen dafür, dass sie oder andere Amerikahändler Skrupel gegen diese Form des Menschenhandels gehegt hätten. Eine Historikerin hat sogar die These vertreten, dass die wirtschaftliche Erschließung der Neuen Welt ohne Sklaven überhaupt nicht möglich gewesen sei.[64]

Auch auf der Iberischen Halbinsel war die Sklaverei im 16. Jahrhundert gang und gäbe. Im Mai 1531 erwarb der Welser-Faktor in Sevilla, Ulrich Gessler, von dem englischen Kaufmann Robert Thorne und seinem genuesischen Partner Leonardo Cattaneo eine Seifenmanufaktur einschließlich 13 Sklaven. Zwei aus Nordafrika stammende Seifensieder wurden acht Tage nach Vertragsschluss von Thorne unter der Bedingung freigelassen, dass sie noch mindestens fünf Jahre für die Welser arbeiteten.[65] In dieser Seifenmanufaktur arbeitete auch ein junger Sklave namens Perico, den die Welser um 1529/30 als Kind in Lissabon gekauft hatten. Im Sommer 1536 wurde er nach Santo Domingo geschickt, um dort zu einem höheren Preis verkauft zu werden.[66] Möglicherweise gelangte derselbe Sklave später in den Besitz Philipp von Huttens, denn nach dessen Ermordung im Jahre 1546 sagte auch dessen Sklave Perico zu den Umständen der Tat aus.[67]

Konquista: Die Zurückhaltung der Fugger

Auch die Fugger hatten zeitweilig ein Kolonisationsprojekt in der Neuen Welt in Erwägung gezogen: 1530 verhandelte ihr Faktor Veit Hörl mit dem Indienrat über einen Vertrag zur Eroberung und Kolonisation der westlichen Küstenregion Südamerikas von Chincha in Peru bis zur Magellanstraße. Dieses Gebiet umfasste den Süden des heutigen Staates Peru sowie das gesamte Staatsgebiet Chiles. Die Hintergründe dieser Verhandlungen waren vergleichbar mit den Bedingungen, die zum Abschluss des Venezuela-Vertrags der Welser geführt hatten: Die Fugger gehörten wie die Welser zu den wichtigsten Bankiers Karls V., und die Finanzbeziehungen zwischen dem Handelshaus und der Krone Spaniens erreichten um 1530 mit dem Abschluss mehrerer großer Darlehensverträge einen Höhepunkt. Aus Sicht der Krone hätte damit ein weiterer Großinvestor für die Konquista Südamerikas gewonnen werden können. Dementsprechend signalisierte Karl V. im Januar 1531 seine Zustimmung zu einem Vertrag mit den Fuggern, und Hörl unterschrieb ein entsprechendes Abkommen. Aus nicht näher bekannten Gründen wurde dieser Vertrag jedoch vom Kaiser nicht ratifiziert. Offenbar verfolgten auch die Fugger das Projekt nicht mehr weiter, nachdem ein Schiff, das auf eine Erkundungsmission geschickt worden war, verunglückt war.[68]

Betrachtet man den Verlauf des Venezuela-Unternehmens der Welser, so stellt sich Anton Fuggers Verzicht auf dieses Unternehmen als sinnvolle Entscheidung dar. Die Fugger wären in Chile vor noch größeren Problemen gestanden als die Welser in Venezuela: Die geographischen Kenntnisse über das zu erobernde Gebiet waren äußerst gering, die Distanzen und Kommunikationswege noch wesentlich länger, und die Möglichkeiten der Kontrolle des Personals vor Ort dementsprechend schlecht. Die unerwartet rasche Eroberung des Inkareichs durch Francisco Pizarro und seine Brüder, die 1534 in Europa bekannt wurde, ließ zudem die Aussichten auf ein weiteres erfolgreiches Konquista-Projekt in dieser Weltregion schwinden.[69] Der Versuch der Welser, durch eine Siedlungskolonie in der Neuen Welt ihre Stellung als globaler Wirtschaftsakteur zu festigen, war gescheitert, und ihren Augsburger Konkurrenten wäre es aller Voraussicht nach nicht anders ergangen.

5 Staatskredite, Quecksilber und der Bergbauboom in Amerika

Die Fugger als Bankiers der spanischen Krone

Kaiser Maximilian I. und seine Enkel Karl V. und Ferdinand I. waren die mächtigsten europäischen Herrscher ihrer Zeit, doch ihre Herrschaft hatte eine Achillesferse: die Finanzen. Wie Wolfgang Reinhard erläutert, basierte der Prozess der Staatsbildung – also die langfristige Konsolidierung von Herrschaft über zusammenhängende Territorien, die Herausbildung von Institutionen der Verwaltung und die Verdichtung obrigkeitlicher Machtmittel – „auf ausgabenorientiertem Vorgehen". Die Herrscher wandten hohe Summen für höfische Repräsentation, die Sicherung ihrer Dynastien, Diplomatie und Kriegführung auf, ohne dass sie über entsprechende Einnahmen verfügten. Dies lag zum einen daran, dass die Monarchien des Renaissance-Zeitalters noch weit von einer einheitlichen und effektiven Finanzverwaltung entfernt waren. Könige herrschten oft über zusammengesetzte Monarchien (composite monarchies), deren einzelne Teile über höchst unterschiedliche Ressourcen und Privilegien verfügten. Zum anderen war die Steuerbewilligung das zentrale Recht ständischer Körperschaften, denen die Zustimmung zu neuen Steuern oft nur in einem langen Prozess abgerungen werden konnte. Eine Sparpolitik schließlich, die die Ausgaben mit den Einnahmen in Einklang gebracht hätte, kam für Monarchen, für die Ehre und Status zentrale Kategorien ihres Handelns waren, eigentlich nicht infrage. Langfristig stiegen die Staatsausgaben daher kontinuierlich an, wobei sie vor allem in Kriegszeiten regelrecht explodierten. Um die Diskrepanz zwischen dem Finanzbedarf der Renaissance-Monarchen einerseits, den begrenzten und schwer zu mobilisierenden Ressourcen ihrer Länder andererseits zu überbrücken, blieb nur die Kreditaufnahme.[1]

Diese Erfahrung hatte bereits Kaiser Maximilian I. gemacht: In seinem Herrschaftsbereich lagen zwar die reichsten Silber- und Kupfervorkommen Europas, doch waren diese bereits im frühen 16. Jahrhundert auf Jahre im Voraus an seine Augsburger Geldgeber verpfändet. Maximilians Reichspolitik, seine Kriege gegen Frankreich, Venedig und die Osmanen, seine hochfliegenden Pläne – zeitweilig dachte er ernsthaft daran, sich in Personalunion auch zum Papst wählen zu lassen – und seine aufwendige Repräsentation verschlangen Unsummen, die ihn zunehmend von seinen Bankiers abhängig machten – und diesen große Profitmöglichkeiten eröffneten.[2]

Porträt Kaiser Karls V. von Christoph Amberger (1532)

Maximilians Enkel Karl V. (1500–1558) ging es keinen Deut besser: Als Herzog von Burgund, König von Spanien und Kaiser des Heiligen Römischen Reiches herrschte er zwar über ein riesiges Reich, das durch die spanischen Eroberungen in Mittel- und Südamerika noch bedeutend vergrößert wurde. Doch diese Herrschaft war mit enormen finanziellen Verpflichtungen verbunden: Bereits Karls Wahl zum Nachfolger Maximilians kostete ihn die gewaltige Summe von mehr als 850 000 Gulden, denn bei Maximilians Tod im Januar 1519 war die Nachfolgefrage noch ungeklärt, und die sieben Kurfürsten, in deren Händen die Wahl lag, nutzten die offene Situation sowie die Gegenkandidatur des französischen Königs Franz I., um den Preis für ihre Stimmen in die Höhe zu treiben. Weitere Kosten fielen während des fünfmonatigen Interregnums bis zu Karls Wahl im Juni 1519 für Wahlwerbung, die Finanzierung der Reichsverwaltung, die Rekrutierung von Söldnern und den Kriegszug des Schwäbischen Bundes gegen Herzog Ulrich von Württemberg an. Bereits in dieser Situation machten sich Jakob Fugger und Bartholomäus Welser für den neuen Kaiser unentbehrlich: Allein Jakob Fugger brachte mit 543 585 Gulden rund zwei Drittel der Wahlgelder auf; die Welser steuerten 143 333 Gulden bei, der Rest kam von drei italienischen Firmen.[3]

Im Mai 1521 wurden die Weichen für die Tilgung von Karls Schulden bei den Fuggern gestellt, die sich damals auf 600 000 Gulden beliefen. Dabei griff man einerseits auf ein bewährtes Instrument zurück: Für 415 000 Gulden wurde das Augsburger Handelshaus auf Tiroler Silber und Kupfer angewiesen. Karls Bruder Ferdinand, dem der Kaiser die Herrschaft über die österreichischen Erblande übertrug, erkannte diese Vereinbarung 1522 an.[4] Andererseits beschritt man im Mai 1521 auch neue Wege, denn für den verbleibenden Teil der kaiserlichen Schulden wurden die Fugger auf Karls spanische Einnahmen angewiesen. Damit bahnte sich eine Verlagerung der geschäftlichen Schwerpunkte nach Spanien an.

Die vor allem in populärwissenschaftlichen Darstellungen vertretene Auffassung, dass sich Jakob Fugger mit der Finanzierung der Wahl Karls V. einen Kaiser gekauft habe,[5] ist jedoch insofern unzutreffend, als nicht nur der Herrscher vom Geld seiner Augsburger Bankiers abhängig war, sondern auch diese in mehrfacher Hinsicht von ihrer Beziehung zum Herrscher profitierten.[6] Erstens sicherte der Kaiser durch seine Protektion deren Fortbestand: Als die Reichsstände in den 1520er-Jahren über ein Verbot bzw. eine Zerschlagung der großen Handelsgesellschaften berieten, schlug Karl V. die laufenden Verfahren gegen sie nieder und stellte sie unter seinen Schutz.[7] Zweitens ermöglichte der Kaiser seinen wichtigsten Bankiers den Aufstieg in den Adel: Nachdem bereits Maximilian I. Jakob Fugger in den Grafenstand erhoben hatte, bestätigte Karl V. 1526 seinen Neffen Anton, Raymund und Hieronymus Fugger ihre Adelsprivilegien und erhob die Familie 1530 in den erblichen Reichsgrafenstand.[8] Bartholomäus Welser und seine Brüder Anton und Franz erhielten 1532 ebenfalls ein Adelsprivileg.[9] Drittens eröffnete ihre enge Beziehung zum Kaiser den Augsburger Bankiers neue geschäftliche Möglichkeiten. Dies gilt insbesondere für Spanien, aber auch für das Königreich Neapel, in dem Karls Bruder Ferdinand über Renteneinkünfte verfügte. Da Ferdinand ebenfalls hoch bei den Fuggern verschuldet war, übertrug er ihnen seit 1524 zunächst Teile, Anfang der 1530er-Jahre dann seine gesamten neapolitanischen Renten. Zur Verwaltung dieser Einkünfte gründeten die Fugger in Süditalien eine eigene Faktorei, die bis zur Jahrhundertmitte bestand.[10]

Die engen Beziehungen zum Kaiser und spanischen König, die Jakob Fugger und Bartholomäus Welser mit der Finanzierung seiner Wahl angebahnt hatten, wurden in den folgenden Jahrzehnten durch eine lange Serie weiterer Darlehen vertieft. Der Historiker Ramón Carande hat die Darlehensverträge (*Asientos*), die Vertreter der Krone zwischen 1521 und 1555 mit deutschen, italienischen, flämischen und spanischen Bankiers abschlossen, systematisch zusammengestellt. Es fällt nicht leicht, die vielen Einzelverträge zu einem Gesamtbild zusammenzufügen, da neue Darlehen oft auch zur Tilgung älterer Verbindlichkeiten dienten. Dennoch sind ungefähre Größenangaben möglich. Insgesamt lieh sich die spanische Krone während der Herrschaft Karls V. rund 28 Millionen Dukaten. Davon entfielen mehr als zehn Millionen Dukaten auf Darlehen der Augsburger Bankiers, von denen die Fugger 5,5 Millionen und die Welser 4,2 Millionen Dukaten bereitstellten. Die beiden Handelshäuser waren somit die wichtigsten Einzelgläubiger des Herrschers. Doch alleine von ihnen abhängig war er keineswegs: Genuesische Bankiers stellten der Krone zwischen 1521 und 1555 mehr als 9,6 Millionen Dukaten zur Verfügung. Insbesondere in den letzten Jahren von Karls Herrschaft waren die Genuesen als Finanziers sogar wichtiger als die Augsburger. Weiterhin nahm die spanische Krone auch bei Antwerpener Finanziers und im eigenen Land Darlehen auf. Gut ein Zehntel der Gesamtsumme entfiel auf niederländische und mehr als ein Sechstel auf spanische Geldgeber.[11]

Diese Kreditsummen setzten sich aus einer großen Zahl an Einzeldarlehen zusammen. So stellten die Fugger und Welser Karl V. teilweise alleine, teilweise gemeinsam Geld für Reisen, Gesandtschaften, Heiratsprojekte des Hauses Habsburg, für die Kriege gegen Frankreich in Italien und den Niederlanden, die Feldzüge Karls in Nordafrika, die Auseinandersetzung mit den protestantischen Reichsständen sowie für den Kampf von Karls Bruder Ferdinand gegen das Osmanische Reich zur Verfügung. Im Vorfeld von Karls Kaiserkrönung in Bologna im Frühjahr 1530 schlossen die Faktoren der Fugger und Welser in Spanien beispielsweise einen *Asiento* über 1,5 Millionen Dukaten ab. 1539 vereinbarten Vertreter beider Firmen in Toledo einen Kreditvertrag über 150 000 Dukaten und gewährten in Madrid einen weiteren Kredit, der die Zahlung von 156 000 Dukaten in den Niederlanden und 100 000 Scudi in Mailand vorsah. Auch zwischen 1543 und 1551 arbeiteten die beiden Handelshäuser mehrfach bei Kronanleihen zusammen.[12]

Die Rückzahlung dieser Darlehen wurde durch die Institutionen des Königreichs Kastilien garantiert. Dafür standen verschiedene Formen königlicher Einkünfte zur Verfügung: der von den kastilischen Ständen (*Cortes*) bewilligte *Servicio*; kirchliche

Subsidios; die *Alcabala* (eine indirekte Steuer); *Tercias* (Renten, die auf die Städte und Gemeinden umgelegt wurden); die *Cruzada,* ein zur Zeit des Kampfes gegen die Mauren vom Papst bewilligter Kreuzzugsablass, der sich später in eine reguläre Einnahme gewandelt hatte; sowie die von Einkünften kirchlicher Institutionen erhobene *Quarta.* Den Augsburger Handelshäusern wurden dabei nicht nur die Einnahmen selbst übertragen, sondern auch deren Eintreibung. Die Fugger und Welser wurden dadurch faktisch zu Steuer- und Zollpächtern im Königreich Kastilien. Eine weitere Einnahmequelle bildete der Verkauf königlicher Renten, sogenannter *Juros,* an kirchliche Institutionen, Beamte und Privatpersonen. Aus globalgeschichtlicher Perspektive sind jedoch vor allem zwei Einnahmequellen interessant: die Pacht der sogenannten Maestrazgos und das Silber aus Amerika, von dem der Krone in der Regel ein Fünftel zustand.[13]

Die Rolle der spanischen Silberflotten

Insbesondere für die Fugger gewannen Silberlieferungen aus der Neuen Welt als Rückzahlung für Darlehen seit den 30er-Jahren des 16. Jahrhunderts mehr und mehr an Bedeutung. Im Jahre 1538 beispielsweise liehen sie dem Kaiser 15 000 Dukaten für die Waffenstillstandsverhandlungen mit dem französischen König in Nizza, die durch amerikanisches Edelmetall getilgt werden sollten. Das mit 14 Prozent verzinste Darlehen über 150 000 Dukaten, das die Faktoren der Fugger und Welser dem Herrscher im Frühjahr 1539 in Toledo gewährten, sollte ebenso durch Gold- und Silberlieferungen aus der Neuen Welt abgetragen werden wie ein *Asiento* der Fugger über 112 500 Dukaten im Mai 1544.[14]

Eine Schlüsselrolle spielte dabei die Faktorei in Sevilla, deren Vertreter Edelmetalle aus Amerika in Empfang nahmen und sie in der Regel nach Antwerpen weiterleiteten. Im Jahre 1552 wurde der Sevillaner Fuggerfaktor Christoph Raiser beauftragt, die Ausfuhr amerikanischen Silbers im Wert von rund 200 000 Du-

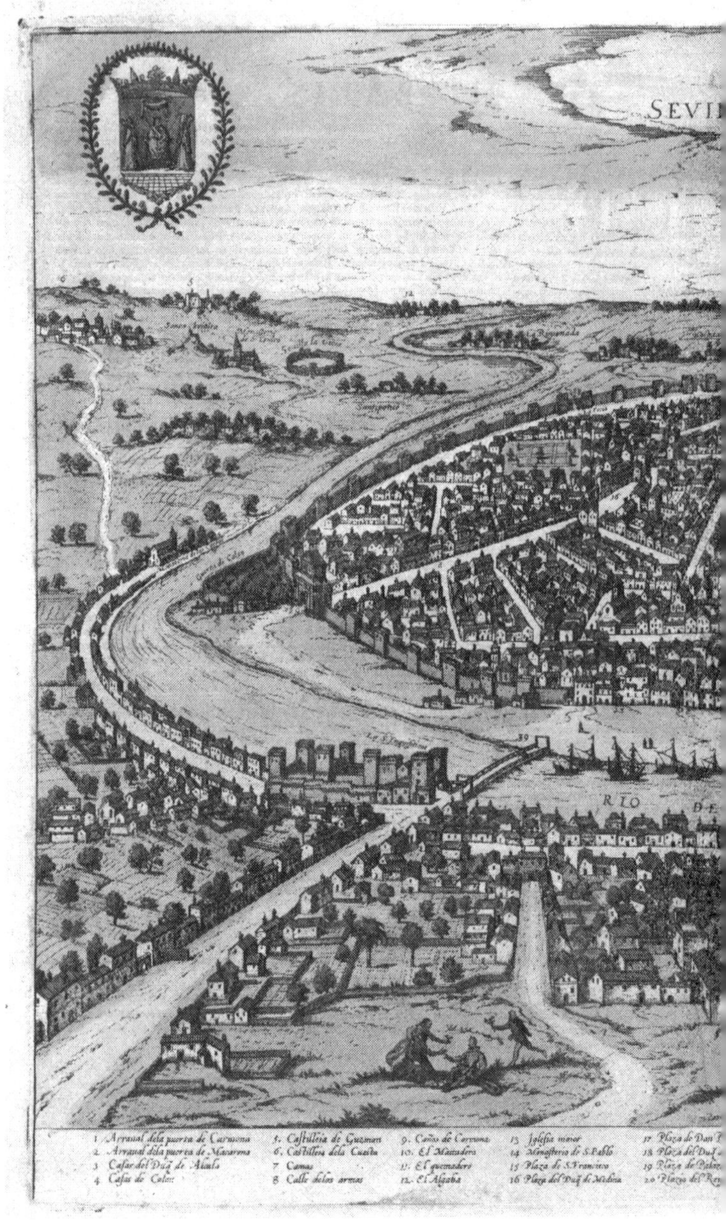

Ansicht von Sevilla, aus: Georg Braun/Frans Hogenberg, Civitates orbis terrarum … (1572)

LA
ADALQVEVIR
La Cruz
25 Puerta de Triana
26 Puerta de Goles
27 Puerta de S. Juan
29 Puerta de Macarena
30 Puerta de Cordoba
31 Puerta del Sol
32 Puerta del Osario
33 Puerta de Carmona
34 Puerta de la Carne
35 Puerta de Gerez
36 Torre del Oro
37 Torre dela Plata
39 Puente de Triana

katen in die Niederlande zu organisieren. Anfang September wurden Silber aus Peru und Mexiko sowie Gold im Wert von 100 000 Dukaten auf Schiffe einer Armada, die nach Flandern auslaufen sollte, verladen. Im Juni 1555 sollten den Fuggervertretern am Guadalquivir, Justus Walther und Thomas Miller, erneut 200 000 Dukaten in Silber ausgehändigt werden, doch sie erhielten davon letztlich nur den Gegenwert von 50 000 Dukaten, der auf ein Schiff geladen wurde, das von Cádiz nach Antwerpen segelte. Eine im Herbst 1553 von der Behörde für den Amerikahandel, der *Casa de la Contratación*, angeordnete Auszahlung von amerikanischem Gold und Silber an den Fuggerfaktor Christoph Raiser wurde sogar gänzlich widerrufen.[15]

Derartige Lieferschwierigkeiten erklären auch, warum das Geschäftsmodell, Darlehen an die spanische Krone mit Edelmetalllieferungen aus der Neuen Welt zu koppeln, Mitte der 1550er-Jahre in die bislang größte Krise des Handelshauses Fugger mündete. Als Karl V. wieder einmal dringend Geld benötigte, hatte sein Sekretär Francisco de Erasso dem Antwerpener Fuggerfaktor Matthäus Örtel 1553 die Rückzahlung durch amerikanisches Gold und Silber zugesagt. Nach dem Eintreffen der ersten Silberlieferungen gewährte der ambitionierte Örtel den Vertretern Karls V. – ohne Rücksprache mit der Augsburger Firmenleitung – weitere Großkredite. Allein in den Jahren 1555 und 1556 beliefen sich diese auf fast 900 000 Dukaten! Am Neujahrstag 1557 lieh Örtel König Philipp II., der mittlerweile die Nachfolge seines Vaters Karl V. in Spanien und den Niederlanden angetreten hatte, nochmals 430 000 Dukaten, die aus den nächsten Edelmetalllieferungen aus der Neuen Welt getilgt werden sollten.[16]

Wenige Monate später ließ Philipp II. jedoch ein Dekret verkünden, das seinen Gläubigern die bereits gewährten Anweisungen auf spanische Kroneinkünfte entzog und ihre Forderungen in königliche Rentenbriefe (*Juros*) umwandelte, die mit lediglich fünf Prozent und damit wesentlich niedriger verzinst waren als die Darlehen an seinen Vater, für die häufig zweistellige Zinssätze zu entrichten waren. Diese oft als „Staatsbankrott" bezeichnete Maßnahme war also eigentlich eine Umschuldung, durch die die Krone die Last der Zinsverpflichtungen zu reduzieren versuchte. Gleichzeitig ließ Philipp II. jedoch auch Silberlieferungen im Gegenwert von mehr als einer halben Million Dukaten, die bereits den Fuggern verschrieben waren, in Antwerpen beschlagnahmen, um seine Truppen bezahlen zu können. Für das Augsburger Handelshaus bedeutete dies einen enormen Rückschlag, denn mit einem Mal war seine Liquidität akut gefährdet. Anton Fugger schickte seinen Sohn Hans und seinen Vertrauten Sebastian Kurz als Krisenmanager nach Antwerpen und widerrief Örtels Vollmachten. Fugger und Kurz sollten sich einen Überblick über die Lage verschaffen, weitere Darlehenswünsche abwehren und die offenen Forderungen eintreiben. Wie ernst die Lage war, zeigte sich auch daran, dass Anton Fuggers Neffe und designierter Nachfolger Hans Jakob Fugger 1560 nach Spanien reiste, um dort die Interessen des Handelshauses zu vertreten.[17] Unter Hans Jakob Fuggers Leitung gelang es der Fuggerfirma, sich ab 1562 nach einer Pause von zwölf Jahren wieder die Pacht der Maestrazgos zu sichern.

Die Struktur der Maestrazgopacht

Bei den Maestrazgos handelte es sich um die weitläufigen Ländereien der drei spanischen Ritterorden von Santiago, Calatrava und Alcantara. Nach Abschluss der Reconquista – der Rückeroberung des Landes von den Mauren – waren diese Güter Ende des 15. Jahrhunderts an die Katholischen Könige Ferdinand und Isabella gefallen. Nach dem Herrschaftsantritt ihres Enkels Karl als König von Spanien im Jahre 1516 konnte dessen Ratgeber Adrian von Utrecht – der spätere Papst Hadrian VI. – die Ritterorden dazu bewegen, den neuen Herrscher als ihren Großmeister anzuerkennen. Unter der Regierung Karls wurde die bereits vorher geläufige Praxis, die Ordensgüter gegen Pachtzahlungen und die Gewährung hoher Vorschüsse für bestimmte Zeiträume an kapitalkräftige Finanziers zu übertragen, weitergeführt. Die Fugger erhielten 1524 im Zuge ihrer Vereinbarungen mit Karl V. über die Tilgung von dessen Schulden gegen eine jährliche Pachtsumme von 135 000 Dukaten den Zuschlag für die Maestrazgopacht der Jahre 1525 bis 1527.[18]

In der folgenden Pachtperiode von 1528 bis 1532 kam ein Konsortium um Ulrich Ehinger, der damals die Niederlassung der Welser am spanischen Hof leitete, sowie um Maffeo de Taxis und andere italienische Kaufleute zum Zuge. Diese Gruppe bot eine jährliche Pachtsumme von 144 000 Dukaten an. Im Herbst 1530 sicherten sich die Welser auf dem Augsburger Reichstag dann die Pacht für die Jahre 1533 bis 1537. Ulrich Ehinger und sein Bruder Hans blieben zu einem Siebtel, Maffeo de Taxis zu einem Achtel beteiligt. Die Pachtsumme war mittlerweile auf 152 000 Golddukaten pro Jahr angestiegen; zudem musste nach Vertragsschluss ein Vorschuss in Höhe von 307 000 Goldgulden entrichtet werden. Außerdem wälzten die spanischen Behörden neue Kreditverpflichtungen, die der Kaiser 1532 eingegangen war, auf die Inhaber der Maestrazgopacht ab: Von 1536 an mussten die Welser jährlich 50 000 Dukaten an die Augsburger Fugger und Baumgartner erstatten. Bereits 1535 gelang es den Fuggern, sich die Pacht für den Zeitraum von 1538 bis 1542 zu sichern.[19]

Den Kern der Maestrazgopacht bildete die Einziehung der Renten, die den Orden aus ihren Ländereien zustanden. Die weitläufigen Güter des Santiagoordens waren in die beiden Provinzen Kastilien und Leon aufgeteilt. Die Ordensprovinz Kastilien, deren Zentrum die Stadt Ocaña war, „konzentrierte sich [...] östlich der Linie Toledo–Madrid um den Tajo und breitete sich in die Richtung der Mancha aus"; sie umfasste auch die Ebene des Campo de Montiel sowie die Stadt Villanueva de los Infantes. Der Schwerpunkt der Ordensprovinz Leon lag in der Estremadura mit den Städten Llerena, Mérida und Jérez. Das Gebiet des Ordens von Calatrava, das südlich an die Ländereien des

Karte der Maestrazgopachtgebiete

Santiagoordens anschloss, umfasste den *Campo de Calatrava* mit dem Zentrum Almagro und dem Quecksilberbergwerk von Almadén sowie ein als *Calatrava del Andalucia* bezeichnetes Gebiet mit den Städten Martos, Torre Don Jimeno, Porcuna und Arjona. Die Ländereien des Ordens von Alcántara lagen über die Estremadura verstreut.[20] Von den Einkünften waren Zahlungen an die Ritter, die Mitglieder des Ordensrates, die Rentmeister der Orden, Verwalter von Festungen, Vorsteher einzelner Städte sowie diverse Klöster und Kleriker zu leisten.[21]

Die Eintreibung der Renten in einem weitläufigen Gebiet und die Zahlungen an zahlreiche Begünstigte waren personalintensiv. Die Ordensgebiete wurden in eine Reihe von Bezirken eingeteilt, in denen Einnehmer mit der Abwicklung der Geschäfte betraut waren. Einige dieser Männer arbeiteten sowohl für die Fugger als auch für die Welser. Die Welser koordinierten die Verwaltung der Maestrazgos von ihrer Faktorei am spanischen Hof aus: Mitunter bereisten deren Mitarbeiter die Ordensgebiete, um Rechnungen abzunehmen und die Verhältnisse vor Ort in Augenschein zu nehmen.[22] Die Fugger, die die Pacht von 1538 bis 1542 und nach einer fünfjährigen Unterbrechung erneut von 1547 bis 1550 innehatten, richteten hingegen für die Maestrazgoverwaltung eine eigene Faktorei in Almagro ein, die der Hauptfaktorei am spanischen Hof unterstand.[23]

Warum war die Maestrazgopacht trotz der enormen finanziellen Verpflichtungen, die die Pächter eingingen, und trotz des hohen Verwaltungsaufwands attraktiv? Zum einen konnten die Pächter agrarische Überschüsse – Getreide, Wein und Olivenöl – aus den Ordensländereien exportieren. Zum anderen lag im Gebiet des Ordens von Calatrava das Quecksilberbergwerk von Almadén. Quecksilber wurde im 16. Jahrhundert unter anderem in der Spiegelglasherstellung, der Goldverarbeitung und zu medizinischen Zwecken verwendet; größere Vorkommen, die sich für den Fernhandel eigneten, gab es in Europa außer in Almadén nur in Idria im heutigen Slowenien.[24]

Fragmentarisch erhaltene Rechnungen über die Maestrazgopacht der Welser zeigen, dass Quecksilber und das als Farbstoff verwendete Koppelprodukt Zinnober aus Almadén in den 1530er-Jahren auf die wichtigsten europäischen Märkte exportiert wurden. 1534 und 1535 wurden mehr als 300 Fässchen Quecksilber aus Sevilla nach Antwerpen verschifft und dort an flämische Kaufleute verkauft. 1535 und 1539 sind zudem Quecksilber- und Zinnoberverkäufe in Lyon belegt. Für eine Partie Quecksilber, die 1537 auf dem Weg nach Venedig bei einer Schiffshavarie verloren ging, kassierten die Welser eine Versicherungsprämie. 1538 wurden erneut 50 Fässchen nach Venedig geschickt. Auch auf den Kastilischen Messen wurde Quecksilber abgesetzt.[25]

Das Augsburger Handelshaus Baumgartner, das um diese Zeit

die Quecksilberminen von Idria gepachtet hatte, setzte dessen Produktion ebenfalls primär auf den Märkten von Antwerpen und Lyon ab. Für die Fugger sind 1539/40 Quecksilberverkäufe in Marseille und Antwerpen belegt. Um diese Zeit belief sich die Jahresproduktion in Almadén auf 600 bis 1000 Quintal. In den Jahren 1547 bis 1550 verkauften die Fugger in Spanien rund 3760 Zentner Quecksilber und gut 650 Zentner Sublimat, das aus Quecksilber gewonnen und zum Scheiden von Gold und Silber verwendet wurde. Außerdem kamen in diesem Zeitraum knapp 2200 Zentner Quecksilber und rund 465 Zentner Zinnober in Antwerpen, Marseille und Venedig auf den Markt. Für die Pachtperiode von 1538 bis 1542 wurden Jahreseinnahmen von rund 224 000 Dukaten und jährliche Ausgaben von 152 000 Dukaten errechnet; der Gewinn belief sich damit auf knapp 52 Prozent. Für die Pachtperiode von 1547 bis 1550 wurde eine Profitrate von 24 Prozent ermittelt. Insgesamt stellte der Quecksilberhandel bis Ende 1550, als ein verheerender Brand das Bergwerk von Almadén zerstörte, eine sehr lukrative Einnahmequelle dar.[26] In den 1550er-Jahren sind noch Quecksilberverkäufe aus Lagerbeständen in Sevilla belegt; zu den Abnehmern gehörten auch Händler mit Verbindungen nach Mexiko.[27] An dieser Stelle wird erstmals ein Zusammenhang erkennbar, der in den folgenden Jahren für die Fuggerfirma überragende Bedeutung erlangen sollte: der Boom des mexikanischen Silberbergbaus, der die Nachfrage nach Quecksilber geradezu explodieren ließ.

Das Bergwerk von Almadén und der Silberbergbau in Neu-Spanien

Die spanischen Eroberer, die die großen indianischen Reiche Mittel- und Südamerikas unterwarfen, hatten es zunächst vor allem auf Gold, Perlen und Edelsteine abgesehen. Doch dieser „Beutezyklus“ war wenig nachhaltig: Binnen weniger Jahre hatten die Spanier die Goldschätze der Azteken in Mexiko, der Muisca im heutigen Kolumbien und der Inka in Peru an sich gebracht. Eine Perspektive auf längerfristige Einnahmen aus den amerikanischen Kolonien eröffnete sich erst, als in den 30er- und 40er-Jahren des 16. Jahrhunderts die Silberbergwerke von Zultepeque, Tasco und Zacatecas in Neu-Spanien (Mexiko) sowie der „Silberberg" von Potosí im Vizekönigreich Peru entdeckt wurden, der die größten bekannten Silbervorkommen der Welt enthielt. Aber auch der Silberbergbau in Mexiko und Peru stieß bald an Grenzen, da die reichhaltigsten oberflächennahen Erzminen schnell ausgebeutet waren und die Masse der Erze einen geringeren Silbergehalt aufwies. Dieser ließ sich zunächst nur in einem aufwendigen und wenig lukrativen Schmelzverfahren extrahieren. Eine technische Lösung für dieses Problem fand sich Mitte der 1550er-Jahre mit der Einführung des Amalgamierungsverfahrens in Mexiko durch Bartolomé de Medina und den mitteleuropäischen Bergbauexperten Caspar Lohmann. Bei dieser Methode wurde zu Pulver gemahlenes Erz mit Quecksilber, Kochsalz und Kupferpyrit versetzt, um das Silber zu extrahieren. Das Amalgamierungsverfahren, das grundsätzlich schon lange bekannt war, aber jetzt erstmals in großem Umfang in der Silberproduktion eingesetzt wurde, setzte sich in Mexiko rasch durch und war bereits um 1563 die dominante Methode der Edelmetallgewinnung. Die spanischen Kronbehörden reagierten auf diese Entwicklung und monopolisierten bereits 1559 die Quecksilberausfuhr nach Amerika. Das für die betroffenen Arbeiter extrem gesundheitsschädliche, betriebswirtschaftlich gesehen aber sehr effektive neue Verfahren führte zu einem dramatischen Anstieg der Produktion: Zwischen 1559 und 1627 wuchs der Output der mexikanischen Silberminen im Jahresdurchschnitt um 2,5 Prozent und erreichte im frühen 17. Jahrhundert ein Niveau von rund sechs Millionen Pesos. Im Großen und Ganzen blieben die mexikanischen Bergwerke von Quecksilberimporten aus Europa abhängig, während das Quecksilber für die Minen von Potosí, wo sich in den frühen 1570er-Jahren ebenfalls das Amalgamierungsverfahren durchsetzte, aus den 1563/64 entdeckten Minen von Huancavelica in Peru kam.[28]

Im Jahre 1562 gelang es den Fuggern, zwölf Jahre nach Ende ihres letzten Pachtvertrags erneut die Maestrazgopacht zu übernehmen. Und was noch wichtiger war: Das Bergwerk von Almadén, das nach der Brandkatastrophe aus der Pacht ausgegliedert worden war, wurde nun wieder in den Vertrag eingeschlossen und den Fuggern zur Instandsetzung übertragen. Das Handelshaus sagte zu, den spanischen Behörden mindestens 1000 Zentner Quecksilber pro Jahr zu einem Festpreis von 25 Dukaten pro Zentner in den ersten fünf Jahren bzw. 20 Dukaten nach Ablauf dieser Frist zu liefern. Die Bezahlung sollte in Form amerikanischer Gold- und Silberlieferungen erfolgen. Um das Bergwerk möglichst rasch wieder betriebsbereit zu machen, rekrutierten die Fugger deutsche Bergbauexperten und schickten sie nach Spanien. Im Jahre 1567 erreichten sie zudem eine Preiserhöhung auf 26 Dukaten pro Zentner Quecksilber und eine Erhöhung der Liefermenge auf 1200 Zentner. Technische und betriebliche Verbesserungen wie die Anlage eines zweiten Schachts ermöglichten es binnen weniger Jahre, die Produktion auf 1500 Zentner und den Preis auf 29 Dukaten zu steigern. Damit konnte Almadén die Nachfrage nach Quecksilber für den mexikanischen Bergbau weitgehend befriedigen. In Anbetracht der Tatsache, dass die Produktionskosten bei lediglich 14 bis 15 Dukaten pro Zentner lagen, betrug die Gewinnspanne etwa 100 Prozent.[29]

Diese Zahlen deuten an, welche Bedeutung das Quecksilber aus Almadén für das Fugger'sche Unternehmen gewann. Dies wird noch deutlicher, wenn man sich die kritische Lage des Unternehmens nach dem Tod Anton Fuggers im Jahre 1560 vergegenwärtigt. Eine 1563 erstellte Generalrechnung wies eine Bilanzsumme von 5,66 Millionen Gulden und ein Stammkapital von 663 000 Gulden aus, denen Verbindlichkeiten in Höhe von 5,4 Millionen Gulden gegenüberstanden. Zudem steckte ein großer Teil der Aktiva in spanischen und niederländischen Schuldforderungen, die schwer einzutreiben waren.[30] In dieser prekären Situation, in der die Tiroler Berg- und Hüttenwerke immer weniger Gewinn abwarfen und die habsburgischen Schuldner eine schlechte Zahlungsmoral zeigten, zugleich aber neue Forderungen stellten, erwiesen sich das Quecksilber aus Almadén und der mexikanische Silberbergbau buchstäblich als Rettungsanker, der das Unternehmen der Fugger vor dem Untergang bewahrte. Anton Fuggers Sohn Marx, der von 1563 bis Mitte der 1590er-Jahre an der Spitze der Handelsgesellschaft stand, stellte Ende der 1570er-Jahre fest, dass aus den spanischen Geschäften „schier alle unsere Nutzungen herfließen".[31]

Die übrige Maestrazgopacht, also die Verwaltung der Ländereien des Ordens, hatte durch den Verkauf von Gütern zwar an Attraktivität eingebüßt, warf aber immer noch Profite ab. Zwischen 1562 und 1567 belief sich der Buchgewinn auf 200 000 Gulden, und in der folgenden Fünf-Jahres-Periode erhöhte er sich sogar auf 570 000 Dukaten. Ende 1571 schlossen die Fugger einen weiteren Pachtvertrag für die Periode von 1573 bis 1582 ab. Das Handelshaus erhöhte seine Lieferzusage nun auf 1700 Zentner Quecksilber pro Jahr, und der garantierte Abnahmepreis stieg auf 30 Dukaten pro Zentner. Allerdings mussten die Fugger einen Vorschuss in Höhe von einer Million Dukaten leisten. In der Folgezeit wurde die Technik der Quecksilbergewinnung verbessert, und der Arbeitskräftebedarf wurde unter anderem durch Sträflinge und Morisken, also zum Christentum konvertierte Mauren, sowie durch nord- und schwarzafrikanische Sklaven gedeckt. Seit 1566 mussten 30 Sträflinge Arbeitsdienst in den Minen von Almadén leisten, wo das Risiko einer Quecksilbervergiftung extrem hoch und die Lebenserwartung dementsprechend kurz war.[32]

In der Pachtperiode von 1573 bis 1582 erzielten die Fugger erneut einen Reingewinn von 657 000 Dukaten. Außerdem produzierten sie in diesem Zeitraum fast 24 000 Zentner Quecksilber, für das sie mehr als 700 000 Dukaten erlösten. Die Produktionskosten beliefen sich auf 346 000 Dukaten, sodass sich die Gewinnspanne erneut in der Größenordnung von 100 Prozent bewegte. Als König Philipp II. 1575 zum zweiten Mal nach 1557 die Zahlungen der spanischen Krone einstellen ließ, wurden die Fugger aufgrund ihrer Bedeutung als Quecksilberlieferanten von dem königlichen Dekret, das eine Zwangsumschuldung der Verbindlichkeiten vorsah, explizit ausgenommen. Dafür wurden sie verstärkt zu Geldtransfers in die Niederlande herangezogen, wo sich der Aufstand gegen die spanische Krone zu einem Bürgerkrieg ausgeweitet hatte. Als spanische Truppen in den Niederlanden meuterten, lieh die Fuggerniederlassung in Madrid Philipp II. 200 000 Dukaten.[33] Im Herbst 1576 äußerte Hans Fugger in einem Brief an seinen Bruder Marx die Besorgnis, dass sich die spanische Krone ihrer Handelsgesellschaft „zu ewigen Zeiten" bedienen wolle und sie irgendwann gänzlich „aussaugen" werde.[34] Die Profite aus der Maestrazgopacht wurden also mit einer zunehmenden Abhängigkeit von den chronisch instabilen Kronfinanzen erkauft, die einen stetig wachsenden Teil des Anlagekapitals absorbierten. Langfristig wirkte sich dies als schwere Belastung für die Handelsgesellschaft aus.

Allerdings trugen den Fuggern auch die folgenden Pachtperioden noch ansehnliche Gewinne ein. Zwischen 1582 und 1594 produzierte das Bergwerk von Almadén fast 38 000 Zentner Quecksilber; die Produktion hatte sich damit seit 1560er-Jahren mehr als verdreifacht und brachte der Gesellschaft einen Gewinn von 636 000 Dukaten ein. In der Pachtperiode von 1595 bis 1604 belief sich der Reingewinn auf 300 000 Dukaten aus den Maestrazgoländereien und auf nochmals annähernd die doppelte Summe aus Quecksilberlieferungen. Obwohl die Fugger zusätzlich zu den hohen Pachtvorschüssen mehrfach für Großkredite in Anspruch genommen wurden, waren die Maestrazgopacht und der Quecksilbervertrag für sie im letzten Drittel des 16. Jahrhunderts ein äußerst lukratives Geschäft.[35]

Obwohl die Produktion in Almadén weiter expandierte und nach 1620 Quecksilber nicht nur nach Mexiko, sondern auch nach Peru geliefert wurde,[36] verdüsterten sich die wirtschaftlichen Aussichten in Spanien: Als die Krone ihre Zahlungen 1607 erneut einstellte, mussten die Fugger für einen Großteil ihrer

Forderungen, die sich auf drei Millionen Dukaten beliefen, eine niedrigere Verzinsung akzeptieren und wurden auf Renteneinkünfte sowie die Kreuzzugssteuer (*Cruzada*) verwiesen. Auch die Rahmenbedingungen für die Maestrazgopacht verschlechterten sich, weil ein Teil der Renteneinkünfte bereits an andere Gläubiger der Krone verpfändet war. Die Pachtperiode von 1604 bis 1614 trug der Augsburger Firma daher erstmals Verluste ein. Zudem reduzierte sich das Eigenkapital durch hohe Kapitalentnahmen der Erben der 1597/98 verstorbenen Brüder Marx, Hans und Jakob Fugger von rund fünf Millionen auf 767 000 Gulden. Bei der Verlängerung der Maestrazgopacht im Jahre 1624 wurde die Pachtsumme angesichts rückläufiger Erträge bereits erheblich reduziert. Doch drei Jahre später mussten die Fugger der Krone erneut Kredite gewähren, um die Folgen einer neuerlichen Zahlungseinstellung abzuwenden. Zudem agierten die Angestellten in Spanien zunehmend selbstherrlich: Im Jahre 1626 übernahm die Madrider Fuggerniederlassung monatliche Zahlungen an Hof- und Verwaltungsbeamte (*Mesadas*) ohne Wissen der Augsburger Zentrale, was dem Unternehmen finanzielle Lasten in Höhe von 600 000 Dukaten pro Jahr aufbürdete und es zur Aufnahme hoher Darlehen bei genuesischen Bankiers nötigte. Um 1630 hatten die Fugger bereits Schwierigkeiten, ihren Zahlungsverpflichtungen nachzukommen. Beim Abschluss ihres letzten Maestrazgopachtvertrags übernahmen sie zwar auch das Silberbergwerk von Guadalcanal, doch der Versuch, dieses wieder in Betrieb zu nehmen, schlug fehl. Einer der genuesischen Gläubiger, Bartolomeo Spinola, nutzte seine Stellung als Mitglied des spanischen Finanzrats, um dem Augsburger Handelshaus sukzessive die Kontrolle über die Maestrazgoverwaltung zu entziehen. 1645 zogen sich die Fugger endgültig aus dem Spaniengeschäft zurück, und die Maestrazgopacht, die sie 83 Jahre lang ohne Unterbrechung innegehabt hatten, ging 1647 an ein genuesisches Konsortium über.[37]

Ungeachtet dieses unrühmlichen Endes war die Fugger'sche Maestrazgopacht lange Zeit eine Erfolgsgeschichte. Wenn die amerikanische Silberproduktion zwischen 1560 und 1630 einen enormen Aufschwung nahm und Silber aus der Neuen Welt zum globalen Handelsgut par excellence avancierte, so hatte das Quecksilber aus den spanischen Bergwerken der Fugger daran erheblichen Anteil. Aus der Sicht der Wirtschaftshistoriker Dennis Flynn und Arturo Giráldez begann mit der spanischen Gründung der Stadt Manila im Jahre 1571 eine neue Ära des Welthandels, da ab diesem Zeitpunkt die vier großen Kontinente Asien, Amerika, Europa und Afrika erstmals direkt durch Handelsbeziehungen verknüpft waren. Eine wichtige Voraussetzung für die Gründung Manilas stellte die Fähigkeit der Spanier dar, große Mengen amerikanisches Silber über den Pazifik zu lenken und damit den Chinahandel zu finanzieren, denn das China der Ming-Ära war nicht nur die größte Volkswirtschaft der Welt, sondern wirkte aufgrund des hohen Marktpreises für Silber wie ein Magnet auf die interkontinentalen Edelmetallströme.[38] Ohne Quecksilber aus Almadén hätte es allerdings keinen mexikanischen Silberboom und ohne amerikanisches Silber keine transpazifische Handelsroute nach Asien gegeben. Es war dieser Zusammenhang, der die Fugger in diesem Zeitraum zu globalen Akteuren machte. Sie waren jedoch keine *global player* in dem Sinne, dass sie dauerhafte Niederlassungen in Übersee errichtet hätten. Vielmehr waren sie zentrale Akteure des Welthandels, weil sie mit Quecksilber ein Gut anbieten konnten, ohne das diese globalen Warenströme gar nicht in Gang gekommen wären.

6 Globale Güter in den Netzwerken Augsburger Handelshäuser

Die materielle Kultur der Renaissance

Das Zeitalter der Renaissance war nicht nur eine bedeutsame Stilepoche der Kunstgeschichte, es war auch eine Epoche, in der die europäische Oberschicht materielle Güter in bislang nicht gekanntem Umfang kaufen und konsumieren konnte. In italienischen, aber auch in süddeutschen Städten ist im 16. Jahrhundert eine gesteigerte Wertschätzung des Sammelns erlesener Objekte beobachtet worden. Fürstliche, adelige und „großbürgerliche" Sammlungen waren eine Folge der Akkumulation von Wohlstand; sie dienten der Demonstration von Reichtum, Geschmack und Kennerschaft und symbolisierten eine Verfeinerung der Lebensführung.[1]

Außereuropäische Objekte spielten in diesen Aneignungsprozessen eine zentrale Rolle: Sie regten die Neugier der Betrachter an und demonstrierten die weitreichenden Beziehungen ihrer Besitzer. In fürstlichen und adeligen Kunstkammern, Wohn- und Repräsentationsräumen sowie bei festlichen Anlässen repräsentierten sie die exotischen Reize ferner Welten, die nun zunehmend in den Horizont europäischer Betrachter traten.[2]

In den Handelsnetzen der Fugger und Welser wurden ganz unterschiedliche außereuropäische Güter transportiert. Asiatische Edelsteine und amerikanische Perlen waren als Luxusgüter so bedeutsam, dass sich einige oberdeutsche Kaufleute auf den Handel mit ihnen spezialisierten und sogar eigene Vertreter zum Edelsteineinkauf nach Indien schickten. Im Falle außereuropäischer Arzneimittel vermischten sich kommerzielle Interessen mit zeitgenössischen medizinischen Bewertungen, während exotische Zierpflanzen und Tiere vor allem aus ästhetischen Gründen geschätzt wurden.

Was schließlich exotische Objekte in fürstlichen Sammlungen betrifft, so fungierten Männer wie Hans Jakob Fugger nicht nur als Lieferanten, sondern auch als Berater beim Aufbau und der Ausgestaltung von Kunstkammern.[3]

Perlen und Edelsteine

Bevor im frühen 18. Jahrhundert die brasilianischen Diamantvorkommen entdeckt wurden, kamen Diamanten ausschließlich aus Indien, während Rubine in Ceylon und Siam gefördert wurden. Im Mittelalter waren sie vor allem über die Levante und Venedig nach Europa gekommen. Wichtige Umschlagplätze im Vorderen Orient waren das syrische Aleppo und das ägyptische Alexandria. Nach der Entdeckung des Seewegs nach Indien etablierte sich Lissabon als zweites europäisches Importzentrum für Edelsteine, die vor allem aus Goa, dem Verwaltungszentrum des portugiesischen *Estado da India*, nach Europa geschickt wurden.[4]

Repräsentanten Augsburger und Nürnberger Handelshäuser handelten sowohl in Lissabon als auch in Indien selbst mit Edelsteinen. Der aus Heidingsfeld bei Würzburg stammende Jörg Pock reiste 1520 als Vertreter der Nürnberger Hirschvogel und der Augsburger Herwart nach Indien, um Edelsteine einzukaufen. Da dieser Handel hochriskant war und großen Kapitaleinsatz erforderte, konnten sich vor allem finanzstarke Handelshäuser ein Engagement in diesem Geschäftsfeld leisten. Fürsten und Adelige waren die wichtigsten Kunden für die kostbaren Steine, und so festigten die Handelsfirmen durch ihre Lieferungen zugleich ihre Beziehungen zu den Fürstenhäusern.[5]

Vor diesem Hintergrund bildeten asiatische Edelsteine für die Augsburger Fugger eine wichtige Ergänzung ihrer beiden zentralen Geschäftsfelder – Kupfer- und Silberhandel sowie Bankgeschäft. Sie konnten freies Kapital in Edelsteinkäufe investieren und koppelten Kreditvergaben an die Habsburger und andere europäische Fürsten häufig mit Juwelengeschäften.[6] Ein Darlehen über 34000 Gulden, das die Fugger Kaiser Maximilian I. 1508 gewährten, setzte sich beispielsweise aus 24000 Gulden in bar und 10000 Gulden in Gestalt zweier Diamanten zusammen.[7] Nach dem Bankrott der venezianischen Firma Agostini erwarben die Fugger, denen die Agostini eine hohe Summe für Kupferlieferungen schuldig waren, 1509 einen Diamanten aus ihrem Besitz, dessen Wert auf 20000 Dukaten geschätzt wurde. Der Edelstein wurde schließlich für 18000 Dukaten an den Papst weiterverkauft – vordergründig ein Verlustgeschäft, doch tatsächlich eine Möglichkeit, das aus dem Bankrott eines Geschäftspartners resultierende Verlustrisiko zu reduzieren und sich obendrein dem Papst als Lieferant kostbarer Güter zu empfehlen.[8] In Venedig kauften die Vertreter der Fugger 1516 Edelsteine für 32636 Dukaten.[9]

Seit den 1520er-Jahren rückten Perlen aus der Neuen Welt in den Fokus oberdeutscher Kaufleute, die auf der Iberischen Halbinsel tätig waren. Nach dem Beginn der Ausbeutung der Perlenbänke vor der Karibikinsel Cubagua avancierte Sevilla zum Zentrum des europäischen Perlenhandels.[10] Die Aussicht auf große Gewinne lockte unter anderem den Augsburger Kaufmann Sebastian Neidhart, einen Schwiegersohn des auch im Indienhandel aktiven Christoph Herwart und häufigen Geschäftspartner der Fugger. Im Jahre 1530 gewährte Neidhart Kaiser Karl V. ein Darlehen über 40000 Dukaten in Form von Bargeld und Juwelen. Neidharts Repräsentanten in Sevilla, Lazarus Nürnberger und der später für die Fugger tätige Christoph Raiser, nahmen als Tilgung dieses Kredits Perlen aus Cubagua in Empfang. 1537 bestätigte ein königlicher Erlass Neidharts Rechte auf Perlenlieferungen aus Cubagua. Christoph Raiser erwarb Ende 1538 auf einer Auktion in Sevilla ein goldenes Schmuckstück mit einem großen Stein, möglicherweise einem Smaragd. Im folgenden Jahr ließen die Fugger in Augsburg etliche Perlen von einem Goldschmied fassen; das Schmuckstück war für die Gemahlin König Ferdinands bestimmt.[11] Ein Jahrzehnt später erwarb die Fuggerfaktorei Sevilla mehr als 10000 runde Perlen. Im Herbst

1550 schließlich kaufte Christoph Raiser dort 91 große Perlen für 4200 Dukaten, die er bohren und fassen ließ.[12]

Angesichts des Booms der Perlenfischerei auf Cubagua, der um 1535 seinen Höhepunkt erreichte, hätte es für die Welser nahegelegen, die im Einzugsbereich Venezuelas liegenden Perlenbänke am Kap Vela ebenfalls auszubeuten. Doch diese Möglichkeit wurde von ihren Vertretern vor Ort vernachlässigt. Um 1540 ließen sich Perlenfischer aus Cubagua, deren Perlenbänke bereits weitgehend erschöpft und durch eine Naturkatastrophe verwüstet waren, am Kap Vela nieder und betrieben ihr Geschäft auf eigene Faust. In der Folgezeit prosperierte hier die Perlenfischerei, die allerdings Götz Simmer zufolge „mit rücksichtsloser und brutaler Ausbeutung der Indigenen einherging". Davon profitierten indessen nicht die Welser, sondern spanische Kolonisten, die bereits über Erfahrungen auf diesem Geschäftsfeld verfügten.[13]

In Lissabon standen Vertreter der Fugger und Welser wiederholt in Kontakt mit Jörg Herwart, einem unehelichen Spross der Augsburger Patrizierfamilie, der seit 1511 am Tejo nachweisbar ist. Der Nürnberger Hieronymus Köler, der zeitweilig in Diensten der Welser stand, erwähnt in seinen Aufzeichnungen die eindrucksvolle Diamantenschleiferei Herwarts in der Nähe der portugiesischen Hauptstadt, auf der angeblich bis zu 365 Steine gleichzeitig geschliffen werden konnten. In den frühen 1530er-Jahren verhandelte Jörg Herwart mit einem Gesandten Karls V. über den Verkauf eines großen Diamanten, für den er 160 000 Dukaten verlangte.[14]

Im Jahre 1526 entsandte Jörg Herwart mit dem aus einer Nürnberger Patrizierfamilie stammenden Jörg Imhoff sogar einen eigenen Vertreter nach Indien. Imhoffs Dienstvertrag erstreckte sich über achteinhalb Jahre, wofür er ein Gehalt von 6000 Gulden erhalten sollte; die Rückkehr nach Europa sollte ihm nach frühestens fünfeinhalb Jahren gestattet sein. Imhoff kaufte für Herwart Perlen und Edelsteine in Goa, Cannanore und Cochin ein. Danach reiste er offenbar auf eigene Faust nach Narsinga, einem Zentrum des Edelsteinhandels, weiter. Während

Imhoff die Beziehung zu seinem Arbeitgeber Jörg Herwart abreißen ließ, tätigte er 1534 ein Juwelengeschäft mit Hans Schwerzer, einem Vertreter des Kaufmanns Hans Welser. Dieser war ein Sohn Jakob Welsers, entstammte also dem Nürnberger Zweig der Familie; er war jedoch wieder nach Augsburg gezogen und vertrat dort die Interessen der Nürnberger Welser-Gesellschaft. Im Jahre 1540 schrieb Hans Welser direkt an Jörg Imhoff und ersuchte ihn um „neue Zeitung aus India“ sowie um Informationen über den Edelsteinhandel.[15]

Auch die Bartholomäus-Welser-Gesellschaft tätigte um 1540 in Lissabon Edelsteingeschäfte. Ihr dortiger Vertreter Konrad Stuntz ließ in diesem Jahr 30 Ringe mit Diamanten und Rubinen besetzen und zog für den Edelsteinkauf Wechsel in Höhe von 1800 Dukaten auf das Handelshaus.[16] Der spanische Welser-Faktor Christoph Peutinger schloss mit Vertretern Karls V. 1536 und 1538 kombinierte Juwelen- und Darlehensgeschäfte ab.[17] Auch die Fugger lieferten Juwelen an fürstliche Kunden. Eines von vier Stücken aus dem legendären Burgunderschatz, die Jakob Fugger 1504 von der Stadt Basel erworben hatte, verkaufte sein Nachfolger Anton Fugger 1545 im Rahmen eines kombinierten Darlehens- und Juwelengeschäfts an den englischen König Heinrich VIII.[18] Der Wert einer Juwelenlieferung an den Großherzog der Toskana, Cosimo de' Medici, im Jahre 1554 belief sich auf 23 600 Scudi.[19] Der Fuggerfaktor in Madrid, Christoph Hörmann, verkaufte 1576 einem Vertreter der spanischen Krone für 4500 Dukaten ein diamantenbesetztes Collier, das König Philipp II. der Schwiegertochter Herzog Albrechts V. von Bayern, Renata von Lothringen, zur Geburt eines ihrer Kinder schickte.[20]

Medizinische Exotica

Im Zuge der überseeischen Expansion der iberischen Mächte wurde den Europäern eine Vielzahl neuer Heil- und Arzneimittel bekannt. Von diesen fanden allerdings nur wenige Eingang in die medizinische Praxis, die im 16. Jahrhundert nach wie vor stark von der antiken Tradition geprägt war. Besonders wichtig wurde das aus dem tropischen Amerika kommende Guajakholz (*Guaiacum officinale, Guaiacum sanctum*), das um 1508 erstmals als wirksames Mittel gegen die seit 1493 in Europa grassierende, auch als „Franzosenkrankheit" bezeichnete Syphilis beschrieben wurde. Seit etwa 1515 wurde Guajak regelmäßig von der Insel Hispaniola nach Sevilla importiert; etwa um die gleiche Zeit wurde die Guajakkur – bei der ein Extrakt des Holzes in einer Art Dampfbad inhaliert wurde – auch in Mitteleuropa bekannt. Der Humanist Ulrich von Hutten, der selbst an der Geschlechtskrankheit litt, propagierte die Guajaktherapie in einer 1519 publizierten einflussreichen Schrift.[21] Wenige Jahre später richteten die Fugger in der von Jakob Fugger dem Reichen gegründeten Armensiedlung in Augsburg – der bis heute bestehenden Fuggerei – ein „Holzhaus" zur Behandlung Syphiliskranker ein. Der Arzt Theophrast von Hohenheim, genannt Paracelsus, setzte sich hingegen für eine Syphilistherapie auf der Basis von Quecksilber ein; in zwei 1528 und 1529 gedruckten Schriften behauptete er, dass die Fugger nur deshalb die „Holzkur" favorisieren würden, weil sie mit dem Import von Guajak eigene Interessen verfolgten. In der Literatur ist daher bisweilen die Auffassung vertreten worden, dass die Fugger ein Monopol auf den Import des Holzes gehabt und kräftig an der Syphilistherapie verdient hätten. Diese Ansicht ist inzwischen allerdings widerlegt: Die Fuggerfaktorei in Sevilla handelte zwar mit geringen Mengen Guajakholz, und die Niederlassung in Antwerpen schickte „indianisches Holz" nach Ungarn. Von einem Monopol kann jedoch keine Rede sein.[22]

Den Welsern eröffneten sich im Zuge ihrer Expansion im atlantischen Raum ebenfalls Optionen im Handel mit amerikanischen Arzneimitteln. Im Jahre 1531 verlud ihre Faktorei in Santo Domingo Cañafistola auf eine Galeone nach Flandern, und im Sommer 1532 verkaufte das Handelshaus dieses Abführmittel an einen Antwerpener Apotheker.[23] In der Welser-Provinz Venezuela begann 1529 ein gewisser Juan de Ulate – offenbar aus eigener Initiative – mit der Herstellung von Balsam, einer aus der Rinde des gleichnamigen Baumes (*Copaifera officinalis* und verwandte Arten) hergestellten Paste zur Wundheilung. Fünf Jahre später klagte Ulate vor der *Audiencia*, dem Gerichtshof, von Santo Domingo den Lohn ein, den ihm die Handelsgesellschaft angeblich für seine Dienste schuldete.

Darüber hinaus gerieten die Welser in einen Rechtsstreit mit Antonio de Villasante, der ein königliches Monopol für die Balsamherstellung in der Neuen Welt innehatte, welches er durch die Aktivitäten des Handelshauses in Venezuela verletzt sah. Ein Prozess, den Villasante 1531 vor dem Indienrat in Spanien gegen die Welser anstrengte, wurde sieben Jahre später auf Weisung Kaiser Karls V. eingestellt.[24]

In der Korrespondenz von Anton Fuggers Sohn Hans aus dem letzten Drittel des 16. Jahrhunderts werden verschiedene medizinische Exotica erwähnt. Fugger agierte hier jedoch nicht als professioneller Händler, sondern orderte die Substanzen für den eigenen Haushalt oder vermittelte sie an befreundete Fürsten und Adelige. Anfang 1578 ersuchte Herzog Albrecht V. von Bayern Hans Fugger um „die Wurz Mechiacan", die ein Augsburger Apotheker, bei dem Fugger sich danach erkundigte, allerdings nur in geringer Menge vorrätig hatte.[25] Die mittelamerikanische Mechoacanna-Wurzel war damals erst seit Kurzem in Europa bekannt: Der in Sevilla tätige Arzt Nicolás Monardes hatte sie als Abführmittel angepriesen.[26] Um den Wunsch des Herzogs zu erfüllen, beauftragte Fugger den Kölner Faktor Hans Heinrich Muntprot, ihm Mechoacanna aus Antwerpen zu besorgen.[27] Ein anderes amerikanisches Heilmittel, das um die Mitte des 16. Jahrhunderts in Europa bekannt wurde, war die in der Gicht- und Syphilistherapie eingesetzte Sarsaparilla. Im Jahre 1567 orderte Hans Fugger Sarsaparilla beim Antwerpener Fuggervertreter, und fünf Jahre später unterzog er sich einer Kur.[28] Als weiteres Therapeutikum gegen Gicht und Syphilis fand nach 1570 Sassafras, das Holz des amerikanischen Fenchelholzbaums,

Eingang in die europäische Medizin. Als ihn ein Briefpartner Ende 1582 um die Zusendung von Sassafras bat, war Hans Fugger die Substanz zwar noch unbekannt, doch wenig später vermeldete er, dass er sie aus Nürnberg besorgen könne.[29]

Im Herbst 1577 schrieb Hans Fugger den Madrider Firmenvertreter Thomas Miller an, um für Herzog Wilhelm von Bayern Öl aus den spanischen Kolonien zu ordern, das zur Behandlung von Wunden und Hauterkrankungen verwendet wurde. Einige Monate später erhielt er ein Glas dieses sogenannten Perubalsams, und im Sommer 1578 traf eine weitere Sendung aus Sevilla in Augsburg ein. Letztere enthielt neben dem Balsamöl auch grüne Steine – vermutlich Achate –, die gegen Steinleiden und Hüftschmerzen helfen sollten. Aus Fuggers Korrespondenz mit Herzog Wilhelm geht zudem hervor, dass derartige exotische Heilmittel im Preis fielen, wenn die Importmengen stiegen und sie in Europa leichter erhältlich wurden. Eine Flasche Perubalsam kostete Ende 1578 40 bis 50 Gulden, während man dafür nach Fuggers Angaben zwei Jahrzehnte zuvor noch 500 bis 600 Dukaten bezahlen musste.[30]

Bei den in Fuggers Korrespondenz mehrfach erwähnten heilenden Steinen handelt es sich um Bezoare, also Magensteine der asiatischen Bezoarziege und des südamerikanischen Lamas, die Ärzte bei verschiedenen Beschwerden empfahlen. Hans Fugger bezog bis 1580 ausschließlich Bezoare von den portugiesischen Stützpunkten am Indischen Ozean; danach orderte er in Spanien auch südamerikanische Heilsteine.[31] Auch die Brüder Philipp Eduard und Octavian Secundus Fugger nutzten ihre Verbindungen nach Indien, um von dort Bezoarsteine zu beziehen.[32]

Exotische Pflanzen, Tiere und Menschen

Während einige Pflanzen als Heilmittel Eingang in die europäische Medizin fanden, wurden andere als Zierpflanzen in mitteleuropäischen Gärten heimisch. Bei manchen Pflanzen, wie der

Sonnenblume, ist eine klare Grenzziehung zwischen diesen beiden Kategorien allerdings schwierig, denn die Kerne der um die Mitte des 16. Jahrhunderts aus Mittelamerika nach Spanien eingeführten Blume wurden von Medizinern als verdauungsfördernd empfohlen.[33] Hans Fugger ersuchte 1593 den Faktor der Handelsgesellschaft in Madrid um die Übersendung einiger Kerne „der indianischen Blumen, flor del Sol genannt".[34]

Über die Handelsnetze der Fugger und Welser gelangten ferner außereuropäische Tiere nach Mitteleuropa. Es handelte sich dabei meist um Bestellungen für bzw. Geschenke an Familienmitglieder, Firmenmitarbeiter und befreundete Fürsten. Großer Beliebtheit erfreuten sich die leicht transportierbaren und anpassungsfähigen bunten Papageien, die schon bald nach der Entdeckung Amerikas nach Europa kamen. Langschwänzige Aras und grüne Amazonen zierten fürstliche Gemächer und Haushalte wohlhabender Stadtbürger und waren auch als Objekte des diplomatischen Geschenkverkehrs beliebt.[35] Für Dr. Christoph Welser, einen Bruder des Firmenleiters Anton Welser, wurden 1511 eine Meerkatze und ein Papagei erworben. Der Nürnberger Welserfaktor Jakob Sattler ließ sich 1515 von der Niederlassung in Lissabon drei Papageien samt Vogelhaus schicken.[36]

Hans Fugger orderte um 1570 mehrfach grüne Papageien in Antwerpen. Kleine Papageien mit gelbem Schnabel kämen seines Wissens aus Malakka und seien in Lissabon erhältlich. Diese seien „gar zart" und bedürften sorgfältiger Pflege.[37] Im Oktober 1567 erhielt Fugger einen Käfig mit Tauben aus Venedig, bei denen es sich jedoch nicht um die gewünschte Art handelte, denn er habe die „großgeschnäbelten, indianischen Tauben" geordert, während ihm Vögel mit kleinen Schnäbeln gebracht worden seien, die den mitteleuropäischen Winter nicht überstehen würden. [38] Im Herbst 1577 teilte Fugger Herzog Wilhelm von Bayern mit, dass der Augsburger Kaufmann Konrad Rott im Besitz eines „indianischen" Kranichs sei, der ein „wunderlicher, seltsamer schöner Vogel" sei und den er auf Wunsch für den Herzog zu erwerben versuchen werde.[39]

Daneben waren einige Fürsten, Adelige und wohlhabende Patrizier auch an Menschen dunkler Hautfarbe interessiert, die als Pagen und Kammerdiener ihren Höfen bzw. Haushalten exotischen Glanz verleihen sollten. Diese „Mohren“, die meist im Kindesalter nach Mitteleuropa kamen, wurden häufig als Sklaven in süd- und westeuropäischen Hafenstädten eingekauft; ihr rechtlicher Status bewegte sich in einer Grauzone zwischen Freiheit und Unfreiheit.[40] Herzog Wilhelm von Bayern etwa nutzte seine Kontakte zum Hause Fugger, um „Mohren“ für seinen Landshuter Hof zu erwerben.[41]

Kunstkammerobjekte

Der von 1550 bis 1579 in Bayern regierende Herzog Albrecht V. sowie sein Sohn und Nachfolger Wilhelm V. (reg. 1579–1597) gehören zu den großen Kunst- und Exoticasammlern des 16. Jahrhunderts. Die von Albrecht V. angelegte und von Wilhelm V. erweiterte Münchner Kunstkammer verwahrte zahlreiche seltene und kuriose Objekte außereuropäischer Provenienz.[42] In den Besitz der begehrten Stücke gelangten die Herzöge vor allem auf zwei Wegen: über den diplomatischen Geschenkverkehr zwischen der Iberischen Halbinsel und Mitteleuropa, in den Albrecht V. aufgrund seiner dynastischen Beziehungen zum Haus Habsburg – er war mit Anna von Österreich verheiratet – eingebunden war,[43] sowie über die Netzwerke Augsburger Handelshäuser.

Marx und Hans Fugger, die sowohl als Lieferanten von Kunstwerken und Luxuswaren fungierten als auch als Berater der Bayernherzöge in Kunst- und Repräsentationsfragen auftraten,[44] vermittelten wiederholt exotische Objekte an den Münchner Hof. Im Jahre1566 korrespondierte Marx Fugger mit den Vertretern seines Handelshauses in Lissabon und Antwerpen, Nathanael Jung und Hans Keller, wegen des Versands zweier Kisten mit Exotica an den bayerischen Herzogshof.[45] Im folgenden Jahrzehnt traten vor allem zwei Männer als Vermittler von Exotica in Erscheinung: der Madrider Fuggerfaktor Christoph Hörmann (1514–1586) und der Augsburger Kaufmann Anton Meuting (gest. 1591), der weitläufig mit den Fuggern verwandt war und häufig mit ihnen zusammenarbeitete.[46]

Anton Meuting, der jahrzehntelang zwischen Süddeutschland und Spanien hin- und herpendelte, reiste 1573 als diplomatischer Gesandter Herzog Albrechts V. auf die Iberische Halbinsel, um über ein bayerisch-portugiesisches Heiratsprojekt zu verhandeln. Obwohl diese Verbindung nicht zustande kam, kehrte Meuting 1574 nicht mit leeren Händen zurück: Die portugiesische Königin Maria gab ihm kostbare Exotica aus ihrer Kunstkammer für Albrecht V. mit auf den Weg: „zwei ceylonesische Kästchen, die in Lederkästen aufbewahrt wurden, Kämme und möglicherweise noch weitere Stücke aus Ceylon, wie Bergkris-

Kästchen aus Elfenbein, Kotte (Ceylon), um 1543

tallbesteck (Löffel und Gabeln) und einen goldenen Fingerhut mit rubinbesetzter Goldfassung". Dabei wählte die Königin Objekte aus, die sie selbst von einer ceylonesischen Gesandtschaft nach Portugal erhalten hatte. Diese Objekte waren nicht nur sehr filigran gearbeitet; sie symbolisierten auch die politischen und kulturellen Beziehungen zwischen Portugal und Ceylon und besaßen daher hohen repräsentativen Wert.[47] Auch vom spanischen Königshof brachte Anton Meuting wertvolle Geschenke für die herzogliche Kunstkammer mit. König Philipp II. gab ihm den Brocken einer Smaragdader – ein Gebilde aus rohen, ungeschliffenen Steinen – mit, der fortan die Münchner Kunstkammer zierte.[48] Die Übermittlung solcher diplomatischer Geschenke war im Zeitalter der Renaissance ein zentrales Medium der Beziehungspflege zwischen Herrscherhäusern. Wenn ein Kaufmann wie Anton Meuting also kostbare Exotica von der Iberischen Halbinsel nach Bayern übermittelte, so fiel auch etwas von deren Glanz auf den Überbringer ab.[49]

Exklusive Objekte, mit denen Renaissance-Fürsten ihre Kunstkammern bestückten, waren keine Handelsgüter im eigentlichen Sinne, da wichtige Kennzeichen eines Marktes, insbesondere ein größerer Interessentenkreis und Mechanismen der Preisbildung, fehlten.[50] Die Fugger und Anton Meuting waren daher keine „Händler" mit Exotica und Kunstkammerobjekten, sondern Agenten und Vermittler, die diese Güter als Gefälligkeiten oder im Rahmen diplomatischer Aufträge vom Sender an den Empfänger transferierten. Diese Objekte versprachen keinen bzw. nur einen geringen kommerziellen Gewinn; viel wichtiger war das Prestige, das mit ihrer Übermittlung verbunden war.

7 Nachrichten aus fernen Welten

Die „Welserkarte" des Diogo Ribeiro

Bei Restaurierungsarbeiten an Bucheinbänden in der Studienbibliothek Dillingen kamen zwischen 1954 und 1960 nicht nur die erwähnten Fragmente von Rechnungsbüchern der Welser-Gesellschaft zum Vorschein. Die Restauratorin Renate Wenck entdeckte überdies zwei Bruchstücke einer einst 86 mal 210 Zentimeter großen Weltkarte aus dem Jahre 1530, die höchstwahrscheinlich im Auftrag der Welser entstand. Ein 54 mal 37 Zentimeter großes Bruchstück, das den linken oberen Teil der Karte bildete, zeigt die „Neue Welt" Amerika; das zweite, 59 mal 39 Zentimeter messende Fragment war ursprünglich der rechte obere Teil und repräsentiert Teile Asiens. Das Mittelstück sowie die gesamte untere Hälfte sind nicht erhalten. Dass dies eine Auftragsarbeit für die Welser gewesen sein könnte, dafür spricht neben dem Fundkontext eine Eintragung auf einem der beiden Fragmente, das die Küste von Castilla del Oro – seit 1513/14 die spanische Bezeichnung für das Gebiet der heutigen Staaten Kolumbien und Venezuela – sowie Brasilien zeigt. Am linken Kartenrand heißt es: „Esta es la gouernacio[n] de la gran casa y noble compania de los belzeres hasta el estrecho de fernão magallanes." In deutscher Übersetzung: „Dies ist die Provinz des großen Geschlechts und der edlen Kompanie der Welser: Von hier bis zur Magellan-Straße." Der Kartograph war also darüber informiert, dass die spanische Krone die Provinz Venezuela 1528 Vertretern des Handelshauses Welser übertragen hatte, und seine schmeichelhafte Formulierung deutet darauf hin, dass er damit seinen Auftraggebern gefallen wollte.[1]

Der Mann, der diese Karte herstellte, ist in der Geschichte der Kartographie kein Unbekannter: Es handelt sich um den gebürtigen Portugiesen Diogo Ribeiro, der um 1518 in spanische Dienste getreten und etwa fünf Jahre später von Kaiser Karl V. zum königlichen Kartographen ernannt worden war. Die Kronen Spaniens und Portugals stritten sich damals infolge der Weltumseglung, die Gefolgsleuten Ferdinand Magellans in den Jahren 1519 bis 1522 gelungen war, um die Abgrenzung ihrer jeweiligen Herrschaftsansprüche im Pazifik und im Malaiischen Archipel, insbesondere um die Gewürzinseln (Molukken). Deshalb hatte dieses Amt erhebliche politische Bedeutung: Ribeiro war Mitglied der kastilischen Delegation, die 1524 mit Vertretern Portugals darüber verhandelte, ob die Molukken zur spanischen oder zur portugiesischen Interessensphäre gehörten. Drei Weltkarten, die er zwischen 1525 und 1529 anfertigte, unterstreichen Spaniens Anspruch auf die Molukken, die Karl V. schließlich 1529 im Vertrag von Saragossa für 350 000 Dukaten an Portugal abtrat. Der 1533 in Sevilla verstorbene Ribeiro gab die Dimensionen des Atlantischen Ozeans ziemlich zutreffend wieder, während er die Ost-West-Ausdehnung Asiens über- und die Dimensionen des Pazifischen Ozeans – möglicherweise absichtlich – unterschätzte. Eine genaue Bestimmung der Längengrade auf See war damals zwar noch nicht möglich – dieses Problem wurde erst im 18. Jahrhundert gelöst –, doch der Historiker Jerry Brotton geht davon aus, dass Ribeiro den Kenntnisstand geschickt im Interesse Spaniens manipulierte.[2] Auf jeden Fall versicherten sich die Welser 1530 der Dienste eines der versiertesten Kartenmacher seiner Zeit.

Das Interesse der reichsstädtischen Handelshäuser an Karten ist wiederholt belegt: Anton Fugger beauftragte 1536 den Maler Christoph Amberger, ein „Contrafet der Neuen Indias“, also eine Amerikakarte, anzufertigen, die Fuggers Vertrauter Christoph Hörmann König Ferdinand überbrachte.[3] Die Münchner Hofbibliothek erwarb mit der umfangreichen Büchersammlung Hans Jakob Fuggers (1516–1575) unter anderem einen Atlas mit Seekarten Battista Agneses.[4] Und als der bedeutende Kartograph Abraham Ortelius 1577 gemeinsam mit dem Maler Joris Hoefnagel von Antwerpen nach Süddeutschland reiste, genossen sie in Augsburg die Gastfreundschaft Marx Fuggers, der die beiden Niederländer mit Empfehlungsschreiben an den bayerischen Herzogshof versah.[5]

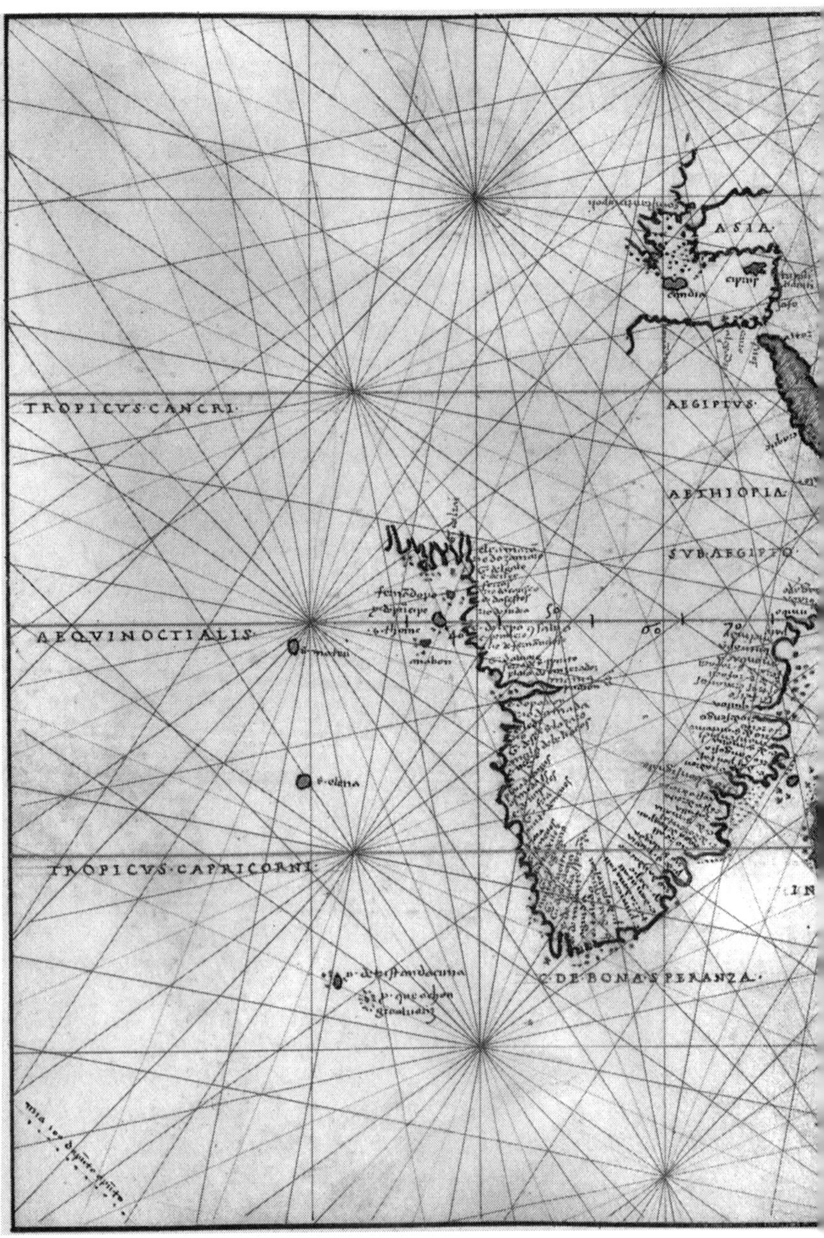

Atlantik und Indischer Ozean, Karte aus dem Atlas des Battista Agnese, Venedig 1541/42

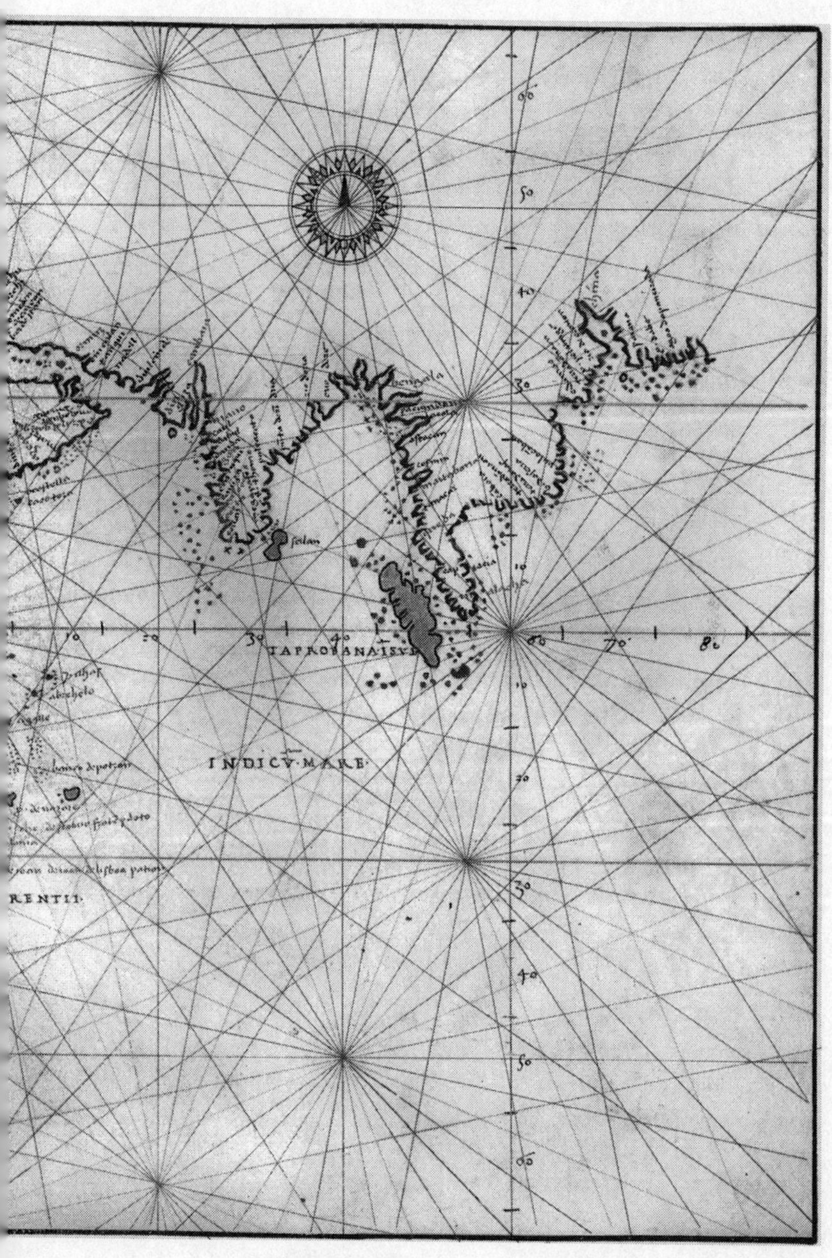
INDICV·MARE

Diese Beispiele weisen auf die Bedeutung von Informationen für die großen Handelshäuser hin. Angesichts der Distanzen, die im Fernhandel zu überwinden waren, sowie aufgrund der mit neuen geschäftlichen Unternehmungen verbundenen Risiken waren möglichst aktuelle und zuverlässige Nachrichten von größtem Interesse.[6]

Dank mehrerer Innovationen des späten 15. und 16. Jahrhunderts standen den Handelsgesellschaften Informations- und Kommunikationssysteme zur Verfügung, die wesentlich leistungsfähiger waren als in vorangegangenen Jahrhunderten. Neben die traditionellen städtischen und fürstlichen Botensysteme trat 1490 die von der aus Bergamo stammenden Familie Taxis organisierte und von Kaiser Maximilian I. privilegierte Post. Diese belieferte zunächst die verschiedenen Teile des Habsburger Reichs; im Laufe des 16. Jahrhunderts verband sie große Teile Europas durch ein schnelles und effektives Beförderungssystem miteinander. Zentrales Merkmal dieser Post, die seit 1516 auch privaten Kunden offenstand und von den Fuggern und Welsern regelmäßig genutzt wurde, war die Einrichtung fester Stützpunkte in regelmäßigen Abständen, an denen die Postreiter und Pferde wechselten.[7] Aus der Übermittlung politischer und militärischer Nachrichten in der Korrespondenz von Kaufleuten und Gelehrten entwickelte sich zudem das zunächst in Italien belegte neue Medium der *Avvisi* oder handgeschriebenen „Neuen Zeitungen“. Dabei handelte es sich zunächst um separate Briefbeilagen, dann um von professionellen Zeitungsschreibern in standardisierter Form erstellte und an einen Kreis von Abonnenten versandte Nachrichtenbriefe, die in kompakter Form über politische, diplomatische, militärische, wirtschaftliche und soziale Ereignisse informierten. Obwohl die Praxis der handschriftlichen Vervielfältigung und die relativ hohen Kosten den Adressatenkreis einschränkten, wiesen die *Avvisi* bereits zentrale Merkmale der modernen Zeitung – Periodizität, Aktualität und Publizität – auf.[8]

Überdies stellte das Medium des Buchdrucks mit beweglichen Lettern ganz neue Möglichkeiten der Verbreitung und Verviel-

Copia der Newen Zeytung auß Presillg Landt.

Copia der Newen Zeytung aus Presilg Landt, Titelblatt

fältigung von Informationen bereit. Die gedruckten Medien verdrängten die handschriftlichen Nachrichtenblätter zunächst allerdings nicht, sondern ergänzten sie vielmehr. Werke über die außereuropäische Welt spielten in der Produktion Augsburger Drucker zwar quantitativ gesehen nur eine geringe Rolle, doch einige Titel, die die Wahrnehmung fremder Weltregionen in Mitteleuropa nachhaltig prägten, gelangten in der schwäbischen Reichsstadt zum Druck. Amerigo Vespuccis Schrift *Mundus Novus,* der erste Bestseller der Amerikaliteratur, wurde 1504 von dem Augsburger Johann Ottmar auf Latein und im folgenden Jahr von Johann Schönsperger in einer deutschen Übersetzung herausgebracht. Die zwischen 1508 und 1515 von Erhard Öglin gedruckte, von einem anonymen Autor – wahrscheinlich einem Kaufmann – verfasste *Copia der Newen Zeytung aus Presilg Landt* berichtet in knapper Form über eine Seereise an die Küste Brasiliens sowie die dortigen Bewohner und Landesprodukte. Eine 1522 publizierte, dem Augsburger Drucker Melchior Ramminger zugeordnete Flugschrift resümiert die erste und dritte Reise des Christoph Kolumbus, die Weltumseglung Ferdinand Magellans sowie Hernán Cortés' Eroberung des Aztekenreichs. Der umfangreichste, 1550 von Philipp Ulhart d. Ä. veröffentlichte Augsburger Amerikadruck des 16. Jahrhunderts schließlich enthält die Briefe des Konquistadors Cortés an Kaiser Karl V., denen im Anhang mehrere Schreiben des Welser-Generalkapitäns in Venezuela, Philipp von Hutten, beigefügt sind.[9]

Die überseeische Welt in Kaufmannshandbüchern um 1500

Im Archiv der ehemaligen Augsburger Kaufmannsfamilie Baumgartner auf Schloss Zeil wurden in den 1930er-Jahren mehrere Handschriften entdeckt, die Aufzeichnungen über Handelspraktiken, Zolltarife, Währungen, Maße und Gewichte sowie zahlreiche andere für Kaufleute nützliche Informationen enthalten. Während der Entdecker der Manuskripte, Karl Otto Müller, der diese 1934 unter dem Titel *Welthandelsbräuche* veröffentlichte, selbstverständlich davon ausging, dass diese von Mitgliedern des Handelshauses Baumgartner angefertigt wurden, hat Theodor Gustav Werner rund 30 Jahre später plausible Gründe dafür angeführt, dass die wichtigsten dieser Handschriften von Vertretern der Augsburger Fugger und der Nürnberger Imhoff stammen.[10]

Grundsätzlich waren derartige Kaufmannshandbücher und -notizbücher nichts Neues: Aus Italien sind einschlägige Aufzeichnungen bereits aus dem 13. Jahrhundert bekannt. Für angehende Kaufleute war das Anlegen und Abschreiben solcher Informationssammlungen ein wichtiger Teil ihrer kommerziellen Ausbildung, und süddeutsche Kaufleute dürften diese Praxis aus Italien übernommen haben.[11] Die älteste in den *Welthandelsbräuchen* edierte Handschrift, die an der Wende vom 15. zum 16. Jahrhundert entstand, zeichnet sich jedoch dadurch aus, dass sie neben Informationen über wichtige europäische Handelsplätze auch Nachrichten über die portugiesische Handelswelt im Atlantik und im Indischen Ozean enthält, die auf Aufzeichnungen eines anonymen Indienfahrers von 1503/04 zurückgehen.[12]

Die Notizen beginnen mit geographischen Entfernungsangaben: Von Lissabon seien es 150 Meilen bis Madeira, 300 Meilen zu den Azoren, 1900 Meilen zum Kap der Guten Hoffnung und 3700 Meilen bis Calicut an der indischen Malabarküste. Auch die Kanaren, Brasilien, die Inseln São Tomé und Principe, verschiedene ostafrikanische Hafenstädte sowie Malakka werden durch Distanzangaben verortet, wobei offenbar die deutsche Meile (ca. 7,5 Kilometer) zugrunde gelegt wurde. Daran schließen sich Informationen über die wichtigsten Handelsplätze an der Küste Ostafrikas – Sofala, Mosambik, Kilwa, Malindi und Mombasa – an. In Sofala hätten sich muslimische Kaufleute aus Mekka und Alexandria etabliert, die jährlich Gold im Wert von 230 000 Dukaten nach Indien ausführen würden, um Gewürze einzukaufen. In Malindi könnten sich Seefahrer mit Lebensmitteln eindecken. Der Autor deutet auch die Machtverschiebungen an, die sich seit dem Vordringen der Portugiesen in diesen Handelsraum vollzogen hatten: Der Herrscher von Kilwa sei nunmehr dem König von Portugal tributpflichtig, weil ihn der portugiesische Admiral „dazu gezwungen“ habe; der Herrscher von Malindi hingegen sei „allezeit des Königs von Portugal Freund“ gewesen, und Mombasa halte ebenfalls Frieden mit den Portugiesen.[13]

Daran schließt sich ein Abschnitt über die indische Küstenstadt Cochin an. Die Angaben zu den beim Pfeffereinkauf verwendeten Währungen sowie zu den Kupferpreisen heben die wichtigsten Handelswaren hervor. Im Folgenden werden weitere Güter genannt: Ingwer, Gewürznelken, Sandelholz, Muskatnuss und Muskatblüte, die als Heilmittel geschätzten Tamarinden und Rhabarberwurzeln, der rote Farbstoff Lacha, Opium, Moschus, Kampfer, Zimt und Zinn. Die Ortsangaben werden möglichst genau mit bestimmten Handelswaren korreliert und die Angaben zu Preisen und Währungen bisweilen um praktische Hinweise ergänzt: Ein Kaufmann, der Lacha einkaufe, müsse die Augen aufhalten, denn es gebe fünferlei Sorten, „und die eine ist viel wert, die andere nichts, und eine je besser denn die andere".[14]

Ansicht von Calicut, aus: Georg Braun/Frans Hogenberg, Civitates orbis terrarum ... (1572)

Besondere Aufmerksamkeit schenkt der Text dem Edelstein- und Perlenhandel. Indische Rubine würden en gros aufgekauft, anschließend sortiert und nach Karat verkauft. Die größten und besten Rubine kämen aus Siam und dem Südwesten Chinas, wo sie „fast wohlfeil" seien; man finde sie jedoch auch auf Ceylon. Zentren des Perlenhandels seien Hormuz am Eingang zum Persischen Golf und Cail an der Südspitze Indiens.[15] Weiterhin behandelte der Verfasser den Handelsraum des Roten Meeres sowie der arabischen Halbinsel, deren wichtigstes Exportgut Weihrauch war, und teilte einige Informationen über die heiligen Stätten des

Islam sowie über den Glauben der Muslime und Hindus mit. Die Aufzeichnungen schließen mit einer Liste von Warenpreisen und knappen Bemerkungen zu den portugiesischen Seefahrten unter Vasco da Gama und Pedro Alvares Cabral.[16]

Eine weitere Handschrift aus dem Archiv der Baumgartner, die auf die Jahre 1514/15 datiert und Theodor Gustav Werner zufolge wahrscheinlich von dem Nürnberger Andreas Imhoff stammt, enthält Informationen über den Handel im indischen Calicut, in Westafrika und Brasilien. Außerdem finden sich hier detaillierte Nachrichten über die Kosten, die für die Ausrüstung eines Schiffs nach Indien anfielen, und die Regulierung des Asienhandels durch die portugiesische Krone.[17] Insgesamt unterstreichen diese kaufmännischen Kompendien das Bedürfnis der großen süddeutschen Handelshäuser nach verlässlichen Informationen über die Handelswelt außerhalb Europas.[18]

Konrad Peutinger und die geographischen Entdeckungen

Der langjährige Augsburger Stadtschreiber Konrad Peutinger (1465–1547), einer der gelehrtesten und einflussreichsten Männer der Reichsstadt im frühen 16. Jahrhundert, war aus zwei Gründen besonders an Nachrichten über die portugiesischen und spanischen Entdeckungen in Übersee interessiert. Zum einen beschäftigte er sich als Humanist mit kosmographischen Fragen und integrierte einschlägige Drucke und Manuskripte in seine Bibliothek, die sich zu einer der größten privaten Büchersammlungen nördlich der Alpen entwickelte.[19] Zum anderen war Peutinger seit 1498 mit Margarethe Welser, einer Tochter des Handelsherrn Anton Welser, verheiratet, und leistete der von seinem Schwiegervater geleiteten Welser-Vöhlin-Gesellschaft juristischen und diplomatischen Beistand.[20]

Peutinger besaß eine Sammlung handschriftlicher Berichte über die Amerikareisen Amerigo Vespuccis sowie über die frühen portugiesischen Indienexpeditionen unter dem Kommando Vasco da Gamas, Pedro Alvares Cabrals, Afonso de Albuquerques und Francisco de Almeidas, die „zu jener Zeit wohl einzigartig in Deutschland" war.[21] Gemeinsam mit seinem Schwager Dr. Christoph Welser übersetzte er einen Bericht über Vasco da Gamas zweite Indienfahrt aus dem Italienischen ins Deutsche. Dieser Text schildert anschaulich die Gefahren der Seereise: Bei der Umsegelung des Kaps der Guten Hoffnung sowie an der ostafrikanischen Küste gingen mehrere Schiffe in Stürmen verloren, und an der indischen Malabarküste starben zahlreiche Besatzungsmitglieder. Im Indischen Ozean lauerten die Portugiesen Pilgerschiffen auf, die sich auf dem Weg nach Mekka befanden.[22] Während der von Peutinger und Welser übersetzte Bericht an dieser Stelle abbricht, ist aus anderen Quellen bekannt, dass ein großes Schiff geplündert und anschließend mit mehreren hundert muslimischen Passagieren – darunter zahlreichen Frauen und Kindern – in Brand gesteckt wurde, nachdem man zuvor 20 Knaben für die christliche Taufe ausgesucht hatte – ein drastisches Beispiel dafür, dass die Portugiesen keine friedliche Handelsexpansion betrieben, sondern massiv Gewalt und Terror einsetzten.[23]

Generell verbinden sich in den von Peutinger gesammelten Texten antike Traditionen, Mythen und Legenden über die außereuropäische Welt mit Tatsachenberichten. Amerigo Vespuccis *Kurzer Bericht aus der neuen Welt* etwa mischt Informationen, die die Überlieferung antiker Autoren wie Ptolemäus und Aristoteles infrage stellen, mit sensationsheischenden Schilderungen der sexuellen und kannibalistischen Praktiken amerikanischer Völker.[24] Die Berichte über die portugiesischen Indienfahrten schildern den Reichtum an Waren auf den dortigen Märkten, den blühenden Handelsverkehr im Indischen Ozean sowie die ersten Handels- und Bündnisverträge mit lokalen Herrschern an der Malabarküste. Sie knüpfen aber auch an mittelalterliche Legenden an, wie die vom Priesterkönig Johannes, und machen das Ausmaß an militärischer Gewalt deutlich, das die Portugiesen gegen muslimische Kaufleute, ostafrikanische und indische Fürsten anwandten, die nicht mit ihnen kooperierten.[25]

Das Interesse Konrad Peutingers an der außereuropäischen Welt demonstriert auch eine Handschrift, die der Augsburger Stadtschreiber wahrscheinlich im Jahre 1508 von dem Buchdrucker Valentim Fernandes aus Lissabon erhielt und die eine Beschreibung der Küsten Afrikas sowie einen Bericht über die Indienexpedition von 1505 umfasst. Auch eine auf das Jahr 1515 datierte *Descriptio Indiae* in Peutingers Nachlass stammte ursprünglich von Valentim Fernandes.[26] Im Besitz des Stadtschreibers befand sich ferner eine handgezeichnete Karte des portugiesischen Kartographen Pedro Reinel, die zu den frühesten Kartendarstellungen Amerikas nördlich der Alpen gehört.[27]

Ein im Jahre 1523 von Peutinger erstellter Katalog seiner Bibliothek schließlich listet 42 kosmographische Werke auf. Neben Abhandlungen antiker Kosmographen wie Claudius Ptolemäus, Strabon, Plinius, Solinus und Pomponius Mela sowie Kommentaren zu diesen Schriften aus den Federn humanistischer Autoren besaß der Augsburger Stadtschreiber drei gedruckte Berichte über die Entdeckungsfahrten der Portugiesen in lateinischer Sprache. In seinem Besitz waren außerdem Lodovico de Varthemas Beschreibung seiner in den Jahren 1502 bis 1507 unternommenen Reise nach Ostasien sowie mehrere Werke, die den damals aktuellen Stand kosmographischen Wissens widerspiegeln. Dazu gehören die Kosmographie der oberrheinischen Humanisten Martin Waldseemüller und Matthias Ringmann von 1507, in die die Amerika-Reiseberichte Amerigo Vespuccis Eingang gefunden hatten, sowie zwei kosmographische Schriften des durch seine Globen bekannten fränkischen Humanisten Johann Schöner.[28] Mit seiner Bücher- und Handschriftensammlung gehörte der gelehrte Welser-Schwager Konrad Peutinger zu den am besten über die Entwicklung der Kosmographie[29] wie auch über die geographischen Entdeckungen der Portugiesen informierten Mitteleuropäern seiner Zeit. Seine Kenntnisse dürften der Welser-Gesellschaft bei Unternehmungen wie der Vorbereitung der Indienfahrt von 1505 gute Dienste geleistet haben.[30]

Silberflotten und Seeräuber: Die überseeische Welt in den „Fuggerzeitungen"

Als „Fuggerzeitungen" wird eine 27-bändige Sammlung von mehreren Tausend handgeschriebenen Zeitungen aus den Jahren 1568 bis 1605 bezeichnet, die heute in der Österreichischen Nationalbibliothek in Wien aufbewahrt wird. Diese von den Brüdern Philipp Eduard (1546–1618) und Octavian Secundus Fugger (1549–1600), den Leitern der 1578 gegründeten Handelsgesellschaft der „Georg Fuggerischen Erben", angelegte Sammlung galt lange Zeit als singulär, und man ging davon aus, dass sie aus primär geschäftlichem Interesse angelegt wurde. Inzwischen sind jedoch weitere Sammlungen derartiger „Neuer Zeitungen" des 16. und 17. Jahrhunderts – etwa diejenigen der Pfalzgrafen von Pfalz-Neuburg oder der Herzöge von Urbino – genauer untersucht worden, die diese Einschätzung stark relativieren. Die meisten Informationen, die Philipp Eduard und Octavian Secundus Fugger erhielten, waren auch für andere Sammler von Nachrichten – Kaufleute, Reichsfürsten und Gelehrte – verfügbar. Die „Fuggerzeitungen" sind daher als Zeugnisse eines im späten 16. Jahrhundert bereits gut ausgebauten europäisches Nachrichten- und Mediensystems anzusehen, das sich zunächst in Italien herausbildete und sich über Vermittler wie die Fugger auch nördlich der Alpen verbreitete. Sie sind jedoch kein Beleg dafür, dass die Augsburger Familie exklusiven Zugang zu bestimmten geschäftlich relevanten Informationen hatte oder gar einen firmeninternen Informationsservice unterhielt.[31]

Philipp Eduard und Octavian Secundus Fugger bezogen Nachrichten aus drei verschiedenen Quellen: erstens von Angestellten und Agenten ihrer Firma; zweitens aus ihrem sozialen Umfeld; sowie drittens von professionellen Zeitungsschreibern in Venedig und Augsburg. Fast drei Viertel der in der Sammlung der „Fuggerzeitungen" überlieferten Nachrichten kamen aus acht Städten – Antwerpen, Köln, Rom, Venedig, Lyon, Wien, Prag und Konstantinopel – die als Knotenpunkte in einem europaweiten

Informationsnetz fungierten.[32] In den Jahren, in denen sie an den Gewürzkontrakten mit der portugiesischen Krone beteiligt waren, korrespondierten die Brüder auch mit Südasien: Zwischen 1588 und 1591 schickten sie neun Briefe nach Indien, von denen acht an ihre Faktoren in Goa, Ferdinand Cron und Christian Schneeberger, gingen; ein weiterer war an den ebenfalls in Goa lebenden Florentiner Filippo Sassetti adressiert. In umgekehrter Richtung hatte Cron bereits 1587 einen ausführlichen Brief geschickt, der die Fugger auf dem Landweg erreichte.[33]

In inhaltlicher Hinsicht machen Mitteilungen über politische und militärische Ereignisse den Löwenanteil der „Fuggerzeitungen" aus; lediglich sechs Prozent der Nachrichten waren primär wirtschaftlicher Natur. Dieser Befund spricht dagegen, dass die Fugger „Neue Zeitungen" vorwiegend aus geschäftlichem Interesse gesammelt hätten; auch eine konkrete Nutzung dieser Informationen für geschäftliche Zwecke lässt sich nur in wenigen Fällen nachweisen. Vielmehr spiegelt diese Zeitungssammlung ein allgemeines Informationsbedürfnis der Brüder sowie die Intention wider, als gut informierte Zeitgenossen soziales Ansehen und Reputation zu gewinnen.[34]

Sowohl die Geschäftskorrespondenz des Handelshauses als auch die „Fuggerzeitungen" reflektieren indessen das Interesse an der überseeischen Welt. Besondere Aufmerksamkeit schenkten die Fugger als Großgläubiger König Philipps II. naturgemäß den Informationen über die spanischen Amerikaflotten, von deren sicherer Ankunft die Kreditwürdigkeit ihres königlichen Schuldners maßgeblich abhing. Bereits im Sommer 1558 hatte Christoph Raiser, der die Interessen der Fugger in Sevilla vertrat, in einem Brief an die Augsburger Firmenleitung das Eintreffen von fünf Schiffen aus Mexiko mitgeteilt.[35]

Fünfzehn Jahre später übermittelte der Madrider Faktor der Handelsgesellschaft „Marx Fugger & Gebrüder", Christoph Hörmann, seinen Auftraggebern einen Bericht über die Zusammensetzung und Ladung der Flotte aus Neu-Spanien, die rund zwei Millionen Pesos Silber sowie Cochenille, Perlen, Häute und Zucker an Bord hatte. In den letzten beiden Jahrzehnten des 16. Jahrhunderts empfingen auch die „Georg Fuggerischen Erben“ regelmäßig Nachrichten über die Amerikaflotten. Im Spätjahr 1586 wurden sie darüber informiert, dass die Silberflotte aus Neu-Spanien eingetroffen sei und der Schiffsverband aus Südamerika erwartet werde. Philipp Eduard und Octavian Secundus Fugger gaben diese Nachrichten auch an Geschäftspartner wie Hieronymus und Christoph Ott in Venedig weiter.[36] In den Jahren, in denen die „Georg Fuggerischen Erben“ am Asienkontrakt beteiligt waren, spielen in ihrer Korrespondenz auch Nachrichten über das Eintreffen von Schiffen in Lissabon sowie über den venezianischen Gewürzhandel in der Levante eine wichtige Rolle.[37]

Großes Aufsehen erregten im letzten Viertel des 16. Jahrhunderts die Kaperfahrten des englischen Seefahrers Francis Drake, für den die Brüder Fugger als Katholiken mit intensiven geschäftlichen Verbindungen nach Spanien und Portugal naturgemäß wenig Sympathien hatten. Drake – dessen Name in den spanischen Quellen, aus denen die Fugger ihre Informationen bezogen, mitunter zu „Drago“ (Drache) verballhornt wurde[38] – machte seit den 1570er-Jahren die karibischen Gewässer unsicher. Seine spektakulären Angriffe auf spanische Schiffe und Häfen an der Pazifikküste Südamerikas in den Jahren 1577 bis 1580, die in der zweiten Umsegelung der Erde nach Magellan kulminierten, machten ihn europaweit berühmt. Eine von Drake kommandierte Flottenexpedition überfiel 1585/86 die Kapverden sowie die spanisch-amerikanischen Hafenstädte Santo Domingo und Cartagena, ehe sie über Florida und die kurzlebige englische Kolonie auf Roanoke Island vor der Küste des heutigen US-Bundesstaats North Carolina nach Europa zurückkehrte.[39]

Philipp Eduard und Octavian Secundus Fugger wurden durch Nachrichtenbriefe ihrer Vertreter in Köln, Madrid und Lissabon über Drakes Aktivitäten informiert. Bereits 1585 wurden die Vorbereitungen und das Auslaufen der englischen Flotten aus Köln nach Augsburg gemeldet. Im März 1586 übermittelte der Madrider Fuggerfaktor Philipp Krell erste Nachrichten über Drakes

CIVITAS CARTHAGENA
CARTAGENA
CARTA.GENA.

Francis Drakes Flotte vor dem Hafen von Cartagena 1586; Kupferstich von Theodor de Bry

Angriff auf Santo Domingo; Anfang April wurde eine „Neue Zeitung“ über die Ereignisse in der Karibik aus Madrid an die Brüder Fugger versandt, und Ende Mai wurde ihnen aus der spanischen Hauptstadt mitgeteilt, dass der englische Seeräuber Honduras angesteuert und dort die Küstenstadt Puerto Cabellos geplündert habe. Man gehe davon aus, dass er von dort nach Campeche weitersegeln, die mexikanische Küste unsicher machen und der neuspanischen Silberflotte auflauern werde. Dies gelang Drake freilich nicht – die mit Edelmetall beladenen spanischen Galeonen trafen unbehelligt in Sevilla ein. Im Laufe des Sommers erhielten die Fugger dafür weitere Nachrichten über Drakes Überfall auf Cartagena, und Mitte September berichtete eine „Fuggerzeitung“ aus Madrid, dass der Seefahrer wieder in England angekommen sei.

Auch in diesem Fall ist zu betonen, dass das Augsburger Handelshaus weder über exklusive Informationen noch über einen Informationsvorsprung verfügte: Durch Gesandtschaftsbriefe, Geschäftskorrespondenz und „Neue Zeitungen“ war eine Reihe deutscher und italienischer Fürsten, Diplomaten und Kaufleute gleichermaßen über die Ereignisse in Amerika informiert, und sie alle bezogen ihre Informationen letztlich aus denselben Quellen. Im Vergleich zu den Nachrichtenbriefen, die Fürsten über Drakes Unternehmung erhielten, zeichnen sich die Berichte des Madrider Fuggerfaktors allerdings durch besondere Genauigkeit aus. Zudem empfingen Philipp Eduard und Octavian Secundus Fugger Nachrichten, die auf offiziellen Berichten an die spanischen Behörden basierten, direkt aus Sevilla. Die Historikerin Renate Pieper konstatiert, dass die Fugger über „umfangreiches Grundwissen über Amerika“ verfügten, „denn sie erhielten Übersetzungen von Schriftstücken, die für die spanische Kolonialverwaltung bestimmt waren, ohne weitere Erläuterung“. Allerdings gehen diese „Neuen Zeitungen“ kaum auf geographische oder kulturelle Besonderheiten der Neuen Welt ein: Amerika wurde „aus europäischer Perspektive als weiterer Schauplatz europäischer Auseinandersetzungen dargestellt“.[40] Festzuhalten ist, dass sich Gesandtenberichte, Kaufmannskorrespondenz und „Neue Zeitungen“ wechselseitig ergänzten und dafür sorgten, dass Mitglieder der europäischen Oberschicht am Ende des 16. Jahrhunderts gut über Entwicklungen in Übersee informiert waren.

8 Globale Akteure im Umfeld der Fugger und Welser

Der Vermittler: Valentim Fernandes aus Mähren

Als König Manuel I. von Portugal im Jahre 1503 den Welser-Vöhlin, den Fuggern und anderen süddeutschen Kaufleuten Handelsprivilegien für sein Königreich gewährte, gestattete er ihnen unter anderem, eine Person auszuwählen, die als Makler, Dolmetscher und Notar fungieren sollte. Zu den Aufgaben dieses Vermittlers sollte die Übersetzung von Korrespondenz und Verträgen, die Interessenvertretung der deutschen Kaufleute bei den königlichen Behörden und die Beglaubigung von Schriftstücken gehören. Mit dieser Aufgabe wurde der 1493/94 in Sevilla nachweisbare und seit spätestens 1495 in Lissabon ansässige Valentim Fernandes beauftragt.[1] Der aus Mähren stammende Drucker war aufgrund seiner Sprachkenntnisse – er beherrschte Deutsch, Latein, Spanisch und Portugiesisch[2] – sowie aufgrund seiner guten Beziehungen zum portugiesischen Königshof für eine Vermittlerrolle prädestiniert. Außerdem war er lebhaft an der überseeischen Expansion Portugals interessiert: Bereits 1502 hatte er die Reisebeschreibung Marco Polos sowie die Berichte zweiter italienischer Asienreisender des 15. Jahrhunderts, Niccolò de Conti und Hieronimo di San Stefano, in portugiesischer Sprache gedruckt.[3]

In den Jahren 1506 bis 1510 stellte Valentim Fernandes einen Kodex mit insgesamt 33 portugiesischen Manuskripten über Westafrika, die atlantischen Inseln und den Indischen Ozean zusammen. Diese Textsammlung, die möglicherweise die Grundlage einer Chronik der portugiesischen Entdeckungen bilden sollte, enthielt unter anderem eine von dem Nürnberger Martin Behaim redigierte Beschreibung der Seefahrten des Diogo Gomes sowie einen Bericht des Deutschen Hans Mayr, der mit der erwähnt, er steht dabei aber fast immer im Schatten seines kaufmännisch – angeblich – bedeutenderen Bruders Heinrich, dem unter anderem die Ausstellung der spanischen Wechsel zur Finanzierung der Wahl Kaiser Karls V. 1519 sowie die Aushandlung der Verträge über die Kolonisation Venezuelas und die Lieferung von 4000 Sklaven in die Neue Welt im Jahre 1528 zugeschrieben werden.[11]

Christoph Amberger, Bildnis eines Santiagoritters [Bildnis des Ulrich Ehinger] (1535/40)

Auffälligerweise ist in deutschsprachigen Quellen, wie dem in der Staats- und Stadtbibliothek Augsburg aufbewahrten Familienbuch der Ehinger aus dem späten 16. Jahrhundert, von Heinrich Ehingers vermeintlich so bedeutsamen Aktivitäten auf der Iberischen Halbinsel nie die Rede. Vielmehr wurde dieser Heinrich Ehinger 1508 Chorherr im Konstanzer Stift St. Stephan, gab aber während der Reformationszeit den geistlichen Stand auf und heiratete 1527. In den Jahren 1524 bis 1527 ist er sogar sicher in Konstanz belegt.[12] Auch in erhaltenen Fragmenten von Rechnungsbüchern der Welser-Gesellschaft wird im Zusammenhang mit deren spanischen Geschäften durchgängig Ulrich Ehinger, hingegen niemals sein Bruder Heinrich genannt.[13] Berücksichtigt man zudem, dass der Vorname „Enrique" in spanischen Quellen des 16. Jahrhunderts sowohl Heinrich als auch Ulrich bedeuten kann und etwa die Handelsdiener Ulrich Neidhart und Ulrich Gessler in Sevilla ebenfalls als „Enrique" bezeichnet werden,[14] so ist mit dem in spanischen Quellen häufig genannten „Enrique" Ehinger höchstwahrscheinlich Ulrich Ehinger gemeint.[15]

Ulrich Ehinger begann seine Laufbahn in Spanien in Diensten der Großen Ravensburger Handelsgesellschaft: Aus Genua kommend, übernahm er 1507 in Valencia die Rechnung dieser traditionsreichen Gesellschaft. Einige Jahre später leitete Ehinger deren Niederlassung in Saragossa, fiel dort allerdings durch seinen aufwendigen Lebensstil und seine schludrige Kassenführung auf und vernachlässigte angeblich die Handelsgeschäfte.[16] Um 1518 trat er in die Dienste der Welser, und zu Beginn des folgenden Jahres stellte er gemeinsam mit Sebastian Schöpperlin in Saragossa die Wechselbriefe aus, die zur Finanzierung der Wahl Karls V. dienen sollten. Im Oktober 1519 stellte ihm Bartholomäus Welser eine Generalvollmacht zur Wahrnehmung der Interessen seiner Handelsgesellschaft in Spanien aus, und in der Folgezeit baute er die Faktorei der Welser am spanischen Hof auf.[17]

Seine bedeutendsten Geschäfte tätigte Ulrich Ehinger Ende der 20er-Jahre des 16. Jahrhunderts. Im August 1527 vertrat er gemeinsam mit Maffeo de Taxis ein Konsortium italienischer und oberdeutscher Handelsfirmen, das den Zuschlag für die Maestrazgopacht der Jahre 1528 bis 1532 erhielt. Kurze Zeit später war er an einem Darlehen der Fugger und Welser an Karl V. in Höhe von 100 000 Dukaten beteiligt.[18] Im Frühjahr 1528 schloss er gemeinsam mit Hieronymus Sailer als Repräsentant der Welser die Verträge zur Kolonisation Venezuelas, zur Anwerbung von 50 deutschen Bergleuten für Amerika und zur Lieferung von 4000 afrikanischen Sklaven in die Neue Welt ab.[19] Sein großer Einfluss am spanischen Königshof geht aus dem Umstand hervor, dass ihn die Reichsstadt Ulm nach dem Scheitern eines evangelischen Städtebundes Ende 1528 ersuchte, die Stadt beim Kaiser gegen etwaige Verleumdungen zu verteidigen. Als im folgenden Jahr die evangelischen Fürsten und Reichsstädte, die gegen den Speyrer Reichstagsabschied protestiert hatten, eine Gesandtschaft zu Karl V. nach Spanien schickten, wurden die Gesandten angewiesen, sich an Ulrich Ehinger zu wenden, da dieser das besondere Vertrauen des Kaisers genieße.[20] Tatsächlich hatte Karl V. ihn bereits 1525 in Toledo in den Adelsstand erhoben; zwei Jahre später erfolgte in Burgos seine Ernennung zum kaiserlichen Rat.[21]

Im Jahre 1530 hielt sich Ulrich Ehinger in Süddeutschland auf, wo er im Gefolge Karls V. am Augsburger Reichstag teilnahm.[22] In dieser Zeit war er auch an Verhandlungen mit den Fugger- und Welser-Gesellschaften über ein neuerliches Darlehen an den Herrscher beteiligt.[23] Als das Unternehmen Bartholomäus Welsers Ende Oktober 1530 den Vertrag über die Maestrazgopacht der Jahre 1533 bis 1537 abschloss, trat er als Zeuge auf.[24] Wahrscheinlich beendete er während seines Aufenthalts in der schwäbischen Reichsstadt auch sein Dienstverhältnis mit der Welser-Gesellschaft.[25] Einige Jahre später wurde Ulrich Ehinger in Spanien die für Ausländer ausgesprochen seltene Ehre zuteil, in den Ritterorden von Santiago aufgenommen zu werden.[26] Im Habit dieses Ordens ließ er sich von Christoph Amberger, dem damals führenden Porträtmaler der Augsburger Patrizier und Kaufleute, porträtieren.[27]

Nach seinem Ausscheiden aus der Welser-Gesellschaft blieben Ulrich Ehinger und sein Bruder Hans an der Maestrazgopacht der Jahre 1533 bis 1537 unterbeteiligt.[28] Außerdem verkaufte Ulrich Ehinger im Auftrag der in Antwerpen ansässigen Handelsfirma der deutschstämmigen Kaufleute Joachim Pruner und Kilian Reitwieser[29] in Spanien Diamanten. Nach seinem Tod verklagten Pruner und Reitwieser Ehingers Witwe Ursula auf Bezahlung des ihnen zustehenden Anteils.[30] Und schließlich ließ sich Ehinger mit einem anderen ehemaligen Welser-Angestellten, der sich in Spanien selbstständig gemacht hatte, dem aus Geislingen an der Steige stammenden Alberto Cuon, auf ein Unternehmen in der Neuen Welt ein. 1535 gründeten Ehinger und Cuon eine „Neu-Spanische Pastell- und Safran-Handlung", die Safran sowie den Farbstoff Pastell in Mexiko kommerziell anbauen und nach Europa exportieren wollte. Die spanische Krone teilte den Vertragspartnern dafür Land und Arbeitskräfte zu und erlaubte ihnen die Einfuhr afrikanischer Sklaven.[31] Das Unternehmen scheiterte jedoch auf ganzer Linie, da der aus Mexiko exportierte Pastell von minderwertiger Qualität und in Europa unverkäuflich war.[32] Das mit großen Erwartungen gestartete Unternehmen reiht sich damit unter die kurzlebigen und verlustreichen überseeischen Projekte süddeutscher Kaufleute ein.

Indienfahrer und Amerikahändler: Lazarus Nürnberger

Unter den süddeutschen Kaufleuten, die sich in Sevilla niederließen, nimmt der aus Neustadt an der Aisch stammende Lazarus Nürnberger (1499–1564) aufgrund seiner langjährigen Präsenz und seiner vielfältigen Aktivitäten eine Sonderstellung ein. Zudem verfügte er im Gegensatz zu Ulrich Ehinger selbst über Überseeerfahrung, denn im Frühjahr 1517 war der damals gerade 18-Jährige im Auftrag des Nürnberger Handelshauses Hirschvogel mit einer portugiesischen Flotte nach Indien gereist. Eine erst in den 1960er-Jahren entdeckte Kopie von Nürnbergers Reisebeschreibung ist der einzige erhaltene Augenzeugenbericht dieser Expedition. Das Schiff, auf dem sich Nürnberger befand, erreichte Anfang Oktober 1517 die Hafenstadt Goa. Während seines Aufenthalt auf dem Subkontinent, der bis Mitte Januar 1518 dauerte, besuchte er Cannanore, Calicut und Cochin und notierte, dass dort Pfeffer und andere Spezereien zu bekommen seien. Doch seine besondere Aufmerksamkeit galt dem Perlen- und Edelsteinhandel.[33]

Nach seiner Rückkehr nach Lissabon im Sommer 1518 beabsichtigten die Hirschvogel offenbar, ihn nochmals nach Indien zu entsenden, doch als sich diese Pläne zerschlugen, entschloss sich Lazarus Nürnberger zur Übersiedlung nach Sevilla. Angesichts des Aufschwungs des Amerikahandels, der dort gerade einsetzte, erschienen ihm die Aussichten in der andalusischen Handelsstadt viel versprechender als in der portugiesischen Metropole.[34]

In Sevilla heiratete Lazarus Nürnberger eine Tochter des deutschstämmigen Buchdruckers Jakob Cromberger, der unter anderem als Publizist der frühen spanischen Amerikaberichte hervortrat und mit dem er in der Folgezeit eng zusammenarbeitete. Als Kaiser Karl V. den Amerikahandel 1525 für Nichtkastilier öffnete, waren Cromberger und Nürnberger die ersten Deutschen, die die Genehmigung erhielten, mit den Kolonien Handel zu treiben. Noch im selben Jahr schickten sie einen eigenen Vertreter nach Santo Domingo, wohin sie Bücher, Textilien, Metallwaren und in einem Fall auch Musikinstrumente aus Nürnberg exportierten. Als Rückfrachten erhielten sie Zucker, Perlen und Gold. Lazarus Nürnberger trat darüber hinaus als Perlen- und Edelsteinhändler in Erscheinung: 1525 verkaufte er Perlen an den spanischen König, acht Jahre später an dessen Gemahlin. Die Perlen erwarb Nürnberger über seine Niederlassung auf Santo Domingo sowie über die *Casa de la Contratación* in Sevilla. Ferner investierte er in die erfolglose Molukkenexpedition Sebastian Cabots, beteiligte sich am Handel mit afrikanischen Sklaven und vertrat zeitweilig die Interessen großer oberdeutscher Handelshäuser wie der Fugger und Welser in Sevilla. Im Jahre 1526 reiste Bartholomäus Blümel als Vertreter Lazarus Nürnbergers nach Santo Domingo. Blümel zog um 1530 auf das südamerikanische Festland weiter, wo er seinen Namen zu Bartolomeo Flores hispanisierte und 1541 zu den Gründern der Stadt Santiago de Chile gehörte.[35]

Seit 1535 baute Nürnberger zusammen mit seinem Schwager Hans Cromberger und Christoph Raiser, dem Sevillaner Faktor des Augsburger Kaufmanns Sebastian Neidhart, ein Amerikaunternehmen auf, das Silberbergwerke in der mexikanischen Region Zultepeque und eine Niederlassung für den Handel mit Peru am Isthmus von Panama umfasste. In Mexiko wurde das ambitionierte Unternehmen zunächst durch den gebürtigen Basler Hans Henschel, ab Ende 1537 dann durch den Ulmer Marcus Hartmann vertreten; in Panama arbeiteten unter anderem die aus Nürnberg stammenden Hans Tucher und Lazarus Spengler d. J. sowie mehrere Flamen für die Gruppe um Lazarus Nürnberger. Obwohl Nürnberger 1539 mehrfach Goldsendungen aus Amerika empfing, entwickelten sich die dortigen Unternehmungen nicht wie von ihm und seinen Teilhabern erhofft: Bereits 1538 war Hans Henschel – der sich unter anderem von Hernán Cortés, dem Eroberer Mexikos, Geld geliehen hatte – so hoch verschuldet, dass er ein Bergwerk und 90 Sklaven verpfänden musste, und wenige Jahre später trennten sich Christoph Raiser und Sebastian Neidhart von ihrem Anteil an dem Bergwerk von Zultepeque. Auch Nürnberger scheint sich um 1540 aus dem mexikanischen Bergbau zurückgezogen zu haben.[36]

Im Jahre 1546 beteiligte sich Lazarus Nürnberger an einem weiteren Amerikaunternehmen: Er investierte 500 Gulden in eine Gesellschaft, die unter Führung des Nürnberger Patriziers Hans Tetzel Kupferbergbau auf Kuba betrieb. Tetzel war 1542 selbst nach Westindien gereist, um die dortigen Bergbaumöglichkeiten zu sondieren und hatte nach seiner Rückkehr erfolgreich mit dem Schmelzen kubanischen Kupfererzes experimentiert. Vier Jahre später gelang ihm der Abschluss eines Vertrags mit der spanischen Krone, der ihm zehn Jahre lang exklusive Bergbau- und Schmelzrechte auf der Insel verlieh; an seiner Gesellschaft waren außer Nürnberger Tetzels Brüder Jobst und Gabriel sowie seine Schwäger Balthasar Rummel und Andreas Gienger beteiligt. 1547 reiste Tetzel mit deutschen und flämischen Spezialisten nach Amerika. Mit der Arbeitskraft afrikanischer Sklaven bauten sie ein Kupferhüttenwerk unweit von Santiago de Cuba auf. Das Unternehmen entwickelte sich zunächst viel versprechend, und Tetzel begann mit dem Kupferexport nach Spanien. Seit 1554 warfen Korsarenangriffe und Naturkatastrophen das Unternehmen zurück, doch Tetzel konnte frisches Kapital mobilisieren und die Krise meistern. Im Jahre 1571 reiste er nach Spanien, um einen neuen Vertrag mit der Krone abzuschließen und weitere Arbeitskräfte zu rekrutieren; er verstarb jedoch in Madrid. Mit seinem Tod endete dieses bemerkenswerte Experiment transatlantischen Technologietransfers.[37]

Drei weitere Beispiele für Lazarus Nürnbergers Aktivitäten verdeutlichen, wie die Akteure im Spanien- und Amerikahandel miteinander vernetzt waren. Das erste Beispiel unterstreicht zudem die Bedeutung geographischer Informationen für kommerzielle Unternehmungen: 1541 traf Lazarus Nürnberger mit dem venezianischen Seefahrer und Kartographen Sebastian Cabot und einem Vertreter des Nürnberger Kaufmanns Kaspar Nützel d. J. eine Vereinbarung über den Druck einer Weltkarte in der Reichsstadt Nürnberg. Aufgrund dieser Absprache, die vier Jahre später erneuert wurde, investierte Nürnberger 250 Dukaten in das Projekt, das offenbar nicht zustandekam.[38]

Das zweite Beispiel illustriert die Bedeutung von technischem Know-how für transatlantische Unternehmungen. Anfang 1540 schlossen Lazarus Nürnberger und der in Mexiko-Stadt wohnhafte Pedro de Aguilar einen Vertrag mit dem aus Brabant stammenden Bergbauexperten Caspar Lohmann, der für sie neue Erzvorkommen in Mexiko sondieren sollte. Es handelte sich dabei um denselben Caspar Lohmann, der in den 1550er-Jahren gemeinsam mit Bartolomé de Medina erfolgreich das Amalgamierungsverfahren erprobte, das die Nachfrage nach Quecksilber aus Almadén sprunghaft ansteigen ließ und den Fuggern einen höchst lukrativen Absatzmarkt bescherte.[39]

Die dritte Aktion exemplifiziert die Verflechtungen zwischen den deutschen Kaufleuten in Sevilla: Als Lazarus Nürnberger kurz vor seinem Tod im Jahre 1564 sein Testament machte, fungierten sein Schwiegersohn Thomas Miller und dessen Frau Maria als Testamentsvollstrecker. Miller war viele Jahre als Fuggerfaktor in Spanien und Portugal tätig; er war 1547 auf die Iberische Halbinsel gekommen und seit 1558 in Sevilla ansässig. Der hispanisierte fränkische Kaufmann Lazarus Nürnberger ließ die Beziehungen, die er in den 30er-Jahren des 16. Jahrhunderts zu den Fuggern geknüpft hatte, also zeitlebens nicht abreißen.[40]

Ein Augsburger in Goa: Ferdinand Cron

Nachdem sich die Handelsgesellschaften „Marx und Matthäus Welser" sowie die „Georg Fuggerischen Erben" 1585 zur Beteiligung am portugiesischen Asienkontrakt entschlossen hatten,[41] schickten sie einen Vertreter nach Goa, dem Verwaltungszentrum des *Estado da India*. Ihre Wahl fiel auf Ferdinand Cron, einen Sohn des Augsburger Kistlers (Schreiners) und Bürgermeisters Heinrich Cron. Von 1587 an stellten ihm die Fugger mit Christian Schneeberger, nach dessen schwerer Erkrankung seit 1589 mit Sebastian Zangmeister und Gabriel Holzschuher eigene Vertreter zur Seite. Doch während wir von den anderen Oberdeutschen nach dem Auslaufen der Gewürzverträge der Fugger und Welser nichts mehr hören, blieb Cron in Indien und baute von Goa und Cochin aus ein eigenes Handelsunternehmen auf, dessen Verbindungen bis nach Macao und Malakka reichten. Der österreichische Orient- und Asienreisende Georg Christoph Fernberger, der sich im Sommer 1590 mehrere Wochen lang in Crons Haus aufhielt, rühmte dessen Gastfreundschaft ebenso wie seinen Wohlstand und Geschmack. In der Folgezeit integrierte sich der gebürtige Augsburger in die koloniale Elite Goas, indem er 1592 die adelige Portugiesin Doña Isabel Leitoa zur Frau nahm und das Bürgerrecht der Stadt erwarb. In einer Zeit, in der der Asienhandel der Portugiesen zunehmend durch niederländische und englische Handels- und Kaperfahrten beeinträchtigt wurde, wurde Cron eine wichtige Stütze des Vizekönigs und seiner Regierung in Goa, denen er wiederholt mit Krediten aushalf. Im Jahre 1609 ernannte ihn König Philipp III., der Spanien und Portugal in Personalunion regierte, zum Edelmann (*Fidalgo*) des königlichen Haushalts und Mitglied des Christusordens. Einige Jahre später rüstete Cron im Auftrag der Königin Margarida Handelsfahrten nach China und Japan aus, deren Profite für den Bau eines von der Monarchin gestifteten Augustinerklosters eingesetzt wurden. Es ist sehr wahrscheinlich, dass Cron selbst kräftig an diesen lukrativen Fahrten verdiente. Die Heiratsverbindungen seiner Töchter Isabel und Maria mit portugiesischen *Fidalgos*, seine Mitwirkung an der Stadtverwaltung von Goa sowie großzügige religiöse Stiftungen verstärkten seine Integration in die koloniale Elite.[42]

Ein wichtiger Faktor war zudem Crons Fähigkeit, die portugiesische Krone mit Informationen über die Entwicklung in Indien zu versorgen, wobei er sich der Karawanenrouten durch Westasien und über die arabische Halbinsel bediente, die zwar nicht schneller, aber zeitweilig sicherer als die Seeroute um das Kap der Guten Hoffnung waren. Im Jahre 1608 wurde er offiziell mit der Postbeförderung zwischen Lissabon und Goa über Genua, Venedig, Alexandria, Aleppo und Hormuz beauftragt.[43]

Crons wachsender Reichtum und Einfluss riefen allerdings Neider auf den Plan: Trotz seiner Verdienste wurde er aufgrund von – wahrscheinlich unbegründeten – Denunziationen 1619 als niederländischer Spion verdächtigt und zeitweilig inhaftiert. Er konnte nach seiner Freilassung aber dank seiner guten Beziehungen zum Vizekönig Fernão de Albuquerque seinen Einfluss wahren. Fünf Jahre später hingegen wurde er vor dem Hintergrund eines generell fremdenfeindlichen Klimas in Goa, aber auch seiner engen Beziehungen zum umstrittenen neuen Vizekönig Francisco da Gama, Graf von Vidigueira, erneut inhaftiert und diesmal sogar als Gefangener nach Portugal gebracht. In Madrid, wo er seine letzten Lebensjahre verbrachte, erreichte er seine Rehabilitation.[44]

Dass man sich in seiner Heimatstadt auch nach seinem fast vier Jahrzehnte umfassenden Aufenthalt in Indien noch an ihn erinnerte, zeigt ein Brief des Augsburger Patriziersohns Friedrich Endorfer d. J., der damals in Lyon eine kaufmännische Lehre absolvierte, an seinen gleichnamigen Vater aus dem Jahre 1624. Der junge Endorfer schrieb nach Augsburg, dass sich Ferdinand Cron, „den der Herr Vatter zweifelsohne wohl kennen wird“, auf einem Schiff nach Lissabon befinde.[45] Auch wenn es zu dieser Zeit wahrscheinlich keine aktiven Handelsbeziehungen reichsstädtischer Kaufleute mit Portugiesisch-Indien mehr gab, war das Bewusstsein um die Tradition des oberdeutschen Indienhandels in der Augsburger Oberschicht also offensichtlich noch lebendig.

Epilog

Erfolg und Scheitern am Beginn des globalen Zeitalters

In den 30er- und 40er-Jahren des 16. Jahrhunderts standen die von Anton Fugger und Bartholomäus Welser geleiteten Handelshäuser an der Spitze der süddeutschen Kaufmannschaft. Durch ihre Rolle im interkontinentalen Kupfer- und Gewürzhandel sowie als Bankiers des spanischen Königs und deutschen Kaisers Karl V. gehörten sie zur exklusiven Gruppe der „global player" der Renaissance. Einige Jahrzehnte später sah die Lage bereits anders aus: Als die Welser 1585 mit den Erben Georg Fuggers über den Einstieg in den portugiesischen Asienkontrakt verhandelten, äußerten sich Vertreter der Fugger skeptisch, ja beinahe mitleidig über die Augsburger Konkurrenz: Der Kredit der Welser sei bereits so stark gesunken, dass man ihre baldige Zahlungsunfähigkeit befürchten müsse.[1] 1614 gingen die Welser tatsächlich bankrott, und die Brüder Matthäus und Paul Welser mussten eine demütigende Schuldhaft über sich ergehen lassen, während die zahlreichen Mitglieder der Familie Fugger in ihren Stadtpalästen und Landschlössern residierten, bedeutende Kunstwerke in Auftrag gaben und Karrieren an Fürstenhöfen machten. Was war geschehen, warum entwickelten sich die Geschicke der beiden Handelshäuser letztlich so unterschiedlich?

Der Historiker Reinhard Hildebrandt hat in seiner Erörterung der Gründe für den Niedergang der Welser'schen Handelsgesellschaft auf das „Kontinuitätsproblem in der Firmenleitung" hingewiesen: Bartholomäus Welser schied bereits 1551 aus der Gesellschaft aus, nachdem sich sein Bruder Anton (II.) offenbar im Streit von ihm getrennt hatte. Daraufhin hatte bis 1580 sein Sohn Christoph die Leitung inne, doch auch Christophs Söhne zogen sich allesamt aus dem aktiven Geschäft zurück. In den letzten Jahren ihres Bestehens wurde das Handelshaus daher von drei Enkeln Anton (II.) Welsers geleitet, deren Vater wieder in die Christoph-Welser-Gesellschaft eingetreten war. Das Ausscheiden von Teilhabern war stets mit der Auszahlung von Kapitalanteilen verbunden und schwächte dadurch die Liquidität des Hauses.[2] Aber mit diesem Problem hatte sich auch die Fugger'sche Handelsgesellschaft auseinanderzusetzen, die 1564 nach heftigen internen Auseinandersetzungen den zeitweiligen Firmenleiter Hans Jakob Fugger mit einer Zahlung von 230 000 Gulden und der Übernahme von Schulden in Höhe von 35 000 Gulden auslösen musste. Das Ausscheiden Christoph Fuggers entzog dem Handelshaus 1572 sogar eine Million Gulden, und Georg Fuggers Söhne Philipp Eduard und Octavian Secundus entnahmen über 750 000 Gulden, die sie in ihre eigene Handelsgesellschaft investierten.[3] Auch die Strukturprobleme des Fernhandels und Finanzgeschäfts in der zweiten Hälfte des 16. Jahrhunderts – Zahlungseinstellungen fürstlicher Schuldner, Bankrotte von Geschäftspartnern, die Störung kommerzieller Verbindungen durch die langwierigen Kriege in Frankreich und den Niederlanden – betrafen beide Handelshäuser gleichermaßen.[4]

Der Vergleich zwischen den Geschäftsfeldern der Fugger und Welser zeigt jedoch, dass Erstere vor allem in zwei Bereichen geradezu exorbitante Gewinne machten. Dies war zum einen der internationale Kupferhandel zwischen etwa 1500 und 1540, als Kupfer aus dem ungarischen Handel der Fugger eine eminent wichtige Rolle als Exportgut der Portugiesen nach Asien spielte. Allein zwischen 1511 und 1526 erhöhte sich das Gesellschaftskapital der Fuggerfirma von knapp 200 000 auf rund zwei Millionen Gulden; es hatte sich also innerhalb von nur 15 Jahren verzehnfacht![5] Die Welser-Vöhlin-Gesellschaft erzielte nach den Angaben ihres Mitarbeiters Lucas Rem in den Jahren 1502 bis 1517 jährliche Gewinnspannen von durchschnittlich neun Prozent, die zwar auf einen profitablen Fernhandel hinweisen, jedoch hinter den annähernd 55 Prozent, die der Fugger'sche Handel jährlich zulegte, weit zurückbleiben.[6] Verglichen mit den Fuggern ist ein zentraler Wettbewerbsnachteil der Welser darin zu sehen, dass es ihnen nicht gelang, in einem der großen europäischen Montanreviere dauerhaft Fuß zu fassen: Sie finden sich weder in den Reihen der Tiroler Gewerken und Montangroßhändler, noch war ihrem Einstieg in den böhmischen und sächsischen Erzbergbau in den 1520er-Jahren dauerhafter Erfolg beschieden. Auch die Möglichkeit, im Kontext des Engagements in Venezuela in den südamerikanischen Bergbau zu investieren, blieb ungenutzt. Selbst wenn die Welser die Verluste, die ihnen durch das Venezuela-Unternehmen entstanden waren, wahrscheinlich übertrieben, muss man konstatieren, dass ihnen das dort investierte Kapital für andere Unternehmungen fehlte.[7] In den Jahren 1554 bis 1557 verfügte die Christoph-Welser-Gesellschaft nach den Berechnungen Sven Schmidts über Aktiva in Höhe von etwa 1,4 Millionen Gulden und 229 000 Gulden Eigenkapital,[8] während sich die Aktiva des Unternehmens Anton Fuggers 1546 auf 7,1 Millionen und das Gesellschaftskapital auf rund fünf Millionen Gulden beliefen.[9]

Der andere für die Fugger besonders lukrative Geschäftsbereich war die Produktion von Quecksilber, das für das Amalgamierungsverfahren in den mexikanischen Bergwerken benötigt wurde, im spanischen Almadén. Der Verkauf von Quecksilber an die spanischen Kronbehörden bescherte dem Augsburger Handelshaus zwischen 1562 und dem frühen 17. Jahrhundert exorbitante Profite, die rückläufige Entwicklungen in anderen Bereichen wie dem Tiroler Bergbau mehr als ausglichen.[10] Die Christoph-Welser-Gesellschaft konnte indessen durch Anpassungen ihrer Geschäftspolitik in den 1550er-Jahren, insbesondere durch den Ausbau des Kommissions- und Speditionsgeschäfts sowie durch Investitionen in Anleihen niederländischer Städte und Provinzen, ihre Position zwar noch eine Zeit lang behaupten, sie sah sich seit den 1570er- Jahren durch den Krieg in den Niederlanden und weitere Kapitalentnahmen jedoch mit neuen Herausforderungen konfrontiert, denen sie langfristig nicht gewachsen war.[11]

Ihre zentrale Stellung im europäischen Bergbau versetzte die Fugger also zweimal in die Lage, von besonders günstigen weltwirtschaftlichen Konstellationen zu profitieren: zunächst vom Kupferbedarf der portugiesischen Krone für den Indienhandel und dann vom Quecksilberbedarf der spanischen Krone für den amerikanischen Bergbau. Die Gewinne in diesen Bereichen ermöglichten den Fuggern im Laufe des 16. Jahrhunderts den Aufbau eines ländlichen Güterkomplexes im östlichen Schwaben, der am Vorabend des Dreißigjährigen Krieges Besitzungen und Herrschaftsrechte in rund 100 Dörfern umfasste. Durch gezielte Arrondierung und sorgfältiges Management ihrer Ländereien sowie die Vergabe von Krediten erwirtschafteten sie nach den Berechnungen des Historikers Robert Mandrou im späten 16. Jahrhundert jährliche Renditen von fünf bis sechs Prozent – ein moderater Wert, aber eine langfristig sichere und verlässliche Einnahmequelle. Zudem hatte dieser ländliche Grundbesitz nicht nur eine ökonomische, sondern auch eine soziale Funktion: Er bildete die Basis für den Aufstieg der Fugger in den Reichsadel und ermöglichte es der Familie, durch die Errichtung ländlicher Schlossbauten und die Pflege eines adeligen Lebensstils ihren Status und ihre Reputation zu erhöhen.[12] Mitglieder der Familie Welser erwarben zwar ebenfalls ländlichen Grundbesitz, doch erreichte dieser weder die Dimensionen des Fugger'schen Güterkomplexes, noch konnten sie ihn langfristig halten.[13]

Die außerordentlich hohen Gewinne im Handel mit den globalen Gütern Kupfer und Quecksilber finanzierten auch die repräsentativen, mäzenatischen und philanthropischen Aktivitäten der Fugger, deren eindrucksvolle Zeugnisse in Augsburg und Schwaben das Interesse der Kunst- und Kulturhistoriker auf sich ziehen: den Bau der Fuggerkapelle in St. Anna, die als eines der frühesten Zeugnisse der Renaissancekunst nördlich der Alpen gilt; die Errichtung der Fuggerei, der ältesten kontinuierlich bestehenden Sozialsiedlung der Welt; den Ausbau der Fuggerhäuser in Augsburg zu repräsentativen Stadtpalästen; die Büchersammlungen Hans Jakob, Ulrich und Georg Fuggers, die heute zu den Schätzen großer europäischer Bibliotheken gehören; den Aufbau bedeutender Kunst- und Antikensammlungen; und die

Protektion zahlreicher bildender Künstler, Musiker und Gelehrter von internationalem Rang.[14]

Ihr enormer persönlicher Reichtum und die Kombination aus hochprofitablen und sicheren Kapitalanlagen ermöglichte es Mitgliedern der Fugger schließlich auch, befreundete Fürsten und Adelige mit Nachrichten über Ereignisse in Europa und Übersee sowie mit fremdartigen und exotischen Objekten zu versorgen, die sich im Zeitalter der Renaissance besonderer Wertschätzung erfreuten. Bei diesen Transaktionen handelte es sich um Gefälligkeiten, die eher eine soziale als eine ökonomische Funktion hatten. Die Fugger waren keine professionellen Händler mit Nachrichten, exotischen Tieren, tropischen Arzneipflanzen oder Kunstkammerobjekten, sondern schwerreiche Kaufleute, die eine adelsgleiche Standesqualität für sich reklamierten und es sich leisten konnten, Fürsten wie den Herzögen von Bayern zu Diensten zu sein.

Anmerkungen

Einleitung

1 Knabe/Noli, Die versunkenen Schätze.
2 Westermann, Die versunkenen Schätze.
3 Knabe/Noli, Die versunkenen Schätze, S. 52 f.
4 Otte, Welser auf Santo Domingo, S. 122–128.
5 Schmölz-Häberlein, Kaufleute, Kolonisten, Forscher, bes. S. 325 f.
6 Knabe/Noli, Die versunkenen Schätze, S. 161 (ähnlich S. 24 und S. 42). Vgl. die kritischen Anmerkungen von Westermann, Die versunkenen Schätze, S. 470–478.
7 Knabe/Noli, Die versunkenen Schätze, S. 31, 36.
8 Geffcken/Häberlein (Hg.), Rechnungsfragmente, bes. S. XV–XXII.
9 Vgl. Bernecker, Nürnberg; Häberlein, Augsburger Handelshäuser.
10 ZEIT-Lexikon, Bd. 5, S. 521.
11 Williamson/O'Rourke, When did globalisation begin?
12 O'Rourke/Williamson, Did Vasco da Gama matter.
13 Flynn/Giraldez, Path Dependence; Rönnbäck, Integration; Hausberger, Verknüpfung der Welt, S. 15 f.
14 de Vries, The Limits of Globalization.
15 Held/McGrew/Goldblatt/Perraton, Global Transformations, S. 16–25. Vgl. Antunes, Globalisation, S. 14–18. Weitere Periodisierungsversuche diskutiert Hausberger, Verknüpfung der Welt, S. 14–26.
16 Vgl. Walter, Proto-Globalisierung.
17 Vgl. Osterhammel/Petersson, Globalisierung, S. 36–38; Pieper, Anfänge; Findlay/O'Rourke, Power and Plenty, S. 145–167; Wendt, Vom Kolonialismus zur Globalisierung, S. 33–51; Hausberger, Verknüpfung der Welt, S. 83–96.
18 Vgl. Flynn/Giráldez, Born with a „Silver Spoon"; Findlay/O'Rourke, Power and Plenty, S. 167–175.
19 Vgl. Lesger, Buchdruck; Pettegree, Invention of News.
20 Braudel, Aufbruch zur Weltwirtschaft, S. 152–167; Limberger, „No Town in the World"; van der Wee/Materné, Antwerp; Harreld, High Germans.
21 Vgl. Kellenbenz, Venedig.
22 Vgl. Scruzzi, Eine Stadt; Johnson, Discovery.
23 Vgl. zu diesem Aspekt Johnson, Discovery, S. 89, 92 f., 121 f.
24 Vgl. Häberlein, Brüder, Freunde und Betrüger; Denzel, Merchant Family. Die Rolle der Fugger im Prozess der Herausbildung globaler Strukturen, insbesondere im Bereich des Bergbaus und des Finanzgeschäfts, diskutiert auch Graulau, Finance.

25 Häberlein, Fugger, S. 17–24.
26 Ebd., S. 24–27, 32–34.
27 Ebd., S. 36–48.
28 Ebd., S. 48–56, 59–65.
29 Ebd., S. 65–68; vgl. Häberlein, Jakob Fugger und die Kaiserwahl.
30 Kellenbenz, Anton Fugger; Häberlein, Fugger, S. 69–96.
31 Häberlein, Fugger, S. 96–104.
32 Ebd., S. 104–111.
33 Ebd., S. 115–119.
34 Geffcken, Welser.
35 Welser, Welser, Bd. 1, S. 65 f.; Geffcken, Welser, S. 152.
36 Dazu Kiessling, Strukturwandel.
37 Geffcken, Welser, S. 152–155.
38 Welser, Die Welser, Bd. 1, S. 68; Bd. 2, S. 25; Ehrenberg, Zeitalter, Bd. 1, S. 196.
39 Vgl. Hildebrandt, Die „Georg Fuggerischen Erben", S. 45–50; Häberlein, Handelsgesellschaften, S. 308 f., 312 f.; Westermann/Denzel, Kaufmannsnotizbuch, S. 40–43.
40 Geffcken/Häberlein (Hg.), Rechnungsfragmente, S. XXXVI–XLI.
41 Ebd., S. XLI–XLIII; Häberlein, Welser-Vöhlin-Gesellschaft.
42 Geffcken/Häberlein (Hg.), Rechnungsfragmente, S. XLIII–XLIV; zur Jakob-Welser-Gesellschaft vgl. Kellenbenz, Das Meder'sche Handelsbuch, S. 77–92; Westermann, Nürnberger Welser.
43 Werner, Beteiligung, S. 543 f., 553; Kellenbenz, The Role, S. 58; ders., Fugger in Spanien, Bd. 1, S. 163; Dokumentenband, S. 32 f.; Reinhard, Geschichte, Bd. 2, S. 57 f.
44 Geffcken/Häberlein (Hg.), Rechnungsfragmente, S. XLVI–LII.
45 Vgl. dazu Lang, Herrscherfinanzen.
46 Geffcken/Häberlein (Hg.), Rechnungsfragmente,, S. LII f.; Schmidt (Hg.), Gewerbebuch, S. 30–35.
47 Schmidt (Hg.), Gewerbebuch, S. 33–40.
48 Ebd., S. 40–50; Hildebrandt, Niedergang; Müller, Zusammenbruch.

1 Am Anfang war die Baumwolle

1 Kiessling, Die Stadt und ihr Land, S. 725.
2 Kiessling, Augsburgs Wirtschaft, S. 175; ders., Die Stadt und ihr Land, S. 721, 723–725.
3 Kiessling, Die Stadt und ihr Land, S. 725; ders., Augsburgs Wirtschaft, S. 174, 176.
4 Kiessling, Augsburgs Wirtschaft, S. 177.

5 Rogge, Für den Gemeinen Nutzen, S. 35–41; Häberlein, Fugger, S. 28–30.
6 Pölnitz, Anfänge, S. 197.
7 Jansen, Anfänge, S. 48, 104–107; Pölnitz, Anfänge, S. 199.
8 Kiessling, Die Stadt und ihr Land, S. 726–729; ders., Augsburgs Wirtschaft, S. 176 f.; Rogge, Für den Gemeinen Nutzen, S. 107–118.
9 Eirich, Memmingens Wirtschaft, S. 122–135, 144–150, 164 f.
10 Braunstein, Wirtschaftliche Beziehungen, S. 381 f.; Backmann, Kunstagenten oder Kaufleute?, S. 180 f.; Israel, Fremde, S. 90 f., 124; Häberlein, Fondaco dei Tedeschi, S. 125–127.
11 Vgl. Kellenbenz, Wirtschaftsleben, S. 265–267.
12 Vgl. Simonsfeld, Fondaco dei Tedeschi, Bd. 1, S. 360, 364; Welser, Die Welser, Bd. 1, S. 67.
13 Rossmann, Handel der Welser, S. 23 f., 35 f.; Kiessling, Die Stadt und ihr Land, S. 681 mit Anm. 137; Häberlein, Handelsgesellschaften, S. 319, 321; Geffcken/Häberlein (Hg.), Rechnungsfragmente, S. XXXVI f.
14 Geffcken/Häberlein (Hg.), Rechnungsfragmente, S. 3, 18, 23, 25. Vgl. auch Häberlein, Welser-Vöhlin-Gesellschaft, S. 24.
15 Rossmann, Handel der Welser, S. 23 f.
16 Geffcken/Häberlein (Hg.), Rechnungsfragmente, S. 37, 61, 82. Vgl. Häberlein, Donauraum, S. 415 f.
17 Geffcken/Häberlein (Hg.), Rechnungsfragmente, S. 57, 60, 92.
18 Ebd., S. 132, 140, 191–194.
19 Peyer, Wollgewerbe; Holbach, Frühformen, S. 140–142.
20 Archives d'Etat Fribourg, Ratserkanntnusbuch 1 (1493–1497), fol. 87v; Ratserkanntnusbuch 2 (1497–1507), fol. 24r–25v, 26r, 43v–45r, 63v–65r; Ratserkanntnusbuch 3 (1508–1514), fol. 61r–61v; Ratserkanntnusbuch 4 (1514–1524), fol. 54r–56v; Missivenbuch 4, pag. 113; Missivenbuch 5, pag. 7 f., 234 f.; Traités et Contrats, No. 341.
21 Simonsfeld, Fondaco dei Tedeschi, Bd. 1, 386 (Nr. 676); Rossmann, Handel der Welser, S. 21 f.; Eirich, Memmingens Wirtschaft, S. 131 f.; Holbach, Frühformen, S. 142; Häberlein, Welser-Vöhlin-Gesellschaft, S. 26.
22 Schulte, Geschichte des mittelalterlichen Handels, Bd. 1, S. 582 f.; Eirich, Memmingens Wirtschaft, S. 135.
23 Geffcken/Häberlein (Hg.), Rechnungsfragmente, S. LVIII, 52, 55.
24 Israel, Fremde aus dem Norden, S. 85 Anm. 114.
25 Geffcken/Häberlein (Hg.), Rechnungsfragmente, S. LIX, 58.
26 Staatsarchiv Zürich, B VIII 87/320; Holbach, Frühformen, S. 143 f. (Zitat); Häberlein, Welser-Vöhlin-Gesellschaft, S. 25.
27 Geffcken/Häberlein, Rechnungsfragmente, S. 95 f., 107, 113.
28 Vgl. Müller, Welthandelsbräuche, S. 173.

29 Geffcken/Häberlein, Rechnungsfragmente, S. 15, 64–67, 73, 242.
30 Melis, Aspetti, S. 222.
31 Geffcken/Häberlein, Rechnungsfragmente, S. 14 f., 68, 73 f., 95 f., 113, 116, 132, 163, 166, 234; Häberlein, Welser-Vöhlin-Gesellschaft, S. 24.
32 Zur Bedeutung Antwerpens als Stapelmarkt für englische Tuche vgl. Munro, Patterns of Trade, S. 165–167; Limberger, „No Town in the World", S. 42–44.
33 Geffcken/Häberlein (Hg.), Rechnungsfragmente, S. 27, 50, 60, 89 f., 95 f., 137, 197 f., 275.
34 Greiff (Hg.), Tagebuch des Lucas Rem, S. 9.
35 Geffcken/Häberlein (Hg.), Rechnungsfragmente, S. 54, 117.
36 Vgl. Dinges, Der „feine Unterschied".
37 Rothmann, Frankfurter Messen, S. 122–140 (Zitat S. 124); Selzer, Adel auf dem Laufsteg, S. 115–122.
38 Stollberg-Rilinger, Des Kaisers alte Kleider, S. 57–59; Selzer, Adel auf dem Laufsteg, S. 122–124.
39 Chroniken der deutschen Städte, Bd. 25, S. 66.
40 Rublack, Dressing Up, S. 6, 211–229, 245–253, 265–267.
41 Siehe vor allem Rublack, Dressing Up, S. 33–79; Groebner, Kleider.
42 Rublack/Hayward (Hg.), First Book of Fashion, S. 97, 130 f., 164.
43 Degenartige Hieb- und Stichwaffe.
44 Geffcken/Häberlein (Hg.), Rechnungsfragmente, S. 294–296, 298 f.
45 Jansen, Jakob Fugger, S. 197.
46 Pölnitz, Jakob Fugger, Bd. 2, S. 248, 384; Rublack, Dressing Up, S. 47.
47 Weitnauer, Venezianischer Handel, S. 99–102.
48 Vgl. zuletzt Häberlein, Fugger, S. 188; Hadry, Jakob Fugger.
49 Pölnitz, Anfänge, S. 206–219; Kellenbenz, Fustian Industry, S. 264.
50 Vgl. dazu Pölnitz, Anton Fugger, Bd. 1, S. 265–274, 277, 283–286; Kellenbenz, Anton Fugger, S. 78 f.; Scheller, Memoria, S. 181, 217–224; Häberlein, Fugger, S. 175.
51 Pölnitz/Kellenbenz, Anton Fugger, Bd. 3/2, S. 32 f., 331–333; Kellenbenz, Fustian Industry, S. 264–269; Häberlein, Fugger, S. 198.
52 Kellenbenz, Fugger in Spanien, Bd. 1, S. 332, 335, 338 f., 343, 374–378, 442; Kellenbenz/Walter (Hg.), Oberdeutsche Kaufleute, S. 42. 48, 62, 253 f. und passim.
53 Vgl. Häberlein, Fugger, S. 88, 104 f.; Schmidt (Hg.), Gewerbebuch, S. 38–44 und passim.
54 Vgl. für die Zeit um 1550: Geffcken/Häberlein (Hg.), Rechnungsfragmente, S. 183; für die späten 1550er-Jahre: Schmidt (Hg.), Gewerbebuch, S. 402–405, 408, 428 f.; für die Zeit um 1580: Welser, Welser, Bd. 2, S. 179–181.

55 Schmidt (Hg.), Gewerbebuch, S. 126, 144, 152, 167, 186, 196, 285, 292 f., 328 f., 342, 345, 368–370, 374, 376, 397, 402–404, 424, 428 f.

56 Nutz, Unternehmensplanung.

57 Kellenbenz, Wirtschaftsleben, S. 263, 271. In der Stadt gab es um 1600 nach wie vor große Baumwoll- und Barchenthändler, doch sie hießen nun nicht mehr Fugger oder Welser, sondern Franz Murauer, Balthasar Lorenz oder Zacharias Scheffler.

58 Kiessling, Verlagssystem, S. 186–188.

2 Silber- und Kupferhandel in Europa und in Übersee

1 Geffcken, Jakob Fuggers frühe Jahre; Steinmetz, The Richest Man, S. 8–10.

2 Glück/Häberlein/Schröder, Mehrsprachigkeit, S. 57–61.

3 Häberlein, Fugger, S. 34 f.

4 Vgl. Tasser/Westermann (Hg.), Tiroler Bergbau.

5 Westermann, Silber- und Kupferproduktion, S. 206; Häberlein, Fugger, S. 42.

6 Verfügungsrecht über die geförderten Bodenschätze.

7 Jansen, Anfänge, S. 54 f.; Pölnitz, Jakob Fugger, Bd. 1, S. 30 f.; Bd. 2, S. 9 f.; Kellenbenz, Jakob Fugger, S. 39; Steinmetz, The Richest Man, S. 18 f.

8 Ehrenberg, Zeitalter, Bd. 1, S. 89 f.; Jansen, Jakob Fugger, S. 10–19; Pölnitz, Jakob Fugger, Bd. 1, S. 34–37; Schick, Jacob Fugger, S. 21–26; Kellenbenz, Jakob Fugger, S. 39 f.; Rössner, Deflation, S. 295–300; Häberlein, Die Fuggersche Anleihe; Steinmetz, The Richest Man, S. 19–22.

9 Jansen, Jakob Fugger, S. 19–21; Pölnitz, Jakob Fugger, Bd. 1, S. 39–42; Bd. 2, S. 12 f., 16 f.; Schick, Jacob Fugger, S. 33–37; Kellenbenz, Jakob Fugger, S. 40 f.

10 Ehrenberg, Zeitalter, Bd. 1, S. 90 f.; Jansen, Jakob Fugger, S. 24 f., 27, 79–84, 195–203; Pölnitz, Jakob Fugger, Bd. 1, S. 45–49, 63, 66, 68, 83–85; Bd. 2, S. 17–19, 29–33, 39, 58–60, 68, 72, 87 f.; Schick, Jacob Fugger, S. 37–41.

11 Jansen, Jakob Fugger, S. 23 f.; Pölnitz, Jakob Fugger, Bd. 1, S. 44, 60 f.; Bd. 2, S. 16.

12 Jansen, Jakob Fugger, S. 79–131; Ehrenberg, Zeitalter, Bd. 1, S. 91–93; Pölnitz, Jakob Fugger, Bd. 2, S. 124–26, 159, 164, 179, 183, 194 f., 223; Schick, Jacob Fugger, S. 62–74, 83–85; Kellenbenz, Jakob Fugger, S. 45 f., 51 f.

13 JANSEN, Jakob Fugger, S. 128 f.; PÖLNITZ, Jakob Fugger, Bd. 1, S. 522 f., 532; Bd. 2, S. 516–519, 533 f., 554–556, 590 f.; KELLENBENZ, Jakob Fugger, S. 61 f.; PICKL, Kupfererzeugung, S. 138 f.

14 JANSEN, Jakob Fugger, S. 133–137; PÖLNITZ, Jakob Fugger, Bd. 1, 52–54, 77; Bd. 2, S. 22 f., 33 f., 53; SCHICK, Jacob Fugger, S. 47–55; KALUS, Fugger in der Slowakei, S. 43–46, 51–54.

15 JANSEN, Jakob Fugger, S. 137 f., 152 f.; PÖLNITZ, Jakob Fugger, Bd. 1, S. 69–77; Bd. 2, S. 35–38, 46–50, 53–56, 76 f., 99–101; KALUS, Fugger in der Slowakei, S. 54–58, 65 f., 72 f.

16 SCHICK, Jacob Fugger, S. 117, 160; VLACHOVIĆ, Kupfererzeugung, S. 150.

17 HILDEBRANDT, Kupferhandel, S. 193; KALUS, Fugger in der Slowakei, S. 62–64; vgl. WESTERMANN, Silber- und Kupferproduktion.

18 Vgl. DE VRIES, Population, S. 12 f.; YUN, Economic Cycles, S. 125–133.

19 VAN DER WEE, Antwerp Market, Bd. 2, S. 125–130; Bd. 3, S. 522 f., Anhang 44/1.

20 EHRENBERG, Zeitalter, Bd. 1, S. 396 f.; JANSEN, Jakob Fugger, S. 52 f.; PÖLNITZ, Jakob Fugger, Bd. 1, 96–108, 126–128, 133 f.; Bd. 2, S. 78, 81, 83 f., 98 f.; SCHICK, Jacob Fugger, S. 61 f.; MERTENS, Monopole, S. 27–29.

21 VAN DER WEE, Antwerp Market, Bd. 3, Anhang 44/1. Vgl. JANSEN, Jakob Fugger, S. 156–158; PÖLNITZ, Jakob Fugger, Bd. 1, S. 161 f., 211; Bd. 2, S. 108, 195, 233, 275, 283 f.; KALUS, Fugger in der Slowakei, S. 65; WESTERMANN, Novos Mundos, S. 56 f.

22 PÖLNITZ, Jakob Fugger, Bd. 1, S. 73 f.; Bd. 2, S. 39 f.; KALUS, Fugger in der Slowakei, S. 37–39, 59.

23 JANSEN, Jakob Fugger, S. 68–72; 138–144, 150 f., 191–193; PÖLNITZ, Jakob Fugger, Bd. 1, S. 129 f., 186; Bd. 2, S. 40–44, 53–55, 74–77, 104–119, 319 f.; KALUS, Fugger in der Slowakei, S. 58 f., 65 f.

24 WESTERMANN, Novos Mundos, S. 48; vgl. auch DERS., Silberrausch.

25 Vgl. KELLENBENZ, Briefe über Pfeffer, S. 226 f.; REINHARD, Expansion, Bd. 1, S. 101; HENDRICH, Valentim Fernandes, S. 174 f.

26 LACH, Asia, Bd. I/1, S. 107; VAN DER WEE, Antwerp Market, Bd. 2, S. 125 f.; POHLE, Expansion, S. 156–169; MUNRO, Patterns of Trade, S. 169; RÖSSNER, Deflation, S. 273 f.; WESTERMANN, Die versunkenen Schätze, S. 466.

27 Vgl. KELLENBENZ, Neues zum Ostindienhandel, S. 86 f.; DERS., Fugger in Spanien, Bd. 1, S. 49; KALUS, Beschaffung und Vertrieb, S. 81–83; GUIDI BRUSCOLI, Marchionni.

28 JANSEN, Jakob Fugger, S. 68, 200; PÖLNITZ, Jakob Fugger, Bd. 2, S. 14, 30; KELLENBENZ, Jakob Fugger, S. 41; zur Entwicklung Antwerpens vgl. LIMBERGER, „No Town in the World".

29 KELLENBENZ, Briefe über Pfeffer, S. 209–224; DERS., Fugger in Spanien, Bd. 1, S. 54–61; MATHEW, Indo-Portuguese Trade, S. 162–167; POHLE, Expansion, S. 179–188.

30 Rössner, Deflation, 251–310. Vgl. bereits Van der Wee, Antwerp Market, Bd. 2, S. 125 f.; Westermann, Garkupfer, S. 75–77.

31 Rössner, Deflation, S. 485–664.

32 Ehrenberg, Zeitalter, Bd. 1, S. 119; van der Wee, Antwerp Market, Bd. 2, S. 131.

33 Doehaerd, Etudes Anversoises, Bd. 3, S. 256–259; Lutz, Peutinger, S. 62 f.; Häberlein, Handelsgesellschaften, S. 305 f.; Rössner, Deflation, S. 277, 287.

34 Ehrenberg, Zeitalter, Bd. 1, S. 212–218; Westermann, Novos Mundos, S. 56.

35 Ehrenberg, Zeitalter, Bd. 1, S. 95; Jansen, Jakob Fugger, S. 54, 56, 104 f., 108 f., 112, 115 f., 121 f.; Pölnitz, Jakob Fugger, Bd. 1, S. 257, 272 f., 300, 335 f.; Bd. 2, S. 163, 246 f., 270, 278, 316, 345, 349 f., 428; Schick, Jacob Fugger, S. 150–155; Pickl, Kupfererzeugung, S. 138; Westermann, Brass-works, S. 165.

36 Rössner, Deflation, S. 271–290. Sicher unzutreffend ist Rössners Identifikation eines „João Bicudo" mit Hans Vöhlin.

37 König (Hg.), Briefwechsel, S. 46–48; vgl. Lutz, Peutinger, S. 56 f.; Rössner, Deflation, S. 253 f.

38 Archives d'Etat Fribourg, Missivenbuch 4, pag. 129; Stadtarchiv Konstanz, B II, Missiven, Bd. 26, fol. 49a; Greiff (Hg.), Tagebuch des Lucas Rem, S. 7.

39 Ehrenberg, Zeitalter der Fugger, Bd. 1, S. 194.

40 Geffcken/Häberlein (Hg.), Rechnungsfragmente, S. 17, 26, 70, 85, 163.

41 Strieder, Organisationsformen, S. 237–242; Lütge, Handel Nürnbergs, S. 355–358.

42 Van der Wee, Antwerp Market, Bd. 2, S. 159 f.; Yun, Economic Cycles, S. 127; Rössner, Deflation, S. 267.

43 Kalus, Fugger in der Slowakei, S. 66–99; vgl. Jansen, Jakob Fugger, S. 160–178; Pölnitz, Jakob Fugger, Bd. 1, S. 540–542, 602–605; Schick, Jacob Fugger, S. 103–107.

44 Pölnitz, Jakob Fugger, Bd. 1, S. 602–640; Schick, Jacob Fugger, S. 207–223; Pölnitz, Anton Fugger, Bd. 1, S. 66–73; Kellenbenz, Anton Fugger, S. 59 f.; Kalus, Fugger in der Slowakei, S. 100–154.

45 Pölnitz, Anton Fugger, Bd. 1, 84 f., 88, 92, 106 f. 169–173, 176–199, 202–205, 214–225, 233–238, 243 f., 335–341, 422 (Anm. 156), 427 f. (Anm. 13), 444 (Anm. 105), 464 f. (Anm. 186); Kellenbenz, Anton Fugger, S. 62 f., 65 f., 69–71, 75–77, 83 f.; Kalus, Fugger in der Slowakei, S. 163–169, 179–184, 194.

46 Hildebrandt, Kupferhandel, S. 193, 197; Pölnitz/Kellenbenz, Anton Fugger, Bd. 3/2, S. 314.

47 PÖLNITZ, Anton Fugger, Bd. 1, S. 606 f. (Anm. 113); Bd. 2/1, S. 98 f., 166–173, 181–183, 192–202, 321–323 (Anm. 146), 540–542 (Anm. 333); KALUS, Fugger in der Slowakei, S. 184 f., 196–212.
48 PÖLNITZ, Anton Fugger, Bd. 2/1, S. 151–154.
49 Vgl. HÄBERLEIN, Brüder, Freunde und Betrüger, S. 207–215; DERS., Die Fugger, S. 136–138.
50 KELLENBENZ, Fugger in Spanien, Bd. 1, S. 79, 372 f.
51 PÖLNITZ, Anton Fugger, Bd. 2/2, S. 103 f., 126–129, 237–240, 263 f., 298–301, 311–314, 419–423, 433 f., 440–451, 457–461, 480–488, 494–497, 501–504, 509–512, 565–567; PÖLNITZ/KELLENBENZ, Anton Fugger, Bd. 3/2, S. 315; SEIBOLD, MANLICH, S. 74–79; KALUS, Fugger in der Slowakei, S. 213–226.
52 PÖLNITZ/KELLENBENZ, Anton Fugger, Bd. 3/2, S. 315–320, 335 f., 379 f.; PICKL, Kupfererzeugung, S. 139 f.
53 PÖLNITZ, Anton Fugger, Bd. 3/1, S. 22 f., 36 f., 43, 78 f. und passim; PÖLNITZ /KELLENBENZ, Anton Fugger, Bd. 3/2, S. 325–328.
54 PÖLNITZ, Anton Fugger, Bd. 1, S. 119 f., 135–143, 146–151, 178 f., 187–190; PÖLNITZ /KELLENBENZ, Anton Fugger, Bd. 3/2, S. 328 f.; KELLENBENZ, Anton Fugger, S. 67.
55 STRIEDER, Inventur, S. 24 f., 42–46, 69; PÖLNITZ, Anton Fugger, Bd. 1, S. 64 f., 425 (Anm. 10); KELLENBENZ, Kapitalverflechtung, S. 23 f.
56 WESTERMANN, Silber- und Kupferproduktion, S. 196, 206; KELLENBENZ, Kapitalverflechtung, S. 32–39.
57 MÜLLER (Hg.), Quellen, S. 188 f. (Nr. 450), 191 (Nr. 457), 195 (Nr. 469); SCHEUERMANN, Fugger als Montanindustrielle, S. 28–32, 412–418; PÖLNITZ, Anton Fugger, Bd. 1, S. 168, 249, 309, 336; Bd. 2/1, S. 57 f., 76, 136 f., 204, 226 f., 281, 284, 399 f. (Anm. 95), 518 (Anm. 156), 538 f. (Anm. 319, 320); Bd. 2/2, S. 65, 75 f.; Bd. 3/1, S. 14, 358.
58 Rechts- und Verwaltungsbezirke in Gebirgsregionen.
59 PÖLNITZ /KELLENBENZ, Anton Fugger, Bd. 3/2, S. 320–324; vgl. SCHEUERMANN, Fugger als Montanindustrielle, S. 5–47, 50 f., 55 f. und mit leicht abweichenden Zahlen PÖLNITZ, Anton Fugger, Bd. 3/1, S. 435, 553 f.
60 STRIEDER, Aus Antwerpener Notariatsarchiven, S. 451–454; PÖLNITZ, Anton Fugger, Bd. 2/2, S. 561–563; KELLENBENZ, Fugger in Spanien, Bd. 1, S. 374, 439, 444; RÖSSNER, Deflation, S. 287.
61 KELLENBENZ, Fugger in Spanien, Bd. 1, S. 337 f., 342 f., 347, 351, 354 f., 372.
62 Das folgende nach KELLENBENZ, Kapitalverflechtung, S. 39–41; PICKL, Kupfererzeugung, S. 143–146; HÄBERLEIN, Fugger, S. 108–110, 117–119. Zur Spätzeit der Unternehmungen im Alpenraum: SCHEUERMANN, Fugger als Montanindustrielle; SPRANGER, Montan- und Versorgungshandel.

3 Die Welser und der interkontinentale Gewürzhandel

1 WEISSEN, Safran für Deutschland, S. 61 f.
2 Vgl. MÜLLER, Welthandelsbräuche, S. 44–47, 52 f., 65 f., 73–76 u. ö.; KELLENBENZ, Das Meder'sche Handelsbuch, S. 21 f., 41 f., 49 f., 114 f., 169–172, 214 f., 228–230.
3 GEFFCKEN/HÄBERLEIN (Hg.), Rechnungsfragmente, S. XXXVII, XLII, XLVII.
4 Ebd., S. 14, 24, 33 f., 55.
5 ROSSMANN, Handel der Welser, S. 20, 35; MÜLLER, Welthandelsbräuche, S. 44, 52, 246, 256; EIRICH, Memmingens Wirtschaft, S. 135; HÄBERLEIN, Welser-Vöhlin-Gesellschaft, S. 24.
6 MÜLLER, Welthandelsbräuche, S. 246.
7 WEISSEN, Safran für Deutschland, S. 72–75.
8 GEFFCKEN/HÄBERLEIN (Hg.), Rechnungsfragmente, S. 246.
9 PETERS, Strategische Allianzen, S. 43–67.
10 Vgl. POHLE, Expansion, S. 153 f.
11 MÜLLER, Welthandelsbräuche, S. 27 f., 117 f., 183 f., 186 f., 215–218; BRAUNSTEIN, Wirtschaftliche Beziehungen S. 387; VAN DER WEE, Structural Changes, S. 26; FINDLAY/O'ROURKE, Power and Plenty, S. 140–142.
12 GEFFCKEN/HÄBERLEIN (Hg.), Rechnungsfragmente, S. 34, 43 f., 47 f.
13 LACH, Asia, Bd. I/1, S. 99.
14 Ebd. S. 95–112; REINHARD, Expansion, Bd. 1, S. 50–57. Zur florentinischen Beteiligung siehe GUIDI BRUSCOLI, Marchionni, bes. S. 135–186.
15 FELDBAUER, Portugiesen in Asien, S. 40 f., 143, 146.
16 VAN DER WEE, Antwerp Market, Bd. 2, S. 127–130; LACH, Asia, Bd. I/1, S. 107, 121 f.; BRAUDEL, Aufbruch zur Weltwirtschaft, S. 158–160.
17 LUTZ, Peutinger, S. 54–57; LACH, Asia, Bd. I/1, S. 108; KELLENBENZ, Die fremden Kaufleute, S. 318 f.; DERS., Fugger in Spanien, Bd. 1, S. 49–53; POHLE, Expansion, S. 97–134; HENDRICH, Valentim Fernandes, S. 176–178; WALTER, Proto-Globalisierung, S. 64–66.
18 BLACKBURN, Making, S. 112 f.
19 GREIFF (Hg.), Tagebuch des Lucas Rem, S. 9; HAEBLER, Die überseeischen Unternehmungen, S. 9–14; REINHARD, Expansion, Bd. 1, S. 95; POHLE, Expansion, S. 99–101; JOHNSON, Discovery, S. 98.
20 Aus der Literatur zur Indienflotte von 1505 vgl. bes. HAEBLER, Die überseeischen Unternehmungen, S. 16–28; HÜMMERICH, Quellen und Untersuchungen; LACH, Asia, Bd. I/1, S. 109–111; LUTZ, Conrad Peutinger, S. 54–64; GROSSHAUPT, Commercial Relations, S. 366–375; POHLE, Expansion, S. 101–104; MICHAELSEN, German Participation; HENDRICH, Valentim Fernandes, S. 182–189; WALTER, Proto-Globalisierung, S. 66 f.

21 Zu Sprengers Reisebericht vgl. DHARAMPAL-FRICK, Indien, S. 21–32; POHLE, Expansion, S. 205–211; HENDRICH, Valentim Fernandes, S. 227–229; ERHARD/RAMMINGER, Die Meerfahrt (die Zitate nach der Übertragung ins Neuhochdeutsche ebd., S. 49 f.).

22 Siehe Anm. 20.

23 HAEBLER, Die überseeischen Unternehmungen, S. 31 f.; GROSSHAUPT, Commercial Relations, S. 375 f.; WALTER, Proto-Globalisierung, S. 68.

24 LACH, Asia, Bd. I/1, S. 111 f.; REINHARD, Expansion, Bd. 1, S. 95 f.; WESTERMANN, Die versunkenen Schätze, S. 467 f.

25 GEFFCKEN / HÄBERLEIN (Hg.), Rechnungsfragmente, S. 50 f.

26 DOEHAERD, Études anversoises, Bd. 3, S. 147 (Nr. 3163), 167 (Nr. 3345); EIRICH, Memmingens Wirtschaft, S. 145, 154.

27 DOEHAERD, Etudes anversoises, Bd. 3, S. 53 (Nr. 2493), 63 (Nr. 2563), 68 (Nr. 2596), 69 (Nr. 2605), 76 (Nr. 2651), 78 (Nr. 2667), 88 (Nr. 2738, 2739).

28 HAEBLER, Geschichte der Fuggerschen Handlung, S. 24–26; LACH, Asia, Bd. I/1, S. 119 f.

29 DOEHAERD, Etudes anversoises, Bd. 3, S. 207 (Nr. 3642), 233 (Nr. 3813), 239 (Nr. 3861), 241 (Nr. 3874); vgl. KELLENBENZ, Fugger in Spanien, Bd. 1, S. 437 f.; HARRELD, High Germans, S. 140.

30 VAN DER WEE, Growth, Bd. 2, S. 140; POHLE, Expansion, S. 108.

31 KELLENBENZ, Briefe über Pfeffer, S. 209 f.; POHLE, Expansion, S. 108 f.

32 GEFFCKEN /HÄBERLEIN (Hg.), Rechnungsfragmente, S. 75–77, 85, 265, 277, 316–318, 426, 455, 504, 513, 519, 521 f.

33 Ebd., S. 78. Vgl. LACH, Asia, Bd. I/1, S. 113; REINHARD, Expansion, Bd. 1, S. 57, 59; FELDBAUER, Portugiesen in Asien, S. 26–34, 37–39, 60, 62 f., 66–68 und passim; GIRÁLDEZ, The Age of Trade, S. 43.

34 GREIFF (Hg.), Tagebuch des Lucas Rem, S. 31; POHLE, Expansion, S. 106.

35 GEFFCKEN/HÄBERLEIN (Hg.), Rechnungsfragmente, S. 85. Zu Pessoa vgl. STRIEDER, Aus Antwerpener Notariatsarchiven, S. 454; KELLENBENZ, Briefe über Pfeffer, S. 212; DERS., Fugger in Spanien, Bd. 1, S. 324.

36 GEFFCKEN/HÄBERLEIN (Hg.), Rechnungsfragmente, S. 87–90.

37 Ebd., S. 94–96.

38 HARRELD, High Germans, S. 141.

39 HAEBLER, Die überseeischen Unternehmungen, S. 34 f.; POHLE, Expansion, S. 107; Kellenbenz, Briefe über Pfeffer, S. 215–226.

40 HAEBLER, Die überseeischen Unternehmungen, S. 35.

41 GEFFCKEN/HÄBERLEIN (Hg.), Rechnungsfragmente, S. 244 f.

42 Vgl. PRAKASH, European Commercial Enterprise, S. 35.

43 GEFFCKEN/HÄBERLEIN (Hg.), Rechnungsfragmente, S. 238. Vgl. MÜLLER, Welthandelsbräuche, S. 343.

44 GEFFCKEN/HÄBERLEIN (Hg.), Rechnungsfragmente, S. 144, 200, 245 f.

45 Spate, The Spanish Lake, S. 40–57; Reinhard, Expansion, Bd. 2, S. 46 f.; Bitterli, Entdeckung Amerikas, S. 129–141; Giráldez, The Age of Trade, S. 45–48.

46 Lach, Asia, Bd. I/1, S. 114 f.; Spate, The Spanish Lake, S. 36 f., 41; Reinhard, Expansion, Bd. 2, S. 46; Bitterli, Entdeckung Amerikas, S. 130; Brotton, A History of the World, S. 195; Giraldez, The Age of Trade, S. 44.

47 Vgl. Haebler, Die überseeischen Unternehmungen, S. 44; Kellenbenz/Walter (Hg.), Oberdeutsche Kaufleute, S. 13.

48 Vgl. zu ihm Häberlein, Maximilian Transylvanus (mit weiteren Literaturangaben).

49 Haebler, Die Fugger und der Gewürzhandel, S. 36; Bechtel, Fugger in Danzig, S. 114, 116 sowie Beilagen XII und XIV; Werner, Beteiligung, S. 521–524; Kellenbenz, Finanzierung, S. 168 f.; Kellenbenz/Walter (Hg.), Oberdeutsche Kaufleute, S. 30, 41; Johnson, Discovery, S. 96, 98, 232 (Anm. 28); Giráldez, The Age of Trade, S. 49.

50 Lach, Asia, Bd. I/1, S. 117 f.; Reinhard, Expansion, Bd. 2, S. 46; Bitterli, Entdeckung Amerikas, S. 124–127, 141 f.

51 Kellenbenz, Fugger in Spanien, Bd. 1, S. 418–423; Johnson, Discovery, S. 184 f.

52 Johnson, The German Discovery, S. 123 f.

53 Zitiert nach Burkhardt/Priddat, Geschichte der Ökonomie, S. 10.

54 Johnson, The German Discovery, S. 127–132, 140–144.

55 Vgl. Mertens, Monopole, bes. S. 19, 44 f., 49, 63–67, 121–123, 127 f.; Johnson, Discovery, S. 132–140.

56 Zitiert nach Strieder, Organisationsformen, S. 382; Welser, Die Welser, Bd. 1, S. 105 f.

57 Johnson, Discovery, S. 169–177; Mertens, Monopole, S. 60–63, 103–107.

58 O'Rourke/Williamson, Did Vasco da Gama matter, S. 666–669.

59 Vgl. Müller, Welthandelsbräuche, S. 350.

60 Geffcken/Häberlein (Hg.), Rechnungsfragmente, S. 257.

61 Vgl. zu dieser Gesellschaft Häberlein, Brüder, Freunde und Betrüger, S. 124.

62 Geffcken/Häberlein (Hg.), Rechnungsfragmente, S. 263.

63 Ebd., S. 259 f. Zu Welsers Geschäftspartner Joachim Pruner siehe Strieder, Aus Antwerpener Notariatsarchiven, S. 18–28 und passim (zur Kooperation mit Bartholomäus Welser vgl. S. 61–63); Pohle, Expansion, S. 262 f.

64 Lach, Asia, Bd. I/1, S.124–126.

65 Geffcken/Häberlein (Hg.), Rechnungsfragmente, S. 152.

66 Harreld, High Germans, S. 140 f.

67 Geffcken/Häberlein (Hg.), Rechnungsfragmente, S. 203–210. Vgl. Häberlein, Nürnberg im Handelsnetz.
68 Lane, Mediterranean Spice Trade; van der Wee, Antwerp Market, Bd. 2, S. 153–157; ders., Structural Changes, S. 30; Kellenbenz, Venedig, S. 288–294; Lach, Asia, Bd. I/1, S. 124, 128–131; Braudel, Aufbruch zur Weltwirtschaft, S. 160 f.; Pieper, Anfänge, S. 44; De Vries, Connecting Europe and Asia, S. 55–62.
69 Schmidt (Hg.), Gewerbebuch, S. 124 f., 142, 144.
70 Ebd., S. 184–186, 278, 285.
71 Ebd., S. 344 f., 397, 424 f.
72 Welser, Die Welser, Bd. 2, S. 173.
73 Lesger, Rise of the Amsterdam Market, S. 107–138.
74 Vgl. Lach, Asia, Bd. I/1, S. 139.
75 Lach, Asia, Bd. I/1, S. 132 f.; Kalus, Pfeffer – Kupfer – Nachrichten, S. 67–80; ders., Beschaffung und Vertrieb, S. 100–106.
76 Hildebrandt, Wirtschaftsentwicklung und Konzentration, S. 33–37; Kalus, Pfeffer – Kupfer – Nachrichten, S. 72–74; Häberlein, Fugger, S. 113 f.
77 Haebler, Konrad Rott; Lach, Asia, Bd. I/1, S. 134; Hildebrandt, Wirtschaftsentwicklung und Konzentration, S. 37–46; Kalus, Pfeffer – Kupfer – Nachrichten, S. 58 f., 74.
78 Lach, Asia, Bd. I/1, S. 136–139; Hildebrandt, Die „Georg Fuggerischen Erben", S. 145–172; Mathew, Indo-Portuguese Trade, S. 173–183, 186–188; Kalus, Pfeffer – Kupfer – Nachrichten, S. 80–107.
79 Ausnahmen waren das 1514 erwähnte Schiff mit Gütern aus Malakka und die gescheiterten spanischen Molukkenexpeditionen der 1520er-Jahre.

4 Das Geschäft mit Zucker, Sklaven und dem Gold der Neuen Welt

1 Müller, Welthandelsbräuche, S. 177; zur Fuggerschen Provenienz vgl. Werner, Repräsentanten S. 8–18.
2 Schulte, Ravensburger Handelsgesellschaft, Bd. I, S. 297; Bd. II, S. 64 f., 172–180.
3 Vgl. Schwartz (Hg.), Tropical Babylons; Blackburn, Making.
4 Vgl. Ebert, Between Empires, S. 2, 11, 61–83; Stols, Expansion.
5 Harreld, Atlantic Sugar; Stols, Expansion, S. 258–267; Ebert, Between Empires, S. 17–30.
6 Everaert, Les barons flamands; Vieira, Sugar Islands, S. 63–67; vgl. zum Folgenden auch Häberlein, Atlantic Sugar.

7 Everaert, Les barons flamands, S. 106; Pohle, Deutschland und die Expansion Portugals, S. 104.

8 Greiff (Hg.), Tagebuch, S. 9; vgl. Grosshaupt, Commercial Relations, S. 377 f.; Vieira, Sugar Islands, S. 67; Ebert, Between Empires, S. 28.

9 Haebler, Die überseeischen Unternehmungen, S. 30 f.; Grosshaupt, Bartholomäus Welser, S. 120; Pohle, Expansion, S. 104 f.; Wilczek, Welser, S. 108–110.

10 Haebler, Die überseeischen Unternehmungen, S. 23–30; Werner, Anfänge, Teil I, S. 171; Grosshaupt, Commercial Relations, S. 384–386; Pohle, Expansion, S. 104; Wilczek, Welser, S. 102 f.; Hendrich, Valentim Fernandes, S. 189.

11 Rossmann, Handel der Welser, S. 20; Tewes, Kampf um Florenz, S. 662 f.

12 Varela, Los negocios, S. 49; Geffcken/Häberlein (Hg.), Rechnungsfragmente, S. 77.

13 Fernández-Armesto, Canary Islands, S. 107; Vieira, Sugar Islands, S. 44–47.

14 Greiff (Hg.), Tagebuch des Lucas Rem, S. 12 f.; Haebler, Die überseeischen Unternehmungen, S. 32; Werner, Anfänge, Teil I, S. 171; Wilczek, Welser, S. 103 f.

15 Fernández-Armesto, Canary Islands, S. 167, 219; Grosshaupt, Bartholomäus Welser, S. 125; Everaert, Les barons flamands, S. 109, 114; Stols, Expansion, S. 261; Wilczek, Welser, S. 99.

16 Vieira, Sugar Islands, S. 47; Harreld, Atlantic Sugar, S. 152; Werner, Anfänge, Teil I, S. 172.

17 Geffcken/Häberlein (Hg.), Rechnungsfragmente, S. 75.

18 Vgl. Vieira, Sugar Islands, S. 62, 71; Stols, Expansion, S. 240–50, 259.

19 Geffcken/Häberlein (Hg.), Rechnungsfragmente, S. 74–76.

20 Everaert, Les barons flamands, S. 109 f.; Blackburn, Making, S. 109; Vieira, Sugar Islands, S. 48.

21 Vgl. Bitterli, Alte Welt – Neue Welt, S. 77–96.

22 Rodríguez Morel, Sugar Economy; Blackburn, Making, S. 137 f.

23 Otte, Welser auf Santo Domingo, S. 117–122; Grosshaupt, Bartholomäus Welser, S. 207–209.

24 Otte, Welser auf Santo Domingo, S. 145–151.

25 Ebd., S. 132–142; Thomas, Slave Trade, S. 101.

26 Otte, Welser auf Santo Domingo, S. 122–128; Grosshaupt, Bartholomäus Welser, S. 211–213.

27 Otte, Welser auf Santo Domingo, S. 124 f.; Werner, Anfänge, Teil I, S. 174 f.

28 Geffcken/Häberlein (Hg.), Rechnungsfragmente, S. 265–267, 514.

29 Ebd., S. 519. Zu Villoria vgl. Rodríguez Morel, Sugar Economy, S. 94; Guitar, Boiling it Down, S. 64 f., 67 f.

30 Geffcken/Häberlein (Hg.), Rechnungsfragmente, S. 523, 527 f.; vgl. Otte, Welser auf Santo Domingo, S. 124 (Anm. 53).
31 Geffcken/Häberlein (Hg.), Rechnungsfragmente, S. 535 f.
32 Ebd., S. 504; Guitar, Boiling it Down, S. 71.
33 Geffcken/Häberlein (Hg.), Rechnungsfragmente, S. 295.
34 Harreld, Atlantic Sugar, S. 151–153, 156–159; Stols, Expansion, S. 260–262.
35 Welser, Welser, Bd. II, S. 173; Werner, Anfänge, Teil I, S. 182.
36 Vieira, Sugar Islands, S. 171 f.
37 Vgl. Pike, Enterprise and Adventure; Igual Luis/Navarro Espinach, Los genoveses; Otte, Von Räten, Reedern und Piraten, S. 235–268.
38 Vgl. zu ihm Kapitel 8.
39 Grosshaupt, Venezuela-Vertrag; Simmer, Gold und Sklaven, S. 52–68; Denzer, Konquista, S. 51–55; Bitterli, Entdeckung Amerikas, S. 288; Häberlein, Augsburger Handelshäuser, S. 24; Wüst, Lateinamerika-Missionen, S. 60 f.
40 Grosshaupt, Bartholomäus Welser, S. 278; vgl. Simmer, Gold und Sklaven, S. 121–125, 697 f., 705–707.
41 Vgl. zu seiner Biographie Schmitt/Hutten, Das Gold der Neuen Welt, S. 7–14. Zu den Geschäftskontakten Nassaus und Huttens mit den Welsern vgl. Geffcken/Häberlein (Hg.), Rechnungsfragmente, S. 108, 197, 312.
42 Schmitt, Konquista als Konzernpolitik; Ders./Hutten, Das Gold der Neuen Welt, S. 23–30; Simmer, Gold und Sklaven, S. 699–704.
43 Denzer, Welser in Venezuela; ders., Konquista, S. 57–59.
44 Denzer, Welser in Venezuela, S. 55; vgl. Häberlein, Augsburger Handelshäuser, S. 24 f.
45 Friede, Venezuelageschäft, S. 165; Simmer, Gold und Sklaven, S. 708.
46 Bitterli, Entdeckung Amerikas, S. 288–291; Simmer, Gold und Sklaven, S. 92–144; Denzer, Konquista, S. 69–81; Wüst, Lateinamerika-Missionen, S. 67 f.
47 Bitterli, Entdeckung Amerikas, S. 289; Simmer, Gold und Sklaven, S. 144–171, 190–197; Denzer, Konquista, S. 82–84, 89–96, 101–109.
48 Amburger, Köler, S. 232–242.
49 Simmer, Gold und Sklaven, S. 257–276; Denzer, Konquista, S. 109 f.
50 Bitterli, Entdeckung Amerikas, S. 292–294; Simmer, Gold und Sklaven, S. 290–368; Denzer, Konquista, S. 112–149.
51 Vgl. Simmer, Gold und Sklaven, S. 370–404; Denzer, Konquista, S. 149–163; Johnson, Discovery, S. 188 f.
52 Simmer, Gold und Sklaven, S. 440–482, 530–605; Denzer, Konquista, S. 164–190; vgl. Bitterli, Entdeckung Amerikas, S. 294–296; Schmitt/Simmer (Hg.), Tod am Tocuyo; Johnson, Discovery, S. 189–191.

53 Friede, Venezuelageschäft; Grosshaupt, Venezuela-Vertrag, S. 28 f.; Denzer, Konquista, S. 54; Wüst, Lateinamerika-Mission, S. 70–72.
54 Vgl. Simmer, Gold und Sklaven, S. 649–696; Schmitt/Hutten, Das Gold der Neuen Welt, S. 37.
55 Simmer, Gold und Sklaven, S. 171–181, 428–440, 482–496, 714–716 (Zitat S. 715). Vgl. auch Friede, Venezuelageschäft, S. 171 f.
56 Denzer, Konquista, S. 84–89.
57 Denzer, Konquista, S. 59–68, Zitat S. 67. Zur Preispolitik der Welser und zur Verschuldung der Kolonisten vgl. Friede, Venezuelageschäft, S. 172–174; Simmer, Gold und Sklaven, S. 210–213, 708–712; Wüst, Lateinamerika-Missionen, S. 65.
58 Zur spanischen und lateinamerikanischen Historiografie vgl. Denzer, Konquista, S. 195–273.
59 Vgl. Simmer, Gold und Sklaven, S. 737–740.
60 Vgl. Bitterli, Alte Welt – Neue Welt, S. 96.
61 Vgl. Blackburn, Making, S. 129–137.
62 Otte, Welser auf Santo Domingo, S. 128–133; vgl. Thomas, Slave Trade, S. 98–101; Geffcken/Häberlein (Hg.), Rechnungsfragmente, S. 322.
63 Otte, Welser auf Santo Domingo, S. 133–143.
64 Solow, Why Columbus Failed.
65 Ungerer, Mediterranean Background, S. 24 f., 113–118; Otte/Sander, Sevilla, S. 75, 77
66 Geffcken/Häberlein (Hg.), Rechnungsfragmente, S. 529.
67 Schmitt/Simmer (Hg.), Tod am Tocuyo, S. 97–99, 180; Simmer, Gold und Sklaven, S. 557, 574.
68 Pölnitz, Anton Fugger, Bd. 1, S. 222–233; Kellenbenz, Fugger in Spanien, Bd. 1, S. 157–162, 170; ders., Anton Fugger, S. 73–75, 84; Wüst, Lateinamerika-Missionen, S. 53 f.
69 Vgl. Denzer, Konquista, S. 55–57.

5 Staatskredite, Quecksilber und der Bergbauboom in Amerika

1 Grundlegend: Reinhard, Geschichte der Staatsgewalt, S. 306–322 (Zitat S. 306). Weiterführend: Edelmayer u. a. (Hg.), Finanzen und Herrschaft; Rauscher u. a. (Hg.), „Blut des Staatskörpers".
2 Reinhard, Gebhardt Handbuch, S. 223–244; Hollegger, Maximilian I., passim.
3 Ehrenberg, Zeitalter, Bd. 1, S. 100–110; Jansen, Jakob Fugger, S. 232–248; Pölnitz, Jakob Fugger, Bd. 1, S. 365–441, Bd. 2, S. 416–423; Schick,

Jacob Fugger, S. 161–179; KELLENBENZ, Jakob Fugger, S. 58–60; KOHLER, Karl V., S. 72–74; TRACY, Emperor Charles V, S. 99; HÄBERLEIN, Jakob Fugger und die Kaiserwahl.

4 JANSEN, Jakob Fugger, S. 127 f.; PÖLNITZ, Jakob Fugger, Bd. 1, S. 458 f., 496–501; KELLENBENZ, Jakob Fugger, S. 61; KOHLER, Ferdinand I., S. 72–76.

5 Vgl. OGGER, Kauf dir einen Kaiser.

6 Vgl. BURKHARDT, Reformationsjahrhundert, S. 150–152.

7 JANSEN, Jakob Fugger, S. 54–56, 259–262; PÖLNITZ, Jakob Fugger, Bd. 1, S. 504–517, 527–530, 532–539, 544–547, 555–565; SCHICK, Jacob Fugger, S. 187–207; KELLENBENZ, Jakob Fugger, S. 64–66; MERTENS, Monopole, S. 63–66.

8 PÖLNITZ, Jakob Fugger, Bd. 1, S. 260 f.; Bd. 2, S. 249, 540; PÖLNITZ, Anton Fugger, Bd. 1, S. 76, 209 f., 262 f., 333; SCHELLER, Memoria, S. 183 f.; KELLENBENZ, Anton Fugger, S. 61, 73, 78, 83.

9 WELSER, Welser, Bd. 2, S. 117.

10 KELLENBENZ, Konto Neapel; HÄBERLEIN, Fugger, S. 85 f.

11 TRACY, Emperor Charles V, S. 100 f. Leicht abweichende Zahlenangaben bei CARANDE, Carlos V, Bd. 3, S. 28–33. Vgl. auch KELLENBENZ, Fugger in Spanien, Bd. 1, S. 397–409; KOHLER, Karl V, S. 145–147.

12 EHRENBERG, Zeitalter, Bd. 1, S. 139–144; CARANDE, Carlos V, Bd. 3, S. 124–141, 226–239, 324–351; KELLENBENZ, Fugger in Spanien, Bd. 1, S. 67–116, 398, 479 f.; DERS., Anton Fugger, S. 91 f. und passim. Zur Zusammenarbeit beider Firmen vgl. GROSSHAUPT, Welser als Bankiers; HÄBERLEIN, Fugger und Welser, S. 228–233.

13 KELLENBENZ, Fugger in Spanien, Bd. 1, S. 28–35, 123–149, 337 f., 342, 445 f.

14 Ebd., S. 77 f., 85.

15 Ebd. S. 337 f., 342, 345.

16 EHRENBERG, Zeitalter, Bd. 1, S. 155–162; STRIEDER, Aus Antwerpener Notariatsarchiven, S. 432–444; PÖLNITZ/KELLENBENZ, Anton Fugger, Bd. 3/2, S. 9–12, 25 f., 36, 40, 50, 60–63, 74 f. 94 f., 98–100, 123–134; KELLENBENZ, Fugger in Spanien, Bd. 1, S. 101–116, 387, 444; DERS., Anton Fugger, S. 98 f., 101, 108, 110 f.

17 EHRENBERG, Zeitalter, Bd. 1, S. 162–166; Bd. 2, S. 153–159; PÖLNITZ/KELLENBENZ, Anton Fugger, Bd. 3/2, S. 118–134, 158–162; KELLENBENZ, Anton Fugger, S. 111 f., 114; DERS., Fugger in Spanien, Bd. 1, S. 116–122, 446–448.

18 Grundlegend: KELLENBENZ, Maestrazgopacht, S. 2–13. Vgl. EHRENBERG, Zeitalter, Bd. 1, S. 111–115; PÖLNITZ, Jakob Fugger, Bd. 1, S. 518 f., 549 f., 553; KELLENBENZ, Jakob Fugger, S. 62; DERS., Fugger in Spanien, Bd. 1, S. 65–67.

19 MÜLLER, Welthandelsbräuche, S. 63 f., 306; KELLENBENZ, Maestrazgopacht, S. 13–17; DERS., Fugger in Spanien, Bd. 1, S. 248–251; GROSS-

HAUPT, Bartholomäus Welser, S. 198–201; GEFFCKEN/HÄBERLEIN (Hg.), Rechnungsfragmente, S. C–CIII. Ungenaue Angaben bei SAFLEY, Konkurs der Höchstetter, S. 276.

20 KELLENBENZ, Maestrazgopacht, S. 22–24.

21 Ebd., S. 25–90.

22 GEFFCKEN/HÄBERLEIN (Hg.), Rechnungsfragmente, S. CI–CIII, 389–432.

23 KELLENBENZ, Maestrazgopacht; DERS., Fugger in Spanien, Bd. 1, S. 268–271 und passim.

24 VALENTINITSCH, Idria, passim; KELLENBENZ, Fugger in Spanien, Bd. 1, S. 271 f., 378 f.; SAFLEY, Konkurs der Höchstetter, S. 274, 277.

25 GEFFCKEN/HÄBERLEIN (Hg.), Rechnungsfragmente, S. 277, 287, 348, 355, 389, 392–394, 409, 416, 424–426, 454 f., 459, 502.

26 KELLENBENZ, Maestrazgopacht; DERS., Fugger in Spanien, Bd. 1, S. 245–317, 378–382, 485f.; SAFLEY, Konkurs der Höchstetter, S. 281.

27 STRIEDER, Organisationsformen, S. 319 f.; KELLENBENZ, Fugger in Spanien, Bd. 1, S. 331, 340, 347; KELLENBENZ/WALTER (Hg.), Oberdeutsche Kaufleute, S. 60.

28 BAKEWELL, Silver Mining, S. 137–174; DERS., History of Latin America, S. 228–231; REINHARD, Parasit oder Partner?, S. 20–22, 45–47, 50–52; TANDETER, Mining Industry, S. 316–320; HAUSBERGER, Verknüpfung der Welt, S. 93.

29 HAEBLER, Geschichte der Fuggerschen Handlung, S. 132, 136, 138–144; STRIEDER, Organisationsformen, S. 320–322; KELLENBENZ, Los Fugger.

30 EHRENBERG, Zeitalter, Bd. 1, S. 173–176; HILDEBRANDT, Die „Georg Fuggerischen Erben“, S. 53 f.; PÖLNITZ Generalrechnung; DERS., Die Fugger, S. 307.

31 HILDEBRANDT, Die „Georg Fuggerischen Erben“, S. 56.

32 HAEBLER, Geschichte der Fuggerschen Handlung, S. 144–156; zum Einsatz von Sträflingen und Sklaven vgl. PIKE, Penal Servitude, S. 27–40.

33 HAEBLER, Geschichte der Fuggerschen Handlung, S. 158–164, 166, 169; EHRENBERG, Zeitalter, Bd. 1, S. 178–181; Bd. 2, S. 205–221; STRIEDER, Aus Antwerpener Notariatsarchiven, S. 445–451; HILDEBRANDT, Die „Georg Fuggerischen Erben“, S. 56.

34 KARNEHM, Korrespondenz, Bd. II/1, Nr. 940.

35 HAEBLER, Geschichte der Fuggerschen Handlung, S. 170 f., 176 f., 190 f., 193 f.

36 Vgl. BAKEWELL, Silver Mining, S. 160–163; DERS., History of Latin America, S. 354.

37 HAEBLER, Geschichte der Fuggerschen Handlung, S. 197–222; EHRENBERG, Zeitalter, Bd. 1, S. 184 f.; HABERER, Ott Heinrich Fugger, S. 106 f., 128–130, 133–138.

38 Vgl. Flynn/Giráldez, Born with a „Silver Spoon“; Flynn, Silver in a Global Context, S. 215 f.; Giráldez, The Age of Trade, S. 29–36; vgl. auch Hausberger, Verknüpfung der Welt, S. 26.

6 Globale Güter in den Netzwerken Augsburger Handelshäuser

1 Vgl. Jardine, Worldly Goods; Findlen, Possessing the Past; O'Malley/Welsh (Hg.), Material Renaissance; Rublack, Material Renaissance.
2 Vgl. exemplarisch Seelig, Münchner Kunstkammer; Jordan Gschwend/Pérez de Tudela, Luxury Goods.
3 Meadow, Merchants and Marvels.
4 Für eine Kulturgeschichte der Edelsteine in der Frühen Neuzeit und deren Transfer von Asien nach Europa vgl. Siebenhüner, Spur des Diamanten.
5 Kömmerling-Fitzler, Jörg Pock; Kellenbenz, Ostindienhandel; ders., Fugger in Spanien, Bd. 1, S. 384 f.
6 Ausführlich zum Juwelenhandel der Fugger: Siebenhüner, Spur des Diamanten, Kapitel 5.1.
7 Jansen, Jakob Fugger, S. 205 f.
8 Simonsfeld, Fondaco, Bd. 2, S. 61 f.; Ehrenberg, Zeitalter, Bd. 1, S. 98; Schulte, Fugger in Rom, Bd. 1, S. 193; Pölnitz, Jakob Fugger, Bd. 2, S. 210 f.; Lieb, Fugger, Bd. 2, S. 81.
9 Weitnauer, Venezianischer Handel, S. 102 f.
10 Otte, Las Perlas, S. 74; Kellenbenz, Fugger in Spanien, Bd. 1, S. 385.
11 Pölnitz, Anton Fugger, Bd. 2/1, S. 464 (Anm. 237); Kellenbenz, Fugger in Spanien, Bd. 1, S. 325 f., 385 f.; Kellenbenz/Walter (Hg.), Oberdeutsche Kaufleute, S. 42, 59; Häberlein, Brüder, Freunde und Betrüger, S. 124.
12 Otte, Las Perlas, S. 75; Kellenbenz, Fugger in Spanien, Bd. 1, S. 337, 386; Simmer, Gold und Sklaven, S. 719.
13 Simmer, Gold und Sklaven, S. 440–446, 717–721, Zitat S. 718.
14 Kellenbenz, Ostindienhandel, S. 90–93.
15 Ebd., S. 94-96; Johnson, Discovery, S. 182 f.
16 Geffcken/Häberlein (Hg.), Rechnungsfragmente, S. 468.
17 Carande, Carlos V., Bd. 3, S. 191–195, 228 f.
18 Pölnitz, Anton Fugger, Bd. 2/2, S. 97; Steinmetz, The Richest Man, S. 51–54.
19 Pölnitz, Anton Fugger, Bd. 3/1, S. 541; Kellenbenz, Fugger in Spanien, Bd. 1, S. 386.
20 Jordan Gschwend/Pérez de Tudela, Luxury Goods, S. 40.

21 Vgl. Johnson, German Discovery, S. 159–162.
22 Kellenbenz, Fugger in Spanien, Bd. 1, S. 391–393; Stein, Franzosenkrankheit, S. 128–139, 168–171; Scheller, Memoria, S. 225–230.
23 Otte, Welser auf Santo Domingo, S. 125; Denzer, Welser in Venezuela, S. 308; Geffcken/Häberlein (Hg.), Rechnungsfragmente, S. 265.
24 Simmer, Gold und Sklaven, S. 201–207, 707 f.; Denzer, Welser in Venezuela, S. 307.
25 Karnehm, Korrespondenz, Bd. II/1, Nr. 1270.
26 Häberlein/Schmölz-Häberlein, Transfer und Aneignung, S. 15.
27 Karnehm, Korrespondenz, Bd. II/1, Nr. 1273, 1295, 1307, 1329; Dauser, „Stainlin für grieß", S. 53.
28 Karnehm , Korrespondenz Bd. I, Nr. 54, 60, 727, 728; Dauser, „Stainlin für grieß", S. 52.
29 Karnehm, Korrespondenz, Bd. II /2, Nr. 2255, 2281; Dauser, „Stainlin für grieß", S. 52.
30 Karnehm, Korrespondenz, Bd. II/1, Nr. 1192, 1294, 1359, 1381, 1384, 1417; Dauser, „Stainlin für grieß", S. 53 f., 58 f.
31 Dauser, „Stainlin für grieß", S. 54–57.
32 Kalus, Pfeffer – Kupfer – Nachrichten, S. 156 f.
33 Häberlein/Schmölz-Häberlein, Transfer und Aneignung, S. 25
34 Karnehm, Korrespondenz, Bd. II/2, Nr. 3362.
35 Vgl. Pieper, Vermittlung, S. 245–271.
36 Geffcken/Häberlein (Hg.), Rechnungsfragmente, S. 74, 76.
37 Karnehm, Korrespondenz, Bd. I, Nr. 237, 242, 258, 288 (Zitat), 300, 306, 369, 383, 519, 524, 535.
38 Ebd., Nr. 125.
39 Karnehm, Korrespondenz, Bd. II/1, Nr. 1202, 1210, 1220, 1227.
40 Vgl. allgemein Häberlein, „Mohren".
41 Karnehm (Hg.), Korrespondenz, Nr. 752 (Zitat), 762, 1088.
42 Vgl. Seelig, Kunstkammer.
43 Edelmayer, Söldner und Pensionäre, S. 110-146; Häberlein/Bayreuther, Agent und Ambassador, S. 27–31.
44 Vgl. Wölfle, Kunstpatronage, S. 27–31.
45 Jordan Gschwend/Beltz, Elfenbeine, S. 98 f., 156–158.
46 Ebd., S. 97 f. Zu Meutings Biografie vgl. Häberlein/Bayreuther, Agent und Ambassador.
47 Jordan Gschwend/Beltz, Elfenbeine, S. 39, 88 f., 97 f.; vgl. auch Dies., Exotica, S. 21 f.; Häberlein/Bayreuther, Agent und Ambassador, S. 137–139,
48 Edelmayer, Söldner und Pensionäre, S. 131; Jordan Gschwend, Exotica, S. 19.

49 Vgl. JORDAN GSCHWEND/ PÉREZ DE TUDELA, Luxury Goods, S. 5 f.
50 Vgl. PIEPER, Papageien; HÄBERLEIN/BAYREUTHER, Agent und Ambassador, S. 160 f.

7 Nachrichten aus fernen Welten

1 Vgl. Welt im Umbruch, Bd. 1, S. 238–240; JAHN u.a. (Hg.), Geld und Glaube, S. 99.
2 Vgl. BROTTON, A History of the World, S. 199–214.
3 LIEB, Fugger, Bd. 2, S. 122, 134, 397; PÖLNITZ, Anton Fugger, Bd. 2/1, S. 26; KRANZ, Christoph Amberger, S. 456 f.; WALTER, Proto-Globalisierung, S. 58.
4 LACH, Asia, Bd. II, S. 58.
5 WÖLFLE, Kunstpatronage, S. 19, 308.
6 Vgl. PETTEGREE, The Invention of News, S. 40–57.
7 Vgl. BEHRINGER, Im Zeichen des Merkur, S. 51–126; BAUER, Zeitungen, S. 42–50; KALUS, Pfeffer – Kupfer – Nachrichten, S. 128–137.
8 Vgl. BARBARICS/PIEPER, Handwritten Newsletters; PIEPER, Vermittlung, S. 41 f.; BAUER, Zeitungen, S. 31–42; KELLER/MOLINO, Fuggerzeitungen.
9 Vgl. HÄBERLEIN, Monster, S. 356–358; HENDRICH, Valentim Fernandes, S. 248–250; JOHNSON, The Image of America, S. 50–54.
10 MÜLLER, Welthandelsbräuche, passim; WERNER, Repräsentanten.
11 Vgl. DENZEL/HOCQUET/WITTHÖFT (Hg.), Kaufmannsbücher.
12 MÜLLER, Welthandelsbräuche, S. 201–213; vgl. WERNER, Repräsentanten, S. 18–20; POHLE, Expansion, S. 151; HENDRICH, Valentim Fernandes, S. 223 f.
13 MÜLLER, Welthandelsbräuche, S. 108 f., 112, 201–204; JOHNSON, Discovery, S. 100 f., 107 f.
14 MÜLLER, Welthandelsbräuche, S. 116–120, 205–208 (Zitate S. 206 f.); JOHNSON, Discovery, S. 102.
15 MÜLLER, Welthandelsbräuche, S. 120 f., 208 f.
16 Ebd., S. 104, 109 f., 113–115, 209–213.
17 Ebd., S. 105–107, 111–113, 259 f., 297–301; WERNER, Repräsentanten, S. 26–29, 34 f.; POHLE, Expansion, S. 151–153.
18 Vgl. JOHNSON, Discovery, S. 107–111.
19 Vgl. zu ihm KÜNAST/MÜLLER, Peutinger.
20 Beispiele: KÖNIG (Hg.), Briefwechsel, S. 46–50, 130 f., 243 f., 289–291, 297 f., 308 f.; LUTZ, Peutinger, S. 54–64, 70–96.
21 GREIFF (Hg.), Briefe und Berichte; LUTZ, Peutinger, S. 54 (Zitat).
22 GREIFF (Hg.), Briefe und Berichte, S. 133–138; HENDRICH, Valentim Fernandes, S. 223.

23 Vgl. REINHARD, Expansion, Bd. 1, S. 54; GIRALDEZ, The Age of Trade, S. 42.

24 GREIFF (Hg.), Briefe und Berichte, S. 116–118. Zu Vespucci vgl. BITTERLI, Entdeckung Amerikas, S. 112–116.

25 GREIFF (Hg.), Briefe und Berichte, passim.

26 LUTZ, Peutinger, S. 55 f.

27 PIEPER, Vermittlung, S. 142.

28 VOGEL, Neue Horizonte; JOHNSON, The Image of America, S. 48–50.

29 Zum humanistischen Wissen über die außereuropäische Welt im 16. Jahrhundert vgl. WUTTKE, Humanismus; JOHNSON, Discovery, S. 47–87; HENDRICH, Valentim Fernandes, S. 242–248.

30 Vgl. LUTZ, Peutinger, S. 56 f.; POHLE, Expansion, S. 228–232.

31 BAUER, Zeitungen; ZWIERLEIN, Fuggerzeitungen; PIEPER, Vermittlung, S. 22–25, 29–31 und passim; PETTEGREE, The Invention of News, S. 113–116; KELLER/MOLINO, Fuggerzeitungen.

32 BAUER, Zeitungen, S. 59–132.

33 Ebd., S. 88 f.; KALUS, Pfeffer – Kupfer – Nachrichten, S. 137–139.

34 BAUER, Zeitungen, S. 63–69, 133–166, 189–201.

35 KELLENBENZ, Fugger in Spanien, Dokumente, S. 583; JOHNSON, Discovery, S. 113.

36 PIEPER, Vermittlung, S. 29–31, 56, 219–226; BAUER, Zeitungen, S. 202, 204.

37 HILDEBRANDT, Informationsprobleme, S. 60–67; BAUER, Zeitungen, S. 202–204; KALUS, Pfeffer – Kupfer – Nachrichten, S. 143–150.

38 PIEPER, Vermittlung, S. 196.

39 Ebd., S. 178–180.

40 PIEPER, Aktuelle Berichterstattung, Zitate S. 682 f.; vgl. DIES., Vermittlung, S. 180–210; BAUER, Zeitungen, S. 308–311.

8 Globale Akteure im Umfeld der Fugger und Welser

1 POHLE, Expansion, S. 221 f.; HENDRICH, Valentim Fernandes, S. 17, 179–181; WESTERMANN, Novos Mundos, S. 54.

2 HENDRICH, Valentim Fernandes, S. 52, 271.

3 POHLE, Expansion, S. 219 f.; HENDRICH, Valentim Fernandes, S. 123–130.

4 POHLE, Expansion, S. 222–224; HENDRICH, Valentim Fernandes, S. 197–217.

5 So HENDRICH, Valentim Fernandes, S. 34.

6 KÖNIG (Hg.), Briefwechsel, S. 56–58; POHLE, Expansion, S. 222; HENDRICH, Valentim Fernandes, S. 40 f., 257–263.

7 Pohle, Expansion, S. 224; Hendrich, Valentim Fernandes, S. 231–241.
8 Hendrich, Valentim Fernandes, S. 46 f., 233–241.
9 Keblusek, Commerce and Cultural Transfer; Kalus, Pfeffer – Kupfer – Nachrichten, S. 88, 111, 195.
10 Vgl. Keller, Zwischen Wissenschaft und Kommerz; Häberlein, Kulturelle Vermittler (mit weiteren Literaturangaben).
11 Vgl. Kellenbenz, Fugger in Spanien, Bd. 1, S. 398 und passim; Ders., Ehinger; Ders./Walter (Hg.), Oberdeutsche Kaufleute, S. 30–33. Auch Grosshaupt, Venezuela-Vertrag, Simmer, Gold und Sklaven, und Denzer, Konquista, schreiben durchgängig von „Heinrich" Ehinger.
12 Müller, Ehinger, S. 29.
13 Geffcken/Häberlein (Hg.), Rechnungsfragmente, S. 148, 252, 255, 257, 315–320, 336 f., 409f., 429, 493.
14 Vgl. z. B. Kellenbenz/Walter (Hg.) Oberdeutsche Kaufleute.
15 Vgl. Häberlein/Bayreuther, Agent und Ambassador, S. 66–70.
16 Schulte, Große Ravensburger Handelsgesellschaft, Bd. 1, S. 82 f., 98, 159, 311, 314 f.; Bd. 2, S. 228; Bd. 3, S. 50.
17 Ebd., Bd. 1, S. 160, 315; Bd. 3, S. 246; Lutz, Peutinger, S. 155.
18 Pölnitz, Anton Fugger, Bd. I, S. 445 (Anm. 118); Kellenbenz, Maestrazgopacht, S. 10, 119, 125, 130; Kellenbenz, Fugger in Spanien, Bd. 1, S. 68.
19 Vgl. Kapitel 4.
20 Müller, Ehinger, S. 34.
21 Kranz, Christoph Amberger, S. 267.
22 Müller, Ehinger, S. 35.
23 Pölnitz, Anton Fugger, Bd. I, S. 519 (Anm. 65).
24 Kellenbenz, Maestrazgopacht, S. 12, 119, 133, 138.
25 Vgl. Kellenbenz, Fugger in Spanien, Bd. 1, S. 398.
26 Kellenbenz, Maestrazgopacht, S. 52 (irrtümliche Identifizierung mit Heinrich Ehinger).
27 Kranz, Christoph Amberger, S. 267–271.
28 Geffcken/Häberlein (Hg.), Rechnungsfragmente, S. 382, 423, 454, 465, 492, 496.
29 Strieder, Aus Antwerpener Notariatsarchiven, S. 18–28 und passim; Pohle, Expansion, S. 262 f.
30 Häberlein/Bayreuther, Agent und Ambassador, S. 74.
31 Ebd., S. 74 f.; Kellenbenz, Die Beziehungen Nürnbergs, S. 490.
32 Kellenbenz, Die Beziehungen Nürnbergs, S. 490 f.; Ders., Fugger in Spanien, Bd. 1, S. 398 (dort irrtümlich „Heinrich" Ehinger).
33 Krasa u. a., European Expansion, S. 68 f.; Kellenbenz, Ostindienhandel, S. 88 f.; Pohle, Expansion, S. 211–215; Walter, Proto-Globalisierung, S. 69.

34 Otte, Cromberger, S. 165–167; Kömmerling-Fitzler, Pock, S. 144–147; Kellenbenz/Walter (Hg.), Oberdeutsche Kaufleute, S. 20; Pohle, Expansion, S. 215–218; Johnson, The German Discovery, S. 97, 101 f.

35 Otte, Cromberger, S. 167–177, 191 f.; Kellenbenz, Fugger in Spanien, Bd. 1, S. 154, 157, 186, 334; Kellenbenz/Walter (Hg.), Oberdeutsche Kaufleute, S. 19–29, 40, 111 f., 247 und passim; Walter, Proto-Globalisierung, S. 69–72.

36 Otte, Cromberger, S. 179–190; Kellenbenz, Fugger in Spanien, Bd. 1, S. 323–326; Kellenbenz/Walter (Hg.), Oberdeutsche Kaufleute, S. 26 f., 144–175, 179 f.; Häberlein, Nürnberger; Johnson, Discovery, S. 120.

37 Werner, Kupferhüttenwerk; Otte, Cromberger, S. 190; Kellenbenz, Die Beziehungen Nürnbergs, S. 487 f.; Bernecker, Nürnberg, S. 210–214; Johnson, Discovery, S. 112.

38 Otte, Cromberger, S. 190 f.; Kellenbenz/Walter (Hg.), Oberdeutsche Kaufleute, S. 29.

39 Otte, Cromberger, S. 188 f.; Kellenbenz/Walter (Hg.), Oberdeutsche Kaufleute, S. 28, 172–174; vgl. Kapitel 5.

40 Otte, Cromberger, S. 191; Kellenbenz/Walter (Hg.), Oberdeutsche Kaufleute, S. 29; vgl. zu Miller ebd., S. 49–51; Kellenbenz, Fugger in Spanien, Bd. 1, S. 174, 299, 359, 367, 426.

41 Vgl. Kapitel 3.

42 Kellenbenz, Ferdinand Cron, S. 194–201, 208 f.; Subrahmanyam, An Augsburger, S. 402–416; Lehner, Reise, S. 247–261.

43 Vgl. Hildebrandt, Informationsprobleme; Kalus, Pfeffer – Kupfer – Nachrichten, S. 107–111; Bauer, Zeitungen, S. 88 f.

44 Kellenbenz, Ferdinand Cron, S. 201–207; Subrahmanyam, An Augsburger, S. 416–420.

45 Häberlein u. a. (Hg.), Korrespondenz, S. 50, 173 f.

Epilog

1 Hildebrandt, Niedergang, S. 269.

2 Ebd., S. 277 f.; einige Korrekturen bei Geffcken/Häberlein (Hg.), Rechnungsfragmente, S. LII f.; Schmidt (Hg.), Gewerbebuch, S. 30–52.

3 Häberlein, Fugger, S. 102.

4 Vgl. Hildebrandt, Niedergang, S. 274–277; Häberlein, Fugger, S. 101–103; ders., Firmenbankrotte; allgemein auch Landsteiner, Kein Zeitalter der Fugger.

5 Ehrenberg, Zeitalter, Bd. 1, S. 118–125; Jansen, Jakob Fugger, S. 73–77; Häberlein, Fugger, S. 74.

6 Greiff (Hg.), Tagebuch, S. 30 f.; vgl. Van der Wee, Antwerp Market, Bd. 2, S. 131 f.

7 Vgl. Kapitel 2 und 4 sowie Grosshaupt, Bergbau der Welser.

8 Schmidt (Hg.), Gewerbebuch, S. 33.

9 Ehrenberg, Zeitalter, Bd. 1, S. 145–149; Pölnitz/Kellenbenz, Anton Fugger, Bd. 3/2, S. 373; Kellenbenz, Anton Fugger, S. 95.

10 Vgl. Kapitel 5.

11 Schmidt (Hg.), Gewerbebuch, S. 51 f.

12 Mandrou, Fugger, S. 134–188; Häberlein, Fugger, S. 188–199.

13 Vgl. Häberlein, Augsburger Welser, S. 395 f.

14 Vgl. Häberlein, Fugger, S. 142–163 sowie Scheller, Memoria, und Wölfle, Kunstpatronage.

Quellen- und Literaturverzeichnis

Ungedruckte Quellen

Hauptstaatsarchiv Dresden
  Geheimer Rat, Loc. 7216/5
Stadtarchiv Konstanz
  B II, Missiven, Bd. 26
Staatsarchiv Zürich
  B VIII 87/320
Archives d'Etat Fribourg
  Missivenbücher 4–6
  Ratserkanntnusbücher 1 (1493–1497), 2 (1497–1507), 3 (1508–1514), 4 (1514–1524)
  Traités et Contrats, No. 341

Gedruckte Quellen und Literatur

AMBURGER, Hannah S.M., Die Familiengeschichte der Köler – Ein Beitrag zur Autobiographie des 16. Jahrhunderts, in: Mitteilungen des Vereins für Geschichte der Stadt Nürnberg 30 (1931), S. 161–289.

ANTUNES, Cátia, Globalisation in the Early Modern Period: The Economic Relationship between Amsterdam and Lisbon, 1640–1705, Amsterdam 2004.

BACKMANN, Sibylle, Kunstagenten oder Kaufleute? Die Firma Ott im Kunsthandel zwischen Oberdeutschland und Venedig (1550–1650), in: Klaus BERGDOLT/Jochen BRÜNING (Hg.), Kunst und ihre Auftraggeber im 16. Jahrhundert. Venedig und Augsburg im Vergleich, Berlin 1997, S. 175–197.

BAKEWELL, Peter, Silver Mining and Society in Colonial Mexico: Zacatecas, 1546–1700, Cambridge 1971.

BAKEWELL, Peter, A History of Latin America to 1825, 3. Aufl. Chichester u. a. 2010.

Barbarics, Zsuzsa/Pieper, Renate, Handwritten Newsletters as a Means of Communication in Early Modern Europe, in: Francisco Bethencourt/Florike Egmond (Hg.), Cultural Exchange in Early Modern Europe. Vol. III: Correspondence and Cultural Exchange in Europe, 1400–1700, Cambridge u. a. 2007, S. 53–79.

Bauer, Oswald, Zeitungen vor der Zeitung. Die Fuggerzeitungen (1568–1605) und das frühneuzeitliche Nachrichtensystem, Berlin 2011.

Bechtel, Liselotte, Die Fugger in Danzig und im nordosteuropäischen Raum, Diss. München 1943.

Behringer, Wolfgang, Im Zeichen des Merkur. Reichspost und Kommunikationsrevolution in der Frühen Neuzeit, Göttingen 2003.

Bernecker, Walther L., Nürnberg und die überseeische Expansion im 16. Jahrhundert, in: Helmut Neuhaus (Hg.), Nürnberg. Eine europäische Stadt in Mittelalter und Neuzeit, Nürnberg 2000, S. 185–218.

Bitterli, Urs, Alte Welt – neue Welt. Formen des europäisch-überseeischen Kulturkontakts vom 16. bis zum 18. Jahrhundert, München 1986.

Bitterli, Urs, Die Entdeckung Amerikas. Von Kolumbus bis Alexander von Humboldt, 3. Aufl. München 1992.

Blackburn, Robin, The Making of New World Slavery: From the Baroque to the Modern, 1492–1800, London 1997.

Braudel, Fernand, Aufbruch zur Weltwirtschaft (Sozialgeschichte des 15.–18. Jahrhunderts), München 1986.

Braunstein, Philippe, Wirtschaftliche Beziehungen zwischen Nürnberg und Italien im Spätmittelalter, in: Stadtarchiv Nürnberg (Hg.), Beiträge zur Wirtschaftsgeschichte Nürnbergs, Bd. 1, Nürnberg 1967, S. 377–406.

Brotton, Jerry, A History of the World in Twelve Maps, London 2012.

Burkhardt, Johannes, Das Reformationsjahrhundert. Deutsche Geschichte zwischen Medienrevolution und Institutionenbildung 1517–1617, Stuttgart 2002.

Burkhardt, Johannes/Priddat, Birger P. (Hg.), Geschichte der Ökonomie, Berlin 2009.

Carande, Ramón, Carlos V y sus banqueros, 3 Bde., Madrid 1942–1957.

Die Chroniken der deutschen Städte vom 14. bis ins 16. Jahrhundert, Bd. 25, 2. Aufl. Göttingen 1966.

DAUSER, Regina, „Stainlin für grieß" und andere Wundermittel – Hans Fuggers Korrespondenz über medizinische Exotica, in: Johannes BURKHARDT/Franz KARG (Hg.), Die Welt des Hans Fugger (1531–1598), Augsburg 2007, S. 51–58.

DAUSER, Regina, Informationskultur und Beziehungswissen – Das Korrespondenznetz Hans Fuggers (1531–1598), Tübingen 2008.

DENZEL, Markus A., The Merchant Family in the „Oberdeutsche Hochfinanz" from the Middle Ages up to the 18th Century, in: Simonetta CAVACIOCCHI (Hg.), La Famiglia nell'economia europea secc. XIII–XVIII / The Economic Role of the Family in the European Economy from the 13th to the 18th Centuries, Florenz 2009, S. 365–388.

DENZEL, Markus A./HOCQUET, Jean-Claude/WITTHÖFT, Harald (Hg.), Kaufmannsbücher und Handelspraktiken vom Mittelalter bis zum beginnenden 20. Jahrhundert/Merchant's Books and Mercantile Pratiche from the Late Middle Ages to the 20th Century, Stuttgart 2002.

DENZER, Jörg, Die Konquista der Augsburger Welser-Gesellschaft in Südamerika 1528–1556. Historische Rekonstruktion, Historiografie und lokale Erinnerungskultur in Kolumbien und Venezuela, München 2005.

DENZER, Jörg, Die Welser in Venezuela – Das Scheitern ihrer wirtschaftlichen Ziele, in: Mark HÄBERLEIN/Johannes BURKHARDT (Hg.), Die Welser. Neue Forschungen zur Geschichte und Kultur des oberdeutschen Handelshauses, Berlin 2002, S. 285–319.

DE VRIES, Jan, Population, in: Thomas A. BRADY Jr u. a. (Hg.), Handbook of European History 1400–1600. Late Middle Ages, Renaissance and Reformation. Vol. 1: Structures and Assertions, Leiden u. a. 1994, S. 1–50.

DE VRIES, Jan, Connecting Europe and Asia: A Quantitative Analysis of the Cape-route Trade, 1497–1795, in: Dennis O. FLYNN u. a. (Hg.), Global Connections and Monetary History, 1470–1800, Aldershot u. a. 2003, S. 35–106.

DE VRIES, Jan, The Limits of Globalization in the Early Modern World, in: Economic History Review 63/3 (2010), S. 710–733.

DHARAMPAL-FRICK, Gita, Indien im Spiegel deutscher Quellen der Frühen Neuzeit (1500–1750), Studien zu einer interkulturellen Konstellation, Tübingen 1994.

DINGES, Martin, Der „feine Unterschied“. Die soziale Funktion der Kleidung in der höfischen Gesellschaft, in: Zeitschrift für Historische Forschung 19 (1992), S. 49–76.

DOEHAERD, Renée, Études anversoises. Documents sur le commerce international à Anvers 1488–1514, 3 Bde., Paris 1962/63.

EBERT, Christopher, Between Empires: Brazilian Sugar in the Early Atlantic Economy, 1550–1630, Leiden/Boston 2004.

EDELMAYER, Friedrich: Söldner und Pensionäre. Das Netzwerk Philipps II. im Heiligen Römischen Reich, Wien/München 2002.

EDELMAYER, Friedrich u. a. (Hg.), Finanzen und Herrschaft. Materielle Grundlagen fürstlicher Politik in den habsburgischen Ländern und im Heiligen Römischen Reich im 16. Jahrhundert, Wien/München 2003.

EHRENBERG, Richard, Das Zeitalter der Fugger. Geldkapital und Creditverkehr im 16. Jahrhundert, 2 Bde., Jena 1896.

EIRICH, Raimund, Memmingens Wirtschaft und Patriziat von 1347–1551, Memmingen 1971.

ERHARD, Andreas/RAMMINGER, Eva, Die Meerfahrt. Balthasar Springers Reise zur Pfefferküste, Innsbruck 1998.

EVERAERT, John G., Les baron flamands du sucre à Madère (vers 1480–1620), in: DERS./Eddy STOLS (Hg.). Flandre et Portugal. Au confluent de deux cultures, Antwerpen 1991, S. 99–117.

FELDBAUER, Peter, Die Portugiesen in Asien 1498–1620, Essen 2005.

FERNANDEZ-ARMESTO, Felipe, The Canary Islands after the Conquest: The Making of a Colonial Society, Oxford 1982.

FINDLAY, Ronald/O'ROURKE, Kevin, Power and Plenty: Trade, War, and the World Economy in the Second Millennium, Princeton 2007.

FINDLEN, Paula, Possessing the Past: The Material World of the Italian Renaissance, in: American Historical Review 103/1 (1998), S. 83–114.

FLYNN, Dennis O., Silver in a Global Context, 1400–1800, in: Jerry H. BENTLEY u. a. (Hg.), Cambridge World History, Bd. 6: The Construction of a Global World, 1400–1800 CE. Part 2: Patterns of Change, Cambridge 2015, S. 213–239.

FLYNN, Dennis O./GIRALDEZ, Arturo, Born with a „Silver Spoon“: The Origin of World Trade in 1571, in: Journal of World History 6/2 (1995), S. 201–221.

Flynn, Dennis O./Giraldez, Arturo, Path Dependence, Time Lags and the Birth of Globalisation: A Critique of O'Rourke and Williamson, in: European Review of Economic History 8 (2004), S. 81–108.

Friede, Juan, Das Venezuelageschäft der Welser, in: Jahrbuch für Geschichte von Staat, Wirtschaft und Gesellschaft in Lateinamerika 4 (1967), S. 162–175.

Geffcken, Peter, Die Welser und ihr Handel 1246–1496, in: Mark Häberlein/Johannes Burkhardt (Hg.), Die Welser. Neue Forschungen zur Geschichte und Kultur des oberdeutschen Handelshauses, Berlin 2002, S. 27–167.

Geffcken, Peter, Jakob Fuggers frühe Jahre, in: Martin Kluger/Wolfgang B. Kleiner (Hg.), Jakob Fugger (1459–1525). Sein Leben in Bildern, Augsburg 2009, S. 4–9.

Geffcken, Peter/Häberlein, Mark (Hg.), Rechnungsfragmente der Augsburger Welser-Gesellschaft 1496–1551. Oberdeutscher Fernhandel am Beginn der neuzeitlichen Weltwirtschaft, Stuttgart 2014.

Giraldez, Arturo, The Age of Trade. The Manila Galleons and the Dawn of the Global Economy, Boston 2015.

Glück, Helmut/Häberlein, Mark/Schröder, Konrad, Mehrsprachigkeit in der Frühen Neuzeit. Die Reichsstädte Augsburg und Nürnberg vom 15. bis ins frühe 19. Jahrhundert, Wiesbaden 2013.

Graulau, Jeannette, Finance, Industry and Globalisation in the Early Modern Period: The Exampe of the Metallic Business of the House of Fugger, in: Rivista di Studi Politici Internazionali, Nuova Serie 74/4 (2008), S. 554–598.

Greiff, Benedikt (Hg.), Tagebuch des Lucas Rem aus den Jahren 1494–1541. Ein Beitrag zur Handelsgeschichte der Stadt Augsburg, in: 26. Jahresbericht des historischen Kreisvereins im Regierungsbezirk von Schwaben und Neuburg, Augsburg 1861, S. 1–110.

Greiff, Benedikt, (Hg.), Briefe und Berichte über die frühesten Reisen nach Amerika und Ostindien aus den Jahren 1497 bis 1506 aus Dr. Conrad Peutingers Nachlaß, in: 26. Jahresbericht des historischen Kreisvereins im Regierungsbezirk von Schwaben und Neuburg, Augsburg 1861, S. 111–176.

Groebner, Valentin, Die Kleider des Körpers des Kaufmanns. Zum „Trachtenbuch" eines Augsburger Bürgers im 16. Jahrhundert, in: Zeitschrift für Historische Forschung 25 (1998), S. 323–358.

GROSSHAUPT, Walter, Bartholomäus Welser (25. Juni 1484–28. März 1561). Charakteristik seiner Unternehmungen in Spanien und Übersee, Diss. Graz 1987.

GROSSHAUPT, Walter, Die Welser als Bankiers der spanischen Krone, in: Scripta Mercaturae 21 (1987), S. 158–188.

GROSSHAUPT, Walter, Der Venezuela-Vertrag der Welser, in: Scripta Mercaturae 24 (1990), S. 1–35.

GROSSHAUPT, Walter, Commercial Relations between Portugal and the Merchants of Augsburg and Nuremberg, in: Jean AUBIN (Hg.), La Découverte, le Portugal et l'Europe. Actes du Colloque Paris, les 26, 27 et 28 mai 1988, Paris 1990, S. 359–397.

GROSSHAUPT, Walter, Bergbau der Welser in Übersee, in: Scripta Mercaturae 25 (1991), S. 125–177.

GUIDI BRUSCOLI, Francesco, Bartolomeo Marchionni, „homem de grossa fazenda" (ca. 1450–1530). Un mercante fiorentino a Lisbona e l'impero portogheses, Florenz 2014.

GUITAR, Lynne, Boiling it Down: Slavery on the First Commercial Sugarcane *Ingenios* in the Americas (Hispaniola, 1530–45), in: Jane LANDERS/Barry ROBINSON (Hg.), Slaves, Subjects, and Subversives: Blacks in Colonial Latin America, Albuquerque 2006, S. 39–82.

HABERER, Stephanie, Ott Heinrich Fugger (1592–1644). Biographische Analyse typologischer Handlungsfelder in der Epoche des Dreißigjährigen Krieges, Augsburg 2004.

HADRY, Sarah, Jakob Fugger (1459–1525) – ein falscher Graf? Kirchberg-Weißenhorn als Ausgangsbasis für den Aufstieg einer Augsburger Familie in den Reichsadel, in: Johannes BURKHARDT (Hg.), Die Fugger und das Reich. Eine neue Forschungsperspektive zum 500-jährigen Jubiläum der ersten Fuggerherrschaft Kirchberg-Weißenhorn, Augsburg 2008, S. 33–51.

HÄBERLEIN, Mark, Monster und Missionare. Die außereuropäische Welt in Augsburger Drucken der frühen Neuzeit, in: Helmut GIER/Johannes JANOTA, Augsburger Buchdruck und Verlagswesen. Von den Anfängen bis zur Gegenwart, Wiesbaden 1997, S. 353–380.

HÄBERLEIN, Mark, Brüder, Freunde und Betrüger. Soziale Beziehungen, Normen und Konflikte in der Augsburger Kaufmannschaft um die Mitte des 16. Jahrhunderts, Berlin 1998.

Häberlein, Mark, Die Welser-Vöhlin-Gesellschaft. Fernhandel, Familienbeziehungen und sozialer Status an der Wende vom Mittelalter zur Neuzeit, in: Wolfgang Jahn u. a. (Hg.), Geld und Glaube. Leben in evangelischen Reichsstädten. Katalog zur Ausstellung im Antonierhaus, Memmingen, 12. Mai bis 4. Oktober 1998, München 1998, S. 17–37.

Häberlein, Mark, Lazarus Nürnberger, in: Neue Deutsche Biographie, Bd. 19, Berlin 1999, S. 372 f.

Häberlein, Mark, Handelsgesellschaften, Sozialbeziehungen und Kommunikationsnetze in Oberdeutschland zwischen dem ausgehenden 15. und der Mitte des 16. Jahrhunderts, in: Carl A. Hoffmann/Rolf Kiessling (Hg.), Kommunikation und Region, Konstanz 2001, S. 305–326.

Häberlein, Mark, Fugger und Welser: Kooperation und Konkurrenz 1498–1614, in: Ders./Johannes Burkhardt (Hg.), Die Welser. Neue Forschungen zur Geschichte und Kultur des oberdeutschen Handelshauses, Berlin 2002, S. 223–239.

Häberlein, Mark, Die Augsburger Welser und ihr Umfeld zwischen karolinischer Regimentsreform und Dreißigjährigem Krieg: Ökonomisches, kulturelles und soziales Kapital, in: Ders./Johannes Burkhardt (Hg.), Die Welser. Neue Forschungen zur Geschichte und Kultur des oberdeutschen Handelshauses, Berlin 2002, S. 382–406.

Häberlein, Mark, Die Fugger. Geschichte einer Augsburger Familie (1367–1650), Stuttgart 2006.

Häberlein, Mark, „Mohren", ständische Gesellschaft und atlantische Welt. Minderheiten und Kulturkontakte in der frühen Neuzeit, in: Claudia Schnurmann/Hartmut Lehmann (Hg.), Atlantic Understandings: Essays on European and American History in Honor of Hermann Wellenreuther, Hamburg/Münster 2006, S. 77–102.

Häberlein, Mark, Firmenbankrotte, Sozialbeziehungen und Konfliktlösungsmechanismen in süddeutschen Städten um 1600, in: Österreichische Zeitschrift für Geschichtswissenschaften 19/3 (2008), S. 10–35.

Häberlein, Mark, Jakob Fugger und die Kaiserwahl Karls V. 1519, in: Johannes Burkhardt (Hg.), Die Fugger und das Reich. Eine neue Forschungsperspektive zum 500-jährigen Jubiläum der ersten Fuggerherrschaft Kirchberg-Weißenhorn, Augsburg 2008, S. 65–81.

Häberlein, Mark, Kulturelle Vermittler in der atlantischen Welt der Frühen Neuzeit, in: Ders./Alexander Keese (Hg.), Sprachgrenzen – Sprachkontakte – kulturelle Vermittler. Kommunikation zwischen Europäern und Außereuropäern (16.–20. Jahrhundert), Stuttgart 2010, S. 177–201.

Häberlein, Mark, Augsburger Handelshäuser und die Neue Welt. Interessen und Initiativen im atlantischen Raum (16.–18. Jahrhundert), in: Philipp Gassert u. a. (Hg.), Augsburg und Amerika. Aneignungen und globale Verflechtungen in einer Stadt, Augsburg 2014, S. 19–38.

Häberlein, Mark, Atlantic Sugar and Southern German Merchant Capital in the Sixteenth Century, in: Susanne Lachenicht (Hg.), Europeans Engaging the Atlantic: Knowledge and Trade, 1500–1800, Frankfurt/New York 2014, S. 47–71.

Häberlein, Mark, Nürnberg im Handelsnetz der Augsburger Welser-Gesellschaft (1496–1551), in: Mitteilungen des Vereins für Geschichte der Stadt Nürnberg 101 (2014), S. 77–114.

Häberlein, Mark, Asiatische Gewürze auf europäischen Märkten: Das Beispiel der Augsburger Welser-Gesellschaft von 1498 bis 1580, in: Jahrbuch für europäische Überseegeschichte 14 (2014), S. 41–62.

Häberlein, Mark, Die Fuggersche Anleihe von 1488. Handelskapital, fürstliche Privilegien und der Aufstieg der süddeutschen Kaufmannsbankiers, in: Dieter Lindenlaub u. a. (Hg.), Schlüsselereignisse der deutschen Bankengeschichte, Stuttgart 2014, S. 17–25.

Häberlein, Mark, Der Donauraum im Horizont Augsburger Handelsgesellschaften des 16. und frühen 17. Jahrhunderts, in: Peter Rauscher/Andrea Serles (Hg.), Wiegen – Zählen – Registrieren. Handelsgeschichtliche Massenquellen und die Erforschung mitteleuropäischer Märkte (13.–18. Jahrhundert), Innsbruck/Wien/Bozen 2015, S. 411–431.

Häberlein, Mark, Maximilian Transylvanus: Fürstendienst, Finanzkapital und humanistische Gelehrsamkeit im Zeitalter Karls V., in: Ders u. a. (Hg.), Geschichte(n) des Wissens. Festschrift für Wolfgang E.J. Weber zum 65. Geburtstag, Augsburg 2015, S. 381–395.

Häberlein, Mark/Bayreuther, Magdalena, Agent und Ambassador. Der Kaufmann Anton Meuting als Vermittler zwischen Bayern und Spanien im Zeitalter Philipps II., Augsburg 2013.

HÄBERLEIN, Mark u. a. (Hg.), Korrespondenz der Augsburger Patrizierfamilie Endorfer 1620–1627. Briefe aus Italien und Frankreich im Zeitalter des Dreißigjährigen Krieges, Augsburg 2010.

HÄBERLEIN, Mark/SCHMÖLZ-HÄBERLEIN, Michaela, Transfer und Aneignung außereuropäischer Pflanzen im Europa des 16. und frühen 17. Jahrhunderts, in: Zeitschrift für Agrargeschichte und Agrarsoziologie 61/2 (2013), S. 11–26.

HAEBLER, Konrad, Die Fugger und der spanische Gewürzhandel, in: Zeitschrift des Historischen Vereins für Schwaben und Neuburg 19 (1892), S. 25–44.

HAEBLER, Konrad, Konrad Rott und die Thüringische Gesellschaft, in: Neues Archiv für sächsische Geschichte und Altertumskunde 16 (1895), S. 177–218.

HAEBLER, Konrad, Die Geschichte der Fuggerschen Handlung in Spanien, Weimar 1897.

HAEBLER, Konrad, Die überseeischen Unternehmungen der Welser und ihrer Gesellschafter, Leipzig 1903.

HARRELD, Donald J., Atlantic Sugar and Antwerp's Trade with Germany in the Sixteenth Century, in: Journal of Early Modern History 7 (2003), S. 148–163.

HARRELD, Donald J., High Germans in the Low Countries: German Merchants and Commerce in Golden Age Antwerp, Leiden/Boston 2004.

HAUSBERGER, Bernd, Die Verknüpfung der Welt. Geschichte der frühen Globalisierung vom 16. bis zum 18. Jahrhundert, Wien 2015.

HELD, David/MCGREW, Anthony/GOLDBLATT, David/PERRATON, Jonathan, Global Transformations: Politics, Economics, and Culture, Stanford 1999.

HENDRICH, Yvonne, Valentim Fernandes – Ein deutscher Buchdrucker in Portugal um die Wende vom 15. zum 16. Jahrhundert und sein Umkreis, Frankfurt am Main u. a. 2007.

HILDEBRANDT, Reinhard, Die „Georg Fuggerischen Erben“. Kaufmännische Tätigkeit und sozialer Status 1555–1620, Berlin 1966.

HILDEBRANDT, Reinhard, Wirtschaftsentwicklung und Konzentration im 16. Jahrhundert. Konrad Rot und die Finanzierungsprobleme seines interkontinentalen Handels, in: Scripta Mercaturae 4/1 (1970), S. 25–50.

HILDEBRANDT, Reinhard, Augsburger und Nürnberger Kupferhandel 1500–1619. Produktion, Marktanteile und Finanzierung im Vergleich zweier Städte und ihrer wirtschaftlichen Führungsschicht, in: Hermann KELLENBENZ (Hg.), Schwerpunkte der Kupferproduktion und des Kupferhandels in Europa 1500–1650, Köln/Wien 1977, S. 190–224.

HILDEBRANDT, Reinhard, Der Niedergang der Augsburger Welser-Firma (1560–1614), in: Mark HÄBERLEIN/Johannes BURKHARDT (Hg.), Die Welser. Neue Forschungen zur Geschichte und Kultur des oberdeutschen Handelshauses, Berlin 2002, S. 265–281.

HILDEBRANDT, Reinhard, „... geet es hie vil anderst zue al Ir euch daussen Zuversteen gebt ...". Informationsprobleme im interkontinentalen Handel des 16. Jahrhunderts, in: Rainer GÖMMEL/Markus A. DENZEL (Hg.), Weltwirtschaft und Wirtschaftsordnung. Festschrift für Jürgen Schneider zum 65. Geburtstag, Stuttgart 2002, S. 57–67.

HOLBACH, Rudolf, Frühformen von Verlag und Großbetrieb in der gewerblichen Produktion (13.–16. Jahrhundert), Stuttgart 1994.

HOLLEGGER, Manfred, Maximilian I. (1459–1519). Herrscher und Mensch einer Zeitenwende, Stuttgart 2005.

HÜMMERICH, Franz, Quellen und Untersuchungen zur Fahrt der ersten Deutschen nach dem portugiesischen Indien 1505/6, München 1918.

IGUAL LUIS, David/NAVARRO ESPINACH, Germán, Los Genoveses en España en el tránsito del siglo XV a XVI, in: Historia, instituciones, documentos 24 (1997), S. 261–332.

ISRAEL, Uwe, Fremde aus dem Norden. Transalpine Zuwanderer im spätmittelalterlichen Italien, Tübingen 2005.

JAHN, Wolfgang u. a. (Hg.), Geld und Glaube. Leben in evangelischen Reichsstädten. Katalog zur Ausstellung im Antonierhaus, Memmingen, 12. Mai bis 4. Oktober 1998, München 1998.

JANSEN, Max, Die Anfänge der Fugger, Leipzig 1907.

JANSEN, Max, Jakob Fugger der Reiche. Studien und Quellen, Leipzig 1910.

JARDINE, Lisa, Worldly Goods: A New History of the Renaissance, London 1997.

JOHNSON, Christine R., The German Discovery of the World: Renaissance Encounters with the Strange and Marvelous, Charlottesville/London 2008.

Johnson, Christine R., The Image of America in Sixteenth-Century Augsburg, in: Philipp Gassert u.a. (Hg.), Augsburg und Amerika. Aneignungen und globale Verflechtungen in einer Stadt, Augsburg 2014, S. 39–56.

Jordan Gschwend, Annemarie: Exotica für die Münchner Kunstkammer. Anthonio Meyting: Fugger-Agent, Kunsthändler und herzoglicher Gesandter in Spanien und Portugal, in: Georg Laue (Hg.), Exotica, München 2012, S. 9–27.

Jordan Gschwend, Annemarie/Beltz, Johannes: Elfenbeine aus Ceylon. Luxusgüter für Katharina von Habsburg (1507–1578), Zürich 2010.

Jordan Gschwend, Annemarie/Pérez de Tudela, Almudena: Luxury Goods for Royal Collectors. Exotica, Princely Gifts and Rare Animals Exchanged Between the Iberian Courts and Central Europe in the Renaissance (1560–1612), in: Helmut Trnek/Sabine Haag (Hg.): Exotica. Portugals Entdeckungen im Spiegel fürstlicher Kunst- und Wunderkammern der Renaissance, Mainz 2001, S. 1–127.

Kalus, Maximilian, Pfeffer – Kupfer – Nachrichten. Kaufmannsnetzwerke und Handelsstrukturen im europäisch-asiatischen Handel am Ende des 16. Jahrhunderts, Augsburg 2010.

Kalus, Maximilian, Beschaffung und Vertrieb von Pfeffer und Gewürzen in Oberdeutschland im 16. Jahrhundert, in: Angelika Westermann/Stefanie von Welser (Hg.), Beschaffungs- und Absatzmärkte oberdeutscher Firmen im Zeitalter der Welser und Fugger, Husum 2011, S. 79–110.

Kalus, Peter, Die Fugger in der Slowakei, Augsburg 1999.

Karnehm, Christl (Bearb.), Die Korrespondenz Hans Fuggers von 1566 bis 1594. Regesten der Kopierbücher aus dem Fuggerarchiv, 2 Bde. in 3 Teilbänden, München 2003.

Karnehm, Christl, Das Korrespondenznetz Hans Fuggers (1531–1598), in: Johannes Burkhardt/Christine Werkstetter (Hg)., Kommunikation und Medien in der Frühen Neuzeit, München 2005, S. 301–311.

Keblusek, Marika, Commerce and Cultural Transfer. Merchants as Agents in the Early Modern World of Books, in: Michael North (Hg.), Kultureller Austausch. Bilanz und Perspektiven der Frühneuzeitforschung, Köln/Weimar/Wien 2009, S. 297–307.

Kellenbenz, Hermann, Ferdinand Cron, in: Lebensbilder aus dem Bayerischen Schwaben, Bd. 9, Weißenhorn 1966, S. 194–210.

KELLENBENZ, Hermann, Die Fuggersche Maestrazgopacht (1525–1542), Tübingen 1967.

KELLENBENZ, Hermann, Die Beziehungen Nürnbergs zur Iberischen Halbinsel, besonders im 15. und der ersten Hälfte des 16. Jahrhunderts, in: STADTARCHIV NÜRNBERG (Hg.), Beiträge zur Wirtschaftsgeschichte Nürnbergs, Bd. 1, Nürnberg 1967, S. 456–493.

KELLENBENZ, Hermann, Die fremden Kaufleute auf der Iberischen Halbinsel vom 15. Jahrhundert bis zum Ende des 16. Jahrhunderts, in: DERS. (Hg.), Fremde Kaufleute auf der Iberischen Halbinsel, Köln/Wien 1970, S. 265–376.

KELLENBENZ, Hermann; EHINGER, Heinrich, in: Neue Deutsche Biographie, Bd. 4, Berlin 1971, S. 344 f.

KELLENBENZ, Hermann, Jakob Fugger der Reiche (1459–1525), in: Lebensbilder aus dem Bayerischen Schwaben, Bd. 10, Weißenhorn 1973, S. 35–76.

KELLENBENZ, Hermann Briefe über Pfeffer und Kupfer, in: Erich HASSINGER u. a. (Hg.), Geschichte – Wirtschaft – Gesellschaft. Festschrift für Clemens Bauer zum 75. Geburtstag, Berlin 1974, S. 205–227.

KELLENBENZ, Hermann (Hg.), Das Medersche Handelsbuch und die Welserschen Nachträge. Handelsbräuche des 16. Jahrhunderts, Stuttgart 1974.

KELLENBENZ, Hermann, Anton Fugger (1493–1560), in: Lebensbilder aus dem Bayerischen Schwaben, Bd. 11, Weißenhorn 1976, S. 46–124.

KELLENBENZ, Hermann, Venedig als internationales Zentrum und die Expansion des Handels im 15. und 16. Jahrhundert, in: Hans-Georg BECK u. a. (Hg.), Venezia Centro di Mediazione tra Oriente e Occidente (secoli XV–XVI). Aspetti e problemi, Florenz 1977, S. 281–305.

KELLENBENZ, Hermann, The Role of the Great Upper German Merchants in Financing the Discoveries, in: Terrae Incognitae 10 (1978), S. 45–59.

KELLENBENZ, Hermann, Los Fugger en España en la época de Felipe II. ¿Fue un buen negocio el arrendamiento de los Maestrazgos después de 1562?, in: Alfonso OTAZU (Hg.), Dinero y Credito (siglos XVI al XIX), Madrid 1978, S. 19–36.

KELLENBENZ, Hermann, Die Finanzierung der spanischen Entdeckungen, in: Vierteljahrschrift für Sozial- und Wirtschaftsgeschichte 69 (1982), S. 153–181.

KELLENBENZ, Hermann, The Fustian Industry of the Ulm Region in the Fifteenth and Early Sixteenth Centuries, in: N.B. HARTE/K.G. PONTING (Hg.), Cloth and Clothing in Medieval Europe: Essays in Memory of Professor E.M. Carus-Wilson, London 1983, S. 259–276.

KELLENBENZ, Hermann, Wirtschaftsleben der Blütezeit, in: Gunther GOTTLIEB u. a. (Hg.), Geschichte der Stadt Augsburg von der Römerzeit bis zur Gegenwart, Stuttgart 1984, S. 258–301.

KELLENBENZ, Hermann, Kapitalverflechtung im mittleren Alpenraum. Das Beispiel des Bunt- und Edelmetallbergbaus vom fünfzehnten bis zur Mitte des siebzehnten Jahrhunderts, in: Zeitschrift für bayerische Landesgeschichte 51 (1988), S. 13–50.

KELLENBENZ, Hermann, Die Fugger in Spanien und Portugal bis 1560. Ein Großunternehmen des 16. Jahrhunderts, 2 Bde. und Dokumentenband, München 1990.

KELLENBENZ, Hermann, Neues zum oberdeutschen Ostindienhandel, insbesondere der Herwart in der ersten Hälfte des 16. Jahrhunderts, in: Pankraz FRIED (Hg.), Forschungen zur schwäbischen Geschichte, Sigmaringen 1991, S. 81–96.

KELLENBENZ, Hermann/WALTER, Rolf (Hg.), Oberdeutsche Kaufleute in Sevilla und Cádiz (1525–1560). Eine Edition von Notariatsakten aus den dortigen Archiven, Stuttgart 2001.

KELLER, Katrin, Zwischen Wissenschaft und Kommerz. Das Spektrum kultureller Mittler im 16. Jahrhundert, in: Wolfgang SCHMALE (Hg.), Kulturtransfer. Kulturelle Praxis im 16. Jahrhundert, Innsbruck 2003, S. 271–286.

KELLER, Katrin/MOLINO, Paola, Die Fuggerzeitungen im Kontext. Zeitungssammlungen im Alten Reich und in Italien, Wien 2015.

KIESSLING, Rolf, Augsburgs Wirtschaft im 14. und 15. Jahrhundert, in: Gunther GOTTLIEB u. a. (Hg.), Geschichte der Stadt Augsburg von der Römerzeit bis zur Gegenwart, Stuttgart 1984, S. 171–181.

KIESSLING, Rolf, Die Stadt und ihr Land. Umlandpolitik, Bürgerbesitz und Wirtschaftsgefüge in Ostschwaben vom 14. bis ins 16. Jahrhundert, Köln/Wien 1989.

KIESSLING, Rolf, Problematik und zeitgenössische Kritik des Verlagssystems, in: Johannes BURKHARDT (Hg.), Augsburger Handelshäuser im Wandel des historischen Urteils, Berlin 1996, S. 175–190.

KIESSLING, Rolf, Wirtschaftlicher Strukturwandel in der Region – Die Welser-Vöhlin-Gesellschaft im Kontext der Memminger Wirtschafts- und Sozialgeschichte des 15. und frühen 16. Jahrhunderts, in: Mark HÄBERLEIN/Johannes BURKHARDT (Hg.), Die Welser. Neue Forschungen zur Geschichte und Kultur des oberdeutschen Handelshauses, Berlin 2002, S. 184–212.

KNABE, Wolfgang/NOLI, Dieter, Die versunkenen Schätze der Bom Jesus: Sensationsfund eines Indienseglers aus der Frühzeit des Welthandels, Berlin 2012.

KÖMMERLING-FITZLER, Hedwig, Der Nürnberger Kaufmann Georg Pock in Portugiesisch-Indien und im Edelsteinland Vijanyanagara, in: Mitteilungen des Vereins für Geschichte der Stadt Nürnberg 55 (1967/68), S. 137–184.

KÖNIG, Erich (Hg.), Konrad Peutingers Briefwechsel, München 1923.

KRANZ, Annette, Christoph Amberger – Bildnismaler zu Augsburg. Städtische Eliten im Spiegel ihrer Porträts, Regensburg 2004.

KRASA, Miloslav u. a. (Hg.), European Expansion 1494–1519. The Voyages of Discovery in the Bratislava Manuscript Lyc. 515/8 (Codex Bratislavensis), Prag 1986.

KÜNAST, Hans-Jörg/MÜLLER, Jan-Dirk, Peutinger, Conrad, in: Neue Deutsche Biographie, Bd. 20, Berlin 2001, S. 282–284.

KOHLER, Alfred, Karl V. 1500–1558. Eine Biographie, München 1999.

KOHLER, Alfred, Ferdinand I. 1503–1564. Fürst, König und Kaiser, München 2003.

LACH, Donald F., Asia in the Making of Europe, Bd. I–II, Chicago 1965–1970.

LANDSTEINER, Erich, Kein Zeitalter der Fugger: Zentraleuropa 1450–1620, in: Friedrich EDELMAYER u. a. (Hg.), Globalgeschichte 1450–1620. Anfänge und Perspektiven, Wien 2002, S. 95–123.

LANE, Frederic C., The Mediterranean Spice Trade: Further Evidence of its Revival in the Sixteenth Century, in: American Historical Review 45 (1940), S. 581–590 (wieder abgedruckt in Brian PULLAN (Hg.), Crisis and Change in the Venetian Economy in the Sixteenth and Seventeenth Centuries, London/New York 1968, S. 47–58).

LANG, Heinrich, Herrscherfinanzen und Bankiers unter Franz I. Die Rolle der Florentiner Salviati im französischen Finanzsystem des frühen

16. Jahrhunderts, in: Peter Rauscher u. a. (Hg.), Das „Blut des Staatskörpers“. Forschungen zur Finanzgeschichte der Frühen Neuzeit, München 2012, S. 459–510.

Lesger, Clé, The Rise of the Amsterdam Market and Information Exchange: Merchants, Commercial Expansion and Change in the Spatial Economy of the Low Countries, c. 1550–1630, Aldershot 2006.

Lesger, Clé, Der Buchdruck und der Aufstieg Amsterdams als Nachrichtenzentrum um 1600, in: Mark Häberlein/Christof Jeggle (Hg.), Praktiken des Handels. Geschäfte und soziale Beziehungen europäischer Kaufleute in Mittelalter und früher Neuzeit, Konstanz 2010, S. 283–305.

Lieb, Norbert, Die Fugger und die Kunst. Bd. 2: Im Zeitalter der Hohen Renaissance, München 1958.

Limberger, Michael, „No town in the world provides more advantages“: Economies of Agglomeration and the Golden Age of Antwerp, in: Patrick O'Brien u. a. (Hg.), Urban Achievement in Early Modern Europe. Golden Ages in Antwerp, Amsterdam and London, Cambridge 2001, S. 39–62.

Lütge, Friedrich, Der Handel Nürnbergs nach Osten im 15./16. Jahrhundert, in: Stadtarchiv Nürnberg (Hg.), Beiträge zur Wirtschaftsgeschichte Nürnbergs, Bd. 1, Nürnberg 1967, S. 318–376.

Lutz, Heinrich, Conrad Peutinger. Beiträge zu einer politischen Biographie, Augsburg 1958.

Mandrou, Robert, Die Fugger als Grundbesitzer in Schwaben 1560–1618. Eine Fallstudie sozioökonomischen Verhaltens am Ende des 16. Jahrhunderts, Göttingen 1997.

Mathew, K.S., Indo-Portuguese Trade and the Fuggers of Germany: Sixteenth Century, New Delhi 1997.

Meadow, Mark A., Merchants and Marvels: Hans Jacob Fugger and the Origins of the Wunderkammer, in: Pamela H. Smith/Paula Findlen (Hg.), Merchants and Marvels. Commerce, Science, and Art in Early Modern Europe, New York 2002, S. 182–200.

Melis, Federigo, Aspetti della vita economica medievale, Siena 1972.

Mertens, Bernd, Im Kampf gegen die Monopole. Reichstagsverhandlungen und Monopolprozesse im frühen 16. Jahrhundert, Tübingen 1996.

Michaelsen, Stephan, German Participation in the India Fleet in 1505/06, in: Pius Malekandathil/Jamal Mohammed (Hg.), The Portuguese, the Indian Ocean and European Bridgeheads 1500–1800. Festschrift in Honour of Prof. K.S. Mathew, Tellicherry 2001, S. 86–98.

Müller, Johannes, Der Zusammenbruch des Welserischen Handelshauses im Jahre 1614, in: Vierteljahrschrift für Social- und Wirtschaftsgeschichte 1 (1903), S. 196–234.

Müller, Johannes, Die Ehinger von Konstanz, in: Zeitschrift für Geschichte des Oberrheins N.F. 20 (1905), S. 19–40.

Müller, Karl Otto, Welthandelsbräuche (1480–1540), Stuttgart 1934 (ND Wiesbaden 1962).

Müller, Karl-Otto (Hg.), Quellen zur Handelsgeschichte der Paumgartner von Augsburg (1480–1570), Wiesbaden 1955.

Munro, John H., Patterns of Trade, Money, and Credit, in: Thomas A. Brady Jr. u. a. (Hg.), Handbook of European History 1400–1600. Late Middle Ages, Renaissance and Reformation. Vol. 1: Structures and Assertions, Leiden u. a. 1994, S. 147–195.

Nutz, Andreas, Unternehmensplanung und Geschäftspraxis im 16. Jahrhundert. Die Handelsgesellschaft Felix und Jakob Grimmel zwischen 1550 und 1560, St. Katharinen 1996.

Ogger, Günter, Kauf dir einen Kaiser. Die Geschichte der Fugger, München 1978.

O'Malley, Michelle/Welsh, Evelyn (Hg.), The Material Renaissance, Manchester 2007.

O'Rourke, Kevin H./Williamson, J. G., Did Vasco da Gama matter for European markets?, in: Economic History Review 62/3 (2009), S. 655–684.

Osterhammel, Jürgen/Petersson, Niels P., Geschichte der Globalisierung. Dimensionen, Prozesse, Epochen, 4. Aufl. München 2007.

Otte, Enrique, Las perlas del Caribe. Nueva Cádiz de Cubagua, Caracas 1979.

Otte, Enrique, Von Bankiers und Kaufleuten, Räten, Reedern und Piraten, Hintermännern und Strohmännern. Aufsätze zur atlantischen Expansion Spaniens, hg. von Günter Vollmer und Horst Pietschmann, Stuttgart 2004.

Otte, Enrique, Die Welser auf Santo Domingo, in: Festschrift für Johannes Vincke, Bd. 2, Madrid 1962/63, S. 475–518 (wieder abgedruckt in Otte, Von Bankiers und Kaufleuten, S. 117–159; zitiert nach dieser Ausgabe).

OTTE, Enrique, Jakob und Hans Cromberger und Lazarus Nürnberger, die Begründer des deutschen Amerikahandels, in: Mitteilungen des Vereins für Geschichte der Stadt Nürnberg 52 (1963/64), S. 129–164 (wieder abgedruckt in OTTE, Von Bankiers und Kaufleuten, S. 161–197; zitiert nach dieser Ausgabe).

OTTE SANDER, Enrique, Sevilla siglo XVI. Materiales para su historia económica, Sevilla 2008.

Peters, Lambert F., Strategische Allianzen, Wirtschaftsstandort und Standortwettbewerb. Nürnberg 1500–1625, Frankfurt am Main 2005.

PETTEGREE, Andrew, The Invention of News. How the World Came to Know about Itself, New Haven/London 2014.

PEYER, Hans Conrad, Wollgewerbe, Viehzucht, Solddienst und Bevölkerungsentwicklung in Stadt und Landschaft Freiburg im Uechtland vom 14. bis 16. Jahrhundert, in: Hermann KELLENBENZ (Hg.), Agrarisches Nebengewerbe und Formen der Reagrarisierung im Spätmittelalter und im 19./20. Jahrhundert. Bericht über die 5. Arbeitstagung der Gesellschaft für Sozial- und Wirtschaftsgeschichte, Stuttgart 1975, S. 79–95.

PICKL, Othmar, Kupfererzeugung und Kupferhandel in den Ostalpen, in: Hermann KELLENBENZ (Hg.), Schwerpunkte der Kupferproduktion und des Kupferhandels in Europa 1500–1650, Köln/Wien 1977, S. 117–147.

PIEPER, Renate, Aktuelle Berichterstattung aus der Neuen Welt im ausgehenden 16. Jahrhundert: Der Überfall von Sir Francis Drake auf Santo Domingo und Cartagena (1586) in europäischen Zeitungen, in: Felix BECKER (Hg.), Iberische Welten. Festschrift zum 65. Geburtstag von Günter Kahle, Köln/Weimar/Wien 1993, S. 667–684.

PIEPER, Renate, Papageien und Bezoarsteine. Gesandte als Vermittler von Exotica und Luxuserzeugnissen im Zeitalter Philipps II., in: Friedrich EDELMAYER (Hg.), Hispania – Austria II. Die Epoche Philipps II. (1556–1598)/La época de Felipe II (1556–1598), Wien/München 1999, S. 215–224.

PIEPER, Renate, Die Vermittlung einer neuen Welt. Amerika im Nachrichtennetz des habsburgischen Imperiums 1493–1598, Mainz 2000.

PIEPER, Renate, Die Anfänge der europäischen Partizipation am weltweiten Handel: Die Aktivitäten der Portugiesen und Spanier im 15. und 16. Jahrhundert, in: Friedrich EDELMAYER u. a. (Hg.), Die Geschichte des europäischen Welthandels und der wirtschaftliche Globalisierungsprozeß, Wien/München 2001, S. 33–53.

Pike, Ruth, Enterprise and Adventure: The Genoese in Seville and the Opening of the New World, Ithaca/New York 1966.

Pike, Ruth, Penal Servitude in Early Modern Spain, Madison 1983.

Pölnitz, Götz Freiherr von, Jakob Fugger. Kaiser, Kirche und Kapital in der oberdeutschen Renaissance, 2 Bde., Tübingen 1949/51.

Pölnitz, Götz Freiherr von, Anton Fugger. 3 Bde. in 5 Teilbänden (Bd. 3/2 zusammen mit Hermann Kellenbenz), Tübingen 1958–1986.

Pölnitz, Götz Freiherr von, Die Fugger, Tübingen 1960.

Pölnitz, Götz Freiherr von, Die Anfänge der Weißenhorner Barchentweberei unter Jakob Fugger dem Reichen, in: Festschrift für Hans Liermann zum 70. Geburtstag, Erlangen 1964, S. 196–220.

Pölnitz, Götz Freiherr von, Die Fuggersche Generalrechnung von 1563, in: Kyklos 20 (1967), S. 355–370.

Pohle, Jürgen, Deutschland und die überseeische Expansion Portugals im 15. und 16. Jahrhundert, Münster u. a. 2000.

Prakash, Om, European Commercial Enterprise in Pre-Colonial India (The New Cambridge History of India II.5), Cambridge 1998.

Rauscher, Peter u. a. (Hg.), Das „Blut des Staatskörpers". Forschungen zur Finanzgeschichte der Frühen Neuzeit, München 2012.

Reinhard, Wolfgang, Geschichte der europäischen Expansion. Bd. 1: Die Alte Welt bis 1818, Stuttgart 1983.

Reinhard, Wolfgang, Geschichte der europäischen Expansion. Bd. 2: Die Neue Welt, Stuttgart 1985.

Reinhard, Wolfgang, Parasit oder Partner? Europäische Wirtschaft und Neue Welt 1500–1800, Münster 1997.

Reinhard, Wolfgang, Das Wachstum der Staatsgewalt. Eine vergleichende Verfassungsgeschichte von den Anfängen bis zur Gegenwart, München 1999.

Reinhard, Wolfgang, Probleme deutscher Geschichte 1495–1806. Reichsreform und Reformation 1495–1555 (Gebhardt Handbuch der deutschen Geschichte, 10. Aufl., Bd. 9), Stuttgart 2001.

Rodríguez Morel, Genaro, The Sugar Economy of Española in the Sixteenth Century, in: Stuart B. Schwartz (Hg.), Tropical Babylons: Sugar and the Making of the Atlantic World, 1450–1680, Chapel Hill/London 2004, S. 85–114.

Rönnbäck, Klas, Integration of Global Commodity Markets in the Early Modern Era, in: European Review of Economic History 13 (2009), S. 95–120.

Rössner, Philipp Robinson, Deflation – Devaluation – Rebellion. Geld im Zeitalter der Reformation, Stuttgart 2012.

Rogge, Jörg, Für den Gemeinen Nutzen. Politisches Handeln und Politikverständnis von Rat und Bürgerschaft in Augsburg im Spätmittelalter, Tübingen 1996.

Rossmann, Karl, Vom Handel der Welser an der Wende zum 16. Jahrhundert. Rekonstruktion aus Bruchstücken von Handelsbüchern, Diss. München 1933.

Rothmann, Michael, Die Frankfurter Messen als Beschaffungs- und Absatzmarkt für Tuche an der Wende vom 15. zum 16. Jahrhundert, in: Angelika Westermann/Stefanie von Welser (Hg.), Beschaffungs- und Absatzmärkte oberdeutscher Firmen im Zeitalter der Welser und Fugger, Husum 2011, S. 111–141.

Rublack, Ulinka, Dressing Up: Cultural Identity in Renaissance Europe, Oxford 2010.

Rublack, Ulinka, Matter in the Material Renaissance, in: Past & Present 219 (2013), S. 41–84.

Rublack, Ulinka/Hayward, Maria (Hg.), The First Book of Fashion: The Book of Clothes of Matthäus & Veit Konrad Schwarz of Augsburg, London 2015.

Safley, Thomas Max, Der Konkurs der Höchstetter in Abhängigkeit von Beschaffungs- und Absatzmärkten für Quecksilber, in: Angelika Westermann/Stefanie von Welser (Hg.), Beschaffungs- und Absatzmärkte oberdeutscher Firmen im Zeitalter der Welser und Fugger, Husum 2011, S. 273–286.

Scheller, Benjamin, Memoria an der Zeitenwende. Die Stiftungen Jakob Fuggers des Reichen vor und während der Reformation (ca. 1505–1555), Berlin 2004.

Scheuermann, Ludwig, Die Fugger als Montanindustrielle in Tirol und Kärnten. Ein Beitrag zur Wirtschaftsgeschichte des 16. und 17. Jahrhunderts, München/Leipzig 1929.

SCHICK, Léon, Un grand homme d'affaires au début du XVIe siècle: Jacob Fugger, Paris 1957.

SCHMIDT, Sven, Das Gewerbebuch der Augsburger Christoph-Welser-Gesellschaft (1554–1560). Edition und Kommentar, Augsburg 2015.

SCHMITT, Eberhard, Konquista als Konzernpolitik. Die Welser-Statthalterschaft über Venezuela 1528–1556, Bamberg 1992.

SCHMITT, Eberhard/HUTTEN, Friedrich Karl von (Hg.), Das Gold der Neuen Welt. Die Papiere des Welser-Konquistadors und Generalkapitäns von Venezuela Philipp von Hutten 1534–1541, Hildburghausen 1996.

SCHMITT, Eberhard/SIMMER, Götz (Hg.), Tod am Tocuyo. Die Suche nach den Hintergründen der Ermordung Philipps von Hutten 1541–50, Berlin 1999.

SCHMÖLZ-HÄBERLEIN, Michaela, Kaufleute, Kolonisten, Forscher: Die Rezeption des Venezuela-Unternehmens der Welser in wissenschaftlichen und populären Darstellungen, in: Mark HÄBERLEIN/Johannes BURKHARDT (Hg.), Die Welser. Neue Forschungen zur Geschichte und Kultur des oberdeutschen Handelshauses, Berlin 2002, S. 320–344.

SCHULTE, Aloys, Geschichte des mittelalterlichen Handels und Verkehrs zwischen Westdeutschland und Italien mit Ausschluss von Venedig, 2 Bde., Leipzig 1900.

SCHULTE, Aloys, Die Fugger in Rom 1495–1523, 2 Bde., Leipzig 1904.

SCHULTE, Aloys, Geschichte der Großen Ravensburger Handelsgesellschaft (1380–1530), 3 Bde., Stuttgart 1923.

SCHWARTZ, Stuart B. (Hg.), Tropical Babylons: Sugar and the Making of the Atlantic World, 1450–1680, Chapel Hill/London 2004.

SCRUZZI, Davide, Eine Stadt denkt sich die Welt. Wahrnehmung geographischer Räume und Globalisierung in Venedig von 1490 bis um 1600, Berlin 2010.

SEELIG, Lorenz, Die Münchner Kunstkammer, in: Jahrbuch für bayerische Denkmalpflege 40 (1986), S. 101–138.

SEIBOLD, Gerhard, Die Manlich. Geschichte einer Augsburger Kaufmannsfamilie, Sigmaringen 1995.

SELZER, Stefan, Adel auf dem Laufsteg. Das Hofgewand um 1500 gezeigt am Beispiel des landgräflich-hessischen Hofes, in: Klaus OSCHEMA u. a. (Hg.), Fashion and Clothing in Late Medieval Europe – Mode und Kleidung im Europa des späten Mittelalters, Basel 2010, S. 115–130.

SIEBENHÜNER, Kim, Die Spur der Diamanten. Eine Sozial- und Kulturgeschichte der Juwelen in der Frühen Neuzeit, Habilitationsschrift, Universität Basel 2013.

SIMMER, Götz, Gold und Sklaven. Die Provinz Venezuela während der Welser-Verwaltung (1528–1556), Berlin 2000.

SIMONSFELD, Henri, Der Fondaco dei Tedeschi in Venedig und die Deutsch-venetianischen Handelsbeziehungen, 2 Bde., Stuttgart 1887.

SOLOW, Barbara, Why Columbus Failed: The New World Without Slavery, in: Wolfgang REINHARD/Peter WALDMANN (Hg.), Nord und Süd in Amerika. Gegensätze – Gemeinsamkeiten – europäischer Hintergrund, Freiburg i. Br. 1992, Bd. 2, S. 1111–1124.

SPATE, O.H.K, The Spanish Lake. The Pacific Since Magellan, Vol. 1, Minneapolis 1979.

SPRANGER, Carolin, Der Metall- und Versorgungshandel der Fugger in Schwaz in Tirol 1560–1575 zwischen Krisen und Konflikten, Augsburg 2007.

STEIN, Claudia, Die Behandlung der Franzosenkrankheit in der Frühen Neuzeit am Beispiel Augsburgs, Stuttgart 2000.

STEINMETZ, Greg. The Richest Man Who Ever Lived: The Lives and Times of Jacob Fugger, New York 2015.

STOLLBERG-RILINGER, Barbara, Des Kaisers alte Kleider. Verfassungsgeschichte und Symbolsprache des Alten Reiches, München 2008.

STOLS, Eddy, The Expansion of the Sugar Market in Western Europe, in: Stuart B. SCHWARTZ (Hg.), Tropical Babylons: Sugar and the Making of the Atlantic World, 1450–1680, Chapel Hill/London 2004, S. 237–288.

STRIEDER, Jakob, Die Inventur der Firma Fugger aus dem Jahre 1527, Tübingen 1905.

STRIEDER, Jakob, Studien zur Geschichte kapitalistischer Organisationsformen. Monopole, Kartelle und Aktiengesellschaften im Mittelalter und zu Beginn der Neuzeit, München/Leipzig 1925.

STRIEDER, Jakob, Aus Antwerpener Notariatsarchiven. Quellen zur deutschen Wirtschaftsgeschichte des 16. Jahrhunderts, Stuttgart 1930.

SUBRAHMANYAM, Sanjay, An Augsburger in Ásia Portuguesa. Further Light on the Commercial World of Ferdinand Cron, 1587–1624, in: Roderich PTAK/Dietmar ROTHERMUND (Hg.), Emporia, Commodities and Entrepreneurs in Asian Maritime Trade, c. 1400–1750, Stuttgart 1991, S. 401–425.

TANDETER, Enrique, The Mining Industry, in: Victor BULMER-THOMAS u.a. (Hg.), The Cambridge Economic History of Latin America. Vol. 1: The Colonial Era and the Short Nineteenth Century, Cambridge u.a. 2006, S. 315–356.

TASSER, Rudolf/WESTERMANN, Ekkehard (Hg.), Der Tiroler Bergbau und die Depression der europäischen Montanwirtschaft im 14. und 15. Jahrhundert, Innsbruck u.a. 2004.

TEWES, Götz-Rüdiger, Kampf um Florenz – Die Medici im Exil (1494–1512), Köln/Weimar/Wien 2011.

THOMAS, Hugh, The Slave Trade. The Story of the Atlantic Slave Trade, 1440–1870, New York 1997.

TRACY, James D., Emperor Charles V, Impresario of War. Campaign Strategy, International Finance, and Domestic Politics, Cambridge u.a. 2002.

UNGERER, Gustav, The Mediterranean Apprenticeship to British Slavery, Madrid 2008.

VAN DER WEE, Herman, The Growth of the Antwerp Market and the European Economy (fourteenth–sixteenth centuries), 3 Bde., Den Haag 1963.

VAN DER WEE, Herman, Structural Changes in European Long-Distance Trade, and particularly in the Re-export Trade From South to North, 1350–1750, in: James D. TRACY (Hg.), The Rise of Merchant Empires: Long Distance Trade in the Early Modern World, Cambridge u.a. 1991, S. 14–33.

VAN DER WEE, Hermann/MATERNÉ, Jan, Antwerp as a World Market in the Sixteenth and Seventeenth Centuries, in: Jan van der STOCK (Hg.), Antwerp, Story of a Metropolis (16th – 17th centuries), Gent 1993, S. 19–32.

VARELA, Consuelo, Los negocios de amigos y familiares de Cristobal Colón en los archipielagos de Madeira, Canarias y Azores, in: Actas III Colóquo Internacional de História da Madeira, Funchal 1993, S. 45–50.

VIEIRA, Alberto, Sugar Islands: The Sugar Economy of Madeira and the Canaries, 1450–1650, in: Stuart B. SCHWARTZ (Hg.), Tropical Babylons: Sugar and the Making of the Atlantic World, 1450–1680, Chapel Hill/London 2004, S. 42–84.

VLACHOVIĆ, Josef, Die Kupfererzeugung und der Kupferhandel in der Slowakei vom Ende des 15. bis zur Mitte des 17. Jahrhunderts in: Hermann KELLENBENZ (Hg.), Schwerpunkte der Kupferproduktion und des Kupferhandels in Europa 1500–1650, Köln/Wien 1977, S. 148–171.

VOGEL, Klaus A., Neue Horizonte der Kosmographie. Die kosmographischen Bücherlisten Hartmann Schedels (um 1498) und Konrad Peutingers (1523), in: Anzeiger des Germanischen Nationalmuseums 1991, S. 77–85.

WALTER, Rolf, Der Traum vom Eldorado. Die deutsche Conquista in Venezuela im 16. Jahrhundert, München 1992.

WALTER, Rolf, Die Welser und ihre Partner im „World Wide Web" der Frühen Neuzeit, in: Angelika WESTERMANN/Stefanie VON WELSER (Hg.), Neunhofer Dialog I: Einblicke in die Geschichte des Handelshauses Welser, St. Katharinen 2009, S. 11–27.

WALTER, Rolf, Was könnte Proto-Globalisierung bedeuten? Auf den Spuren oberdeutscher Fernhändler in der Frühen Neuzeit, in: Stefan GERBER u. a. (Hg.), Zwischen Stadt, Staat und Nation. Bürgertum in Deutschland, Teil I, Göttingen 2014, S. 51–72.

WEISSEN, Kurt, Safran für Deutschland. Kontinuität und Diskontinuität mittelalterlicher und frühneuzeitlicher Warenbeschaffungsstrukturen, in: Angelika WESTERMANN/Stefanie VON WELSER (Hg.), Beschaffungs- und Absatzmärkte oberdeutscher Firmen im Zeitalter der Welser und Fugger, Husum 2011, S. 61–78.

WEITNAUER, Alfred, Venezianischer Handel der Fugger. Nach der Musterbuchhaltung des Matthäus Schwarz, München/Leipzig 1931.

WELSER, Johann Michael Freiherr von, Die Welser. Nachrichten über die Familie, bearbeitet von Ludwig Freiherr von Welser, 2 Bde., Nürnberg 1917.

Welt im Umbruch. Augsburg zwischen Renaissance und Barock, 3 Bde., Augsburg 1980.

WENDT, Reinhard, Vom Kolonialismus zur Globalisierung. Europa und die Welt seit 1500, 2. Aufl. Paderborn u. a. 2016.

WERNER, Theodor Gustav, Das Kupferhüttenwerk des Hans Tetzel aus Nürnberg auf Kuba und seine Finanzierung durch europäisches Finanzkapital (1545–1571), in: Vierteljahrschrift für Sozial- und Wirtschaftsgeschichte 48 (1961), S. 289–328, 444–502.

WERNER, Theodor Gustav, Repräsentanten der Augsburger Fugger und Nürnberger Imhoff als Urheber der wichtigsten Handschriften des Paumgartner-Archivs über Welthandelsbräuche im Spätmittelalter und am

Beginn der Neuzeit, in: Vierteljahrschrift für Sozial- und Wirtschaftsgeschichte 52 (1965), S. 1–41.

Werner, Theodor Gustav, Die Beteiligung der Nürnberger Welser und der Augsburger Fugger an der Eroberung des Rio de la Plata und der Gründung von Buenos Aires, in: Stadtarchiv Nürnberg (Hg.), Beiträge zur Wirtschaftsgeschichte Nürnbergs, Bd. 1, Nürnberg 1967, S. 494–592.

Werner, Theodor Gustav, Die Anfänge der deutschen Zuckerindustrie und die Augsburger Zuckerindustrie von 1573, in: Scripta Mercaturae 5 (1972), S. 167–186 (Teil I); 6 (1973), S. 89–98 (Teil II); 7 (1974), S. 77–129 (Teil III).

Westermann, Ekkehard, Das Eislebener Garkupfer und seine Bedeutung für den europäischen Kupfermarkt, 1460–1560, Köln 1971.

Westermann, Ekkehard, Zur Silber- und Kupferproduktion Mitteleuropas vom 15. bis zum frühen 17. Jahrhundert. Über Bedeutung und Rangfolge der Reviere von Schwaz, Mansfeld und Neusohl, in: Der Anschnitt 38 (1986), S. 187–211.

Westermann, Ekkehard, Silberrausch und Kanonendonner. Deutsches Silber und Kupfer an der Wiege der europäischen Weltherrschaft, Lübeck 2001.

Westermann, Ekkehard, Die Nürnberger Welser und der mitteldeutsche Saigerhandel des 16. Jahrhunderts in seinen europäischen Verflechtungen, in: Mark Häberlein/Johannes Burkhardt (Hg.), Die Welser. Neue Forschungen zur Geschichte und Kultur des oberdeutschen Handelshauses, Berlin 2002, S. 240–264.

Westermann, Ekkehard, Auftakt zur Globalisierung: Die „Novos Mundos" Portugals und Valentim Fernandes als ihr Mittler nach Nürnberg und Augsburg. Korrekturen – Ergänzungen – Anfragen, in: Vierteljahrschrift für Sozial- und Wirtschaftsgeschichte 96/1 (2009), S. 44–58.

Westermann, Ekkehard, Die versunkenen Schätze der „Bom Jesus" von 1533. Die Bedeutung der Fracht des portugiesischen Indienseglers für die internationale Handelsgeschichte – Würdigung und Kritik, in: Vierteljahrschrift für Sozial- und Wirtschaftsgeschichte 100/4 (2013), S. 459–478.

Westermann, Ekkehard/Denzel, Markus A., Das Kaufmannsnotizbuch des Matthäus Schwarz von 1548, Stuttgart 2011.

WILCZEK, Elmar, Die Welser in Lissabon und auf Madeira. Neue Aspekte deutsch-portugiesischer Kontakte vor 500 Jahren, in: Angelika WESTERMANN/Stefanie VON WELSER (Hg.), Neunhofer Dialog I. Einblicke in die Geschichte des Handelshauses Welser, St. Katharinen 2009, S. 91–118.

WILLIAMSON, J. G./O'ROURKE, Kevin H., When did globalisation begin?, in: European Reviews of Economic History 6 (2002), S. 23–50.

WÖLFLE, Sylvia, Die Kunstpatronage der Fugger 1560–1618, Augsburg 2009.

WÜST, Wolfgang, „... nur zu ihrem eigenen persönlichen Interesse, Erfolg und Nutzen"? Die Lateinamerika-Mission des Augsburger Handelshauses Welser, in: Peter Claus HARTMANN/Alois SCHMID (Hg.), Bayern in Lateinamerika. Transatlantische Verbindungen und interkultureller Austausch, München 2011, S. 51–75.

WUTTKE, Dieter, Humanismus in den deutschsprachigen Ländern und Entdeckungsgeschichte 1493–1534, in: Stephan FÜSSEL (Hg.), Die Folgen der Entdeckungsreisen für Europa. Akten des interdisziplinären Symposions vom 12./13. April 1991 in Nürnberg, Nürnberg 1992, S. 9–52.

YUN, Bartolomé, Economic Cycles, in: Thomas A. BRADY Jr. u. a. (Hg.), Handbook of European History 1400–1600. Late Middle Ages, Renaissance and Reformation. Vol. 1: Structures and Assertions, Leiden u. a. 1994, S. 113–145.

ZWIERLEIN, Cornel, Fuggerzeitungen als Ergebnis von italienisch-deutschem Kulturtransfer 1552–1570, in: Quellen und Forschungen aus italienischen Archiven und Bibliotheken 90 (2010), S. 169–224.

Personen- und Ortsregister

A
Agnese, Battista 165 f.
Agostini (Bankhaus in Venedig) 154
Aguilar, Pedro de 193
Aigues-Mortes 109
Albertas, Amiel 46
Albrecht V. von Bayern, Herzog 28, 156, 158, 161 f.
Albuquerque, Afonso de 175
Albuquerque, Fernão de 195
Aleppo 153, 195
Alexandria 82, 101, 153, 171, 195
Almadén 15, 28, 143–145, 147–149, 151, 194, 199
Almagro 143 f.
Almeida, Francisco de 86, 175, 185
Amberger, Christoph 165, 187, 189
Ambon 80
Amhauser, Hans 101
Amsterdam 46, 102, 105
Anna von Österreich 161
Antwerpen 11, 14, 18, 20 f., 27 f., 32, 34–36, 43, 45 f., 49, 52–54, 63–65, 67 f., 70, 74–77, 80, 82 f., 85, 87–93, 99–103, 106, 108 f., 111, 113, 115, 136 f., 140 f., 144 f., 157 f., 160 f., 165, 177, 190
Aragon 79 f.
Argentinien 10, 34
Arras 46
Artzt (Familie) 39
August von Sachsen, Kurfürst 103
Azoren 108, 171

B
Bamberg 62
Banda-Inseln 80
Bardi, Giacomo dei 103
Bari 80
Barzi, Cesare 111
Basel 156, 192
Bäsinger, Franz 23
Baumgartner (Familie) 63, 76, 142, 144, 170, 174
Behaim, Bernhard 72 f.
Behaim, Martin 184
Beirut 82
Benalcázar, Sebastián de 123
Bergamo 168
Bernardo, Maffeo 46
Biberach 32, 37, 42 f., 54
Blas, Hernando 114
Blümel, Bartholomäus 192
Bogotá 124
Böhmen 40, 71, 100
Bologna 136
Brandão, João 92
Brasilien 15, 107, 115, 164, 170 f., 174
Breslau 25, 38, 64, 74
Brixen 25
Brügge 46
Brünn 32, 92
Burgos 94, 189
Byse, Johann 111

C
Cabot, Sebastian 96, 191, 193
Cabral, Pedro Alvares 174 f.
Cádiz 140
Calicut (Indien) 171 f., 174, 191
Campeche (Mexiko) 182
Cannanore (Indien) 87, 155, 191
Cartagena (Kolumbien) 179, 181 f.
Casalmaggiore 80
Cattaneo, Leonardo 130
Ceylon 14, 80, 153, 162 f., 173
Chemnitz 71
Chile 130 f., 192
China 151, 173, 195
Cochin (Indien) 87, 155, 171, 191, 194
Como 32, 44
Conti, Niccolò de 184
Coro (Venezuela) 120–127
Cortés, Hernán 170, 192
Cromberger, Hans 192
Cromberger, Jakob 191
Cron, Ferdinand 104, 178, 194–196
Cron, Heinrich 194
Cubagua 154 f.
Cunha, Tristan da 87, 185
Cuon, Alberto 53, 190

D
Dalfinger, Ambrosius 112, 118, 120–122, 127 f.
Danzig 25, 63 f., 105
Dillingen 11, 164
Donauwörth 39
Drake, Francis 179, 181 f.

E
Ebner (Familie) 71
Egelhoff, Hans 110

Egen, Lorenz 30
Ehinger, Hans 142, 190
Ehinger, Heinrich 187 f.
Ehinger, Jörg 112
Ehinger, Ulrich 94, 116 f., 128 f., 142, 186–190
Ehinger, Ursula 190
Endorfer, Friedrich d. J. 196
England 27, 52, 102, 182
Erasso, Francisco de 140

F
Federmann, Nikolaus 118, 121–124, 127 f.
Ferdinand (König von Aragón) 141
Ferdinand I. (Erzherzog von Österreich, König von Böhmen und Ungarn, Kaiser 1556–1564) 26 f., 52, 71, 73 f., 132, 134–136, 154, 165
Fernandes, Rui 67, 92
Fernandes, Valentim 176, 184–186
Fernberger, Georg Christoph 194
Fiorini, Lazaro 45
Florenz 109
Frankfurt am Main 30, 36, 43–47, 93, 100 f., 115
Frankreich 35, 44, 75, 79, 88, 107, 133, 136, 198
Franz I. (König von Frankreich) 134
Freiburg im Uechtland 44, 70
Fugger, Andreas 22, 39
Fugger, Anton 27 f., 49, 52 f., 73–76, 78, 131, 135, 141, 147 f., 156, 158, 165, 197, 199
Fugger, Barbara 23, 56
Fugger, Christoph 28, 198
Fugger, Elisabeth 22, 39
Fugger, Georg (I, 1453–1506) 23, 56
Fugger, Georg (II, 1518–1569) 104, 200
Fugger, Georgs Erben 28, 104 f., 177, 179, 194, 197
Fugger, Hans (I, gest. 1408/9) 22, 39
Fugger, Hans (II, 1531–1598) 28, 30, 78, 141, 149 f., 158–161
Fugger, Hans Jakob 27 f., 141, 153, 165, 198, 200
Fugger, Hieronymus 27, 135
Fugger, Jakob (I, gest. 1469) 22f., 39
Fugger, Jakob (II, 1459–1525) 23, 25–27, 34, 48, 51 f., 56 f., 59, 63, 67, 69, 73, 76, 89, 94, 96, 134 f., 156 f., 198
Fugger, Jakob (III, 1542–1598) 28, 150
Fugger, Lukas 22 f., 39 f.
Fugger, Marx 28–30, 78, 148–150, 161, 165, 178
Fugger, Octavian Secundus 105, 159, 177, 179, 182, 198
Fugger, Philipp Eduard 105, 159, 177, 179, 182, 198
Fugger, Raymund 27
Fugger, Ulrich (I, 1441–1510) 23, 39, 56
Fugger, Ulrich (II, 1490–1525) 48
Fugger, Ulrich (III, 1526–1584) 200
Fuggerau 62, 75
Funchal (Madeira) 109–111

G
Gabler, Stefan 185
Gama, Francisco da 196
Gama, Vasco da 14, 82, 174 f.
Gassner, Veronika 48
Geislingen an der Steige 53, 190
Genf 70
Gent 124
Genua 32, 45, 70, 107, 136, 188, 195
Gessler, Ulrich 113, 130, 188
Gienger, Andreas 193
Goa (Indien) 13, 153, 155, 178, 191, 194 f.
Gomes, Diogo 184
Gorrevod, Laurent de 128
Goslar 62
Gossembrot (Familie) 58, 63, 86
Graben (bei Augsburg) 22, 39
Grander (Familie) 80
Grasstein (Tirol) 76
Grimmel, Felix 54
Grimmel, Jakob 54
Groenenberg, Jakob 111
Guadalcanal (Spanien) 150
Guicciardini, Jeronimo 45
Guinea 77

H
Hagenau 121
Haintzel (Familie) 31
Hall in Tirol 58 f.
Hamburg 102, 105
Hämmerlin (Familie) 39
Haro, Cristóbal de 94, 96
Haro, Diego de 96
Hartmann, Marcus 192
Haug-Langnauer (Firma) 77 f.
Haug-Neidhart (Firma) 76
Heidingsfeld (bei Würzburg) 153
Heinrich III. von Nassau, Graf 117
Heinrich VIII. (König von England) 156
Henschel, Hans 192
Herwart (Firma) 58, 63, 69, 76, 153
Herwart, Christoph 99, 154
Herwart, Jörg 155 f.
Hirschvogel (Familie) 68, 86, 153, 190 f.
Hispaniola 13, 35, 107, 111, 113–115, 129, 157

Höchstetter (Familie) 185
Höchstetter, Ambrosius 68 f., 86, 92
Hoefnagel, Joris 165
Hohenkirchen (Thüringen) 62, 75
Hohermuth, Georg 122–124, 127
Holzschuher, Gabriel 104, 194
Hondschoote 46
Honold (Familie) 31
Hörl, Veit 53, 130 f.
Hörmann, Christoph 156, 161, 165, 178
Hormuz 173, 195
Huancavelica (Peru) 146
Hutten, Philipp von 117 f., 122 f., 125, 127, 130, 170
Hutten, Ulrich von 96 f., 157

I
Idria 144
Imhoff (Familie) 31, 68, 80, 86, 170
Imhoff, Andreas 174
Imhoff, Jörg 69, 155 f.
Imhoff, Michael 69
Indien 13 f., 64 f., 70, 82, 87, 92 f., 96, 104 f., 152 f., 171, 174, 178, 185, 190 f., 195 f., 200
Innsbruck 51, 58
Isabella (Königin von Kastilien) 141
Isny 42 f.
Italien 21 f., 30, 32, 45, 69, 75, 79, 107–109, 136, 168, 170 f., 177

J
Japan 195
Jenbach (Tirol) 76–78
Jiménez de Quesada, Gonzalo 123
Johann II. (König von Portugal) 185
Jung, Nathanael 161

K
Kaufbeuren 37, 43, 54
Kanarische Inseln 15, 107, 110
Kapverdische Inseln 107, 179
Karl V. (König von Spanien, Kaiser 1519–1556) 15, 25–27, 34 f., 52, 73, 75, 94, 96 f., 111, 116 f., 128 f., 131 f., 134–136, 140–142, 154 f., 159, 164 f., 170, 187–189, 191, 196
Kärnten 25, 30, 62, 75–77
Kastilien 27, 136 f., 142
Katalonien 79
Keller, Bartholomäus 110
Keller, Hans 161
Keller, Jan 113
Kempten 32, 34, 37, 42, 54
Kilwa (Ostafrika) 86, 171
Kirchberg (Schwaben) 51
Kitzbühel 76
Klausen (Südtirol) 76
Koch, Jörg 112
Köler, Hieronymus 122, 155
Köln 28, 30, 32, 38, 43, 45 f., 115, 158, 177, 179
Kolumbien 116, 123–126, 145, 164
Kolumbus, Christoph 111, 170
Konstantinopel 110, 177
Konstanz 42, 54, 70, 116, 186, 188
Krakau 23, 25, 38, 59, 64
Kramer (Familie) 39
Krell, Philipp 179
Kuba 192
Kurz, Sebastian 75, 141
Kuttenberg (Kutná Hora) 71

L
Landshut 161
Languedoc 79
Lanfredini (Florentiner Bankhaus) 109 f.
La Palma (Kanareninsel) 15, 110 f.
L'Aquila 80
La Rochefoucauld 79
Las Casas, Bartolomé de 128
Lauginger, Anton 31, 113
Leipzig 25, 32, 46 f., 64, 71, 92 f., 100, 103, 115
Leitoa, Isabel 195
Leo X. (Papst) 25
León, Juan de 115
Leutkirch 54
Lichtenberg, Georg Christoph 128
Lindau 32
Lissabon 14, 16, 18, 32, 36, 65, 68–70, 77, 82 f., 86, 88 f., 92, 100, 103 f., 106, 108, 110 f., 130, 153, 155 f., 160 f., 171, 174, 179, 184 f., 191, 195 f.
Litta, Giacomo Battista 103
Loaysa, García Jofre de 96
Lohmann, Caspar 146, 193
London 46
Lopes, Tomé 67, 89
Löwen 23
Lübeck 105
Lucca 45
Ludwig von Bayern-Landshut, Herzog 39
Ludwig II. (König von Ungarn) 73
Lugano 45
Lüneburg 74
Luther, Martin 96 f.
Lyon 32, 34–36, 70, 80, 109, 122, 144, 177, 196

M

Macao 194
Madeira 14 f., 32, 69, 107–111, 115, 171, 182
Madrid 28, 136, 142, 149, 156, 159–161, 178 f., 182, 193
Magellan, Ferdinand 93 f., 96, 165, 170, 179
Mailand 32, 45 f., 48, 104, 136
Malaga 75
Malakka 11, 89, 94, 160, 171, 194
Malindi (Ostafrika) 86, 171
Manila 15, 151
Manlich, Matthias 75
Manlich-Katzbeck (Firma) 77 f.
Mansfeld 68
Manuel I. (König von Portugal) 83, 87, 109, 184
Maracaibo 120, 125
Marchionni, Bartolomeo 65
Margarida (Königin von Spanien) 195
Maria (Königin von Portugal) 162
Marokko 108
Marseille 46, 109
Martín, Estéban 123
Maximilian I. (römischer König, Kaiser 1508–1519) 23, 25, 43 f., 51, 58 f., 67, 69 f., 132–135, 154, 168
Maximilian von Bergen (Maximilian Transylvanus) 94, 96
Mayr, Hans 184
Mechelen 46, 49
Meckau, Melchior von 25
Medici, Cosimo de' 156
Medina, Antonio de 53
Medina, Bartolomé 146, 193
Medina de Rioseco 53
Medina del Campo 53
Meißlin, Gilg 43
Mekka 171, 175
Memmingen 31, 34, 37, 40, 42 f., 54, 71
Mendel, Marquard 39
Mendes, Diego 99
Mendes, Rui 87
Mendoza, Pedro de 34
Mérida 142
Messina 45
Meuting, Anton 162 f.
Meuting, Bernhard 45
Mexiko 15, 124, 140, 145 f., 149, 178, 190, 192 f.
Middelburg 105
Miller, Maria 194
Miller, Thomas 140, 159, 194
Mindelheim 42
Molukken 14, 80, 93 f., 96, 165, 191
Mombasa 86, 171
Monardes, Nicolás 158
Mosambik 171
Moschnitz (Moštenice) 62
München 28, 43 f., 161, 163, 165
Münzer, Hieronymus 185
Muntport, Hans Heinrich 158
Muralto, Francesco 44

N

Namibia 9, 11
Narsinga (Indien) 155
Neapel 27, 74, 135
Neidhart, Sebastian 34, 154, 192
Neidhart, Ulrich 188
Neuhaus, Jakob 93
Neusohl (Banská Bystrica) 23, 59, 62 f., 72–75
Neustadt an der Aisch 190
Niederlande 22 f., 27, 30, 36, 49, 52, 65, 69, 102, 107, 111, 113, 126, 136, 140, 149, 198 f.
Nizza 137
Nördlingen 37, 39
Nürnberg 13 f., 21, 23, 28, 34, 36, 39–43, 45 f., 48, 69, 71, 80, 83, 88, 92 f., 97, 100–102, 115, 122, 153, 155, 159 f., 170, 174, 184–186, 190–193
Nürnberger, Lazarus 112, 154, 190–194
Nützel, Kaspar 193

O

Ofen (Budapest) 25, 73
Öglin, Erhard 170
Örtel, Matthäus 140 f.
Ocaña 142
Ortelius, Abraham 165
Ott, Christoph 78, 179
Ott, Hieronymus 78, 179
Ottmar, Johann 170

P

Palermo 107
Panama 192
Paracelsus 157
Peña, Alonso de la 53
Pera 110
Perico 130
Perpignan 49
Peru 123 f., 130, 140, 145 f., 149, 192
Pessoa, Francisco 92
Peutinger, Christoph 125
Peutinger, Konrad 70, 98, 174–176, 185
Pfister (Familie) 31

Pflach (Tirol) 69
Philipp II. (König von Spanien) 140 f., 148 f., 156, 163, 178, 195
Philipp der Schöne (Herzog von Burgund) 70
Philippinen 94
Pirckheimer, Willibald 185 f.
Pitti, Giuliano 110
Pizarro, Francisco 122, 131
Pock, Jörg 153
Polo, Marco 184
Polen 75
Portugal 14, 27, 65, 67–70, 83, 92 f., 96, 98 f., 102 f., 108, 163, 165, 179, 184 f., 194–196
Potosí 146
Prag 28, 38, 92, 100, 177
Pressburg 59
Prun, Hans 30
Pruner, Joachim 190
Ptolemäus, Claudius 175 f.

R
Raid, Silvester 74
Raiser, Christoph 53, 137, 140, 154 f., 178, 192
Rambser (Familie) 78
Ramminger, Melchior 170
Ravensburg 32, 37, 39, 46, 107
Ravensburger, Leo 69, 110 f.
Real de Gandía (Spanien) 107
Rebello, João 76
Regensburg 46, 75, 92
Rehlinger, Wilhelm 68
Reichenstein (Schlesien) 75
Reihing (Familie) 31
Reinel, Pedro 176
Reitwieser, Kilian 190
Rem (Familie) 31
Rem, Hans 108
Rem, Lucas 47, 83, 86, 89, 108–111, 198
Rem, Wilhelm 48
Renata von Lothringen (Herzogin von Bayern) 156
Rentz, Lazarus 115
Rentz, Sebastian 113
Ribeiro, Diogo 164 f.
Ringmann, Matthias 176
Rom 23, 25, 27, 32, 177
Rondinelli, Piero 110
Rosenberg 64
Rott, Konrad 103, 160
Rouen 46
Rovelasca, Giovanni Battista 104
Rummel, Balthasar 193

S
Sachsen 71
Sachsen, Moritz von (Kurfürst) 52
Sailer, Hieronymus 35, 116 f., 128 f., 189
Salviati (Familie) 35, 46
Salzburg 62, 101
St. Gallen 32, 34, 42 f., 80, 115
Sanlúcar de Barrameda 94
San Stefano, Hieronimo di 184
Santiago de Chile 192
Sassetti, Filippo 178
Santa Marta (Kolumbien) 116 f., 124, 126
Santiago de Cuba 193
Santo Domingo 10, 13, 15, 112–116, 120 f., 124, 129 f., 157 f., 179, 182, 191 f.
São Jorge da Mina 65
São Tomé (und Principe) 107, 115, 129, 171
Saragossa 32, 36, 80, 96, 165, 188
Sattler, Jakob 160
Schlesien 40, 75
Schmidt, Johann 110
Schneeberger, Christian 104, 178, 194
Schönsperger, Johann 170
Schöner, Johann 176
Schöpperlin, Sebastian 188
Schütz, Gregor 71
Schwarz, Matthäus 48 f., 51, 69
Schwaz (Tirol) 58, 76
Schwerzer, Hans 156
Sebastian (König von Portugal) 103
Seitz, Simon 31, 83, 97
Sernigi, Girolamo 65
Sevilla 10 f., 13, 16, 34, 53, 72, 77, 108, 110, 112–115, 120, 122, 124 f., 130, 137 f., 144 f., 154, 157–159, 178, 182, 184, 188, 190, 192, 194
Sforza, Bianca Maria 51
Sigismund (Erzherzog von Tirol) 23, 29, 57 f.
Sofala (Ostafrika) 171
Spanien 9, 14 f., 25–28, 30, 34, 36, 46, 52, 72, 93 f., 96, 108, 114, 126, 134–136, 140 f., 145, 149 f., 158–160, 162, 165, 179, 188–190, 193–195
Spengler, Lazarus d. J. 192
Spinola, Bartolomeo 150
Speyer 122, 189
Sprenger, Balthasar 86 f., 93
Stettin 64
Straßburg 80, 115
Strozzi, Rinaldo 53
Stuntz, Konrad 156
Syrien 37

T
Tasco (Mexiko) 146
Taxis (Familie) 20, 168
Taxis, Maffeo de 142, 188
Taxis, Raimundo de 53
Tazacorte (Kanaren) 110
Teschen 64
Tretzel, Gabriel 193
Tetzel, Hans 192
Tetzel, Jobst 193
Thorne, Robert 130
Thurzo (Familie) 63, 72 f.
Thurzo, Georg 59
Thurzo, Hans 23, 59
Tirol 26 f., 30, 56–59, 62 f., 68–70, 75, 77 f., 134, 147, 198
Toledo 97, 117, 136 f., 142, 189
Toskana 27, 79
Toulouse 35, 80
Tripoli 82
Tucher, Hans 192
Tucher, Lazarus 80, 93

U
Ulate, Juan de 157 f.
Ulhart, Philipp d. Ä. 170
Ulm 32, 37, 43–45, 51 f., 54, 113, 120 f., 189, 192
Ulrich von Württemberg, Herzog 134
Ungarn 59, 62–64, 72–75, 157
Urbino 177
Utrecht, Adrian von 141

V
Valencia 107, 111, 188
Valladolid 36, 53
Varas, Juan Fernández de las 113, 115
Varthema, Lodovico de 176
Venedig 13 f., 18, 21, 28, 30, 32, 36 f., 39–45, 48, 51–54, 56 f., 62–64, 68, 72, 74 f., 77 f., 82 f., 93, 99–102, 106, 133, 144 f., 153 f., 160, 177, 179, 195
Venezuela 10, 12, 15, 116–118, 122, 124–128, 131, 155, 157 f., 164, 170, 189, 199
Vespucci, Amerigo 169, 174–176
Villach 62, 78
Villalón 53
Villasante, Antonio de 158
Villoria, Juan de 114
Vlissingen 99
Vogel, Leonhard 74
Vöhlin (Familie) 40, 44
Vöhlin, Hans (I, gest. 1496) 31
Vöhlin, Hans (II, 1488–1556) 34 f., 45
Vöhlin, Hans (III, 1526–1562) 50
Vöhlin, Konrad 31, 42 f., 71, 80, 82, 86

W
Wagner, Balthasar 46
Waldseemüller, Martin 176
Walther, Hieronymus 71
Walther, Jobst (Justus) 53, 140
Weißenhorn (Schwaben) 51 f.
Weitmül, Sebastian von der 71
Wels (Tirol) 86
Welser, Anton (I, 1451–1518) 31, 42 f., 70 f., 80, 82, 86, 88, 92, 111, 160, 174
Welser, Anton (II, 1486–1557) 34f., 109, 135, 197
Welser, Barbara 31
Welser, Bartholomäus (III, gest. 1446) 30
Welser, Bartholomäus (V, 1484–1561) 34 f., 43–45, 49, 71, 92, 101, 116 f., 122, 124, 134 f., 188 f., 197
Bartholomäus (VI, 1512–1546) 125
Welser, Christoph, Dr. 160, 175
Welser, Christoph (II, 1517–1593) 35 f., 49, 54, 101, 115, 197 f.
Welser, Franz 135
Welser, Hans 35, 156
Welser, Jakob 30, 34, 36, 156
Welser, Leonhard 35
Welser, Lukas 30 f.
Welser, Margarethe 174
Welser, Marx 35 f., 104, 194
Welser, Matthäus 35 f., 104, 194, 197
Welser, Paul 36, 197
Welser, Ulrich 30
Weyer, Leonhard 93
Wien 28, 32, 38, 43, 46, 92, 100, 177
Wild, Leonhard 42
Wilhelm (V.) von Bayern, Herzog 159–161
Wladislaw, König von Böhmen und Ungarn 59, 72
Wolff, Christoph 76

X
Ximenes (Familie) 103, 105

Z
Zacatecas (Mexiko) 146
Zangmeister, Sebastian 104, 194
Zápolya, Johann (König von Ungarn) 73
Zollikhofer (Familie) 80
Zultepeque (Mexiko) 146, 192
Zurzach (Schweiz) 54
Zypern 37

Zeitfracht Medien GmbH
Ferdinand-Jühlke-Straße 7
99095 Erfurt, Deutschland
produktsicherheit@kolibri360.de